Éviter les conflits qui déchirent l'Église locale jusqu'à des divisions irréversibles. Se lancer dans de nouveaux projets sans générer des tensions dommageables à la communauté. Démarrer un nouveau ministère, surtout s'il s'agit d'un premier poste, et savoir installer un esprit de collaboration active avec les anciens. Accueillir un nouveau pasteur et travailler efficacement avec lui tout en respectant les principes théologico-bibliques de l'Église. Ou tout simplement, conduire une Église locale dans le partage des responsabilités sans que tout le monde ne se mêle de tout.

Autant de questions qui se posent aux Églises en Afrique (comme en Europe). En particulier à celles et ceux, pasteurs ou laïcs, qui souhaitent s'engager activement au service de l'Évangile de Jésus-Christ.

Autant de questions auxquelles répond ce livre sans pour autant tomber dans la facilité de soi-disant recettes miracles. Mais en faisant appel à une judicieuse combinaison des ressources bibliques et théologiques, des méthodes de gestions managériales, du contexte traditionnel africain de l'exercice de l'autorité ainsi que des sciences sociales, l'auteur propose une réflexion fondamentale et pratique de l'exercice du leadership dans les Églises.

Didier Halter
Docteur en théologie
Directeur de l'Office protestant de la formation,
Neuchâtel, Suisse

Le pasteur et le management d'une Église locale au sein du Conseil des Églises Protestantes du Cameroun

Jean Patrick Nkolo Fanga

MONOGRAPHS

© Jean Patrick Nkolo Fanga, 2021

Publié en 2021 par Langham Monographs,
Une marque de Langham Publishing
www.langhampublishing.org

Les éditions Langham Publishing sont un ministère de Langham Partnership.

Langham Partnership
PO Box 296, Carlisle, Cumbria, CA3 9WZ, UK
www.langham.org

ISBN :
978-1-83973-437-3 Print
978-1-83973-640-7 Mobi
978-1-83973-639-1 ePub
978-1-83973-641-4 PDF

Ce travail est à l'origine une thèse écrite dans le cadre de l'Université protestante d'Afrique centrale en vue de l'obtention du titre de docteur en théologie en avril 2011.

Conformément au « Copyright, Designs and Patents Act, 1988 », Jean Patrick Nkolo Fanga déclare qu'il est en droit d'être reconnu comme étant l'auteur de cet ouvrage.

Tous droits réservés. La reproduction, la transmission ou la saisie informatique du présent ouvrage, en totalité ou en partie, sous quelque forme ou par quelque procédé que ce soit, électronique, mécanique, photographique, est interdite sans l'autorisation préalable de l'éditeur ou de la Copyright Licensing Agency. Pour toute demande d'autorisation de réutilisation du contenu publié par Langham Publishing, veuillez écrire à publishing@langham.org.

Sauf indication contraire, les citations bibliques sont tirées de la Bible version Louis Segond 1910 (publiée en 1910 par Alliance Biblique Universelle).

British Library Cataloguing in Publication Data
A catalogue record for this book is available from the British Library

ISBN : 978-1-83973-437-3

Mise en page et couverture : projectluz.com

Langham Partnership soutient activement le dialogue théologique et le droit pour un auteur de publier. Toutefois, elle ne partage pas nécessairement les opinions et avis avancés ni les travaux référencés dans cette publication et ne garantit pas son exactitude grammaticale et technique. Langham Partnership se dégage de toute responsabilité envers les personnes ou biens en ce qui concerne la lecture, l'utilisation ou l'interprétation du contenu publié.

Introduction générale

Quel est l'impact des crises qui sévissent dans les Églises d'Afrique sur l'exercice du ministère pastoral ? Quel est l'apport des techniques de management dans le processus de la gestion des Églises d'Afrique en rapport avec l'exercice du ministère pastoral ?

Lorsque nous observons certaines Églises protestantes au Cameroun et ailleurs en Afrique (Église Protestante Méthodiste du Bénin, Église Méthodiste de Côte d'Ivoire, Église Évangélique du Gabon, etc.) depuis le début des années 2000, nous constatons l'existence de nombreuses crises internes[1]. Ces crises mettent en relief, d'une part, les difficultés des pasteurs à travailler en harmonie avec les autres responsables des communautés chrétiennes ou vice-versa et, d'autre part, leur désir d'être « à la mode » dans la pratique du ministère, quitte à sacrifier leur identité de « réformé ou protestant ». À titre d'exemple, l'Église Évangélique du Gabon (EEG) a longtemps vécu dans la division à cause des questions de partage du pouvoir en son sein et ce n'est qu'en 2005 qu'une énième tentative de réconciliation a pu être concrétisée.

> Ce sont les mécontentements du retrait de la Constitution de 1999 adopté par le synode d'Ovan qui entrevoyait la prise de pouvoir de la Région Synodale du Ntem, qui vienne de rentrer : fini l'Autonomie. D'autres sont des mécontents de l'Ogooué-Estuaire, qui se sont accrochés à la CEVAA pour des intérêts égoïstes dont les laïcs sont les meneurs, viennent de mettre fin à la dissidence. La tendance qui n'avait pas accepté la réunification de 1997 conduite par Basile NGUEMA ALLOGHO,

---

1. Jean Patrick Nkolo Fanga, « Leadership et reconstruction : les préalables à partir de l'exégèse de Néhémie 1 et 2 », mémoire de Maîtrise en Théologie, Yaoundé, Faculté de théologie protestante de Yaoundé (FTPY), 2005.

vient de rentrer dans la grande famille. Toutes ces tendances et sensibilités viennent de mettre fin à la division par une grande rencontre qui a eu lieu à la Paroisse de Gros Bouquet en Avril 2005 dernier[2].

À ce jour, une faction reste en dehors de l'EEG et évolue au sein de l'Église Évangélique Réformée du Gabon[3].

En Côte d'Ivoire, ce fut le même son de cloche au sein de l'Église Méthodiste Unie de Côte d'Ivoire.

> L'Église Méthodiste unie de Côte d'Ivoire traverse depuis quelque temps une zone de turbulence. Son guide, le Bishop Benjamin Boni vient d'être assigné en justice par certains pasteurs, au nombre de neuf, qui avaient écopé d'une suspension pour inconduite. Hier, la presse en a fait largement l'écho. Le malaise est-il vraiment profond ? Que veulent les pasteurs en rupture de ban avec leur hiérarchie ?[4]

La question de la gestion ou plus exactement du partage du pouvoir est régulièrement au centre des querelles internes. Au Bénin, l'EPMB (Église Protestante Méthodiste du Bénin) a connu elle aussi une scission liée à la question de la gestion du pouvoir :

> Autonome depuis 1993, l'EPMB a connu de graves problèmes internes qui ont abouti à une division en dépit de nombreuses tentatives de médiation menées notamment par la Cevaa. Aujourd'hui, la direction de l'EPMB a engagé une réflexion en profondeur visant une redynamisation de l'Église : restauration de son identité, notamment théologique, formation des pasteurs

---

2. Site internet de l'Église Évangélique du Gabon (EEG), disponible sur : http://dumazambe.org/eglise/evangab.html, consulté le 2 novembre 2009.
3. Entretien avec le Rév. Obiang Ndong de l'EERG paroisse de SODUCO, en août 2009 à Yaoundé au cours d'une cérémonie de mariage. Il était alors en vacances dans une famille amie.
4. Akwaba Saint Clair, « Côte d'Ivoire : Église Méthodiste unie de Côte d'Ivoire : le Bishop Benjamin Boni n'a pas fait du faux », dans *Le nouveau réveil (Abidjan)*, 30 janvier 2009, disponible sur : http://fr.allafrica.com/stories/200901300701.html, consulté le 2 novembre 2009.

et laïcs, organisation administrative et financière. L'enjeu principal de l'Église est donc la reconstruction de son témoignage et de son unité, dans un contexte fortement islamisé[5].

Au Cameroun, l'Église Évangélique du Cameroun et l'Union des Églises Baptistes du Cameroun ont traversé le même courant tumultueux avec des crises qui se sont manifestées tant au niveau local que synodal, comme l'a remarqué le Rév. Kong Robert :

> L'année 1997 a été une période d'échauffourée au sein de l'Église Evangélique du Cameroun avec le synode général que les observateurs ont appelé synode de la honte. Deux camps dont les leaders sont issus du bureau directeur sortant s'affrontent pendant les travaux du synode pour la question du pouvoir…La police va cadrer les lieux du synode pour pallier toutes éventualités…
> …À l'Union des Églises baptistes ; le pouvoir est stagnant : c'est les mêmes qui sont au pouvoir depuis plus de vingt ans. La conférence de 2004 dans la paroisse de l'Espérance à Yaoundé a été une occasion de tractation pour se maintenir au pouvoir…[6]

Nos différentes fonctions au sein du consistoire Yaoundé de l'Église Presbytérienne Camerounaise (EPC) comme vice-modérateur (exercice 2005-2006) et membre du comité de relations ministérielles[7] (2004-2007), nous ont permis de découvrir les problèmes auxquels sont confrontés les paroisses et les pasteurs. Ainsi, entre 2004 et 2007, sur 28 paroisses dont 13 urbaines que comptait le consistoire Yaoundé, cinq paroisses ont été secouées par des crises dont la cause désignée à tort ou à raison était la méthode de travail du pasteur ou encore, sa capacité ou non à gérer harmonieusement les ressources disponibles. Les mêmes griefs qui sont revenus d'une paroisse à

---

5. Secrétariat CEVAA, « Église Protestante Méthodiste du Bénin », *CEVAA*, disponible sur : http://www.cevaa.org/communaute/46-epmb-eglise-protestante-m%C3%A9thodiste-du-b%C3%A9nin, consulté le 2 novembre 2009.
6. Robert Kong, « Une relecture Kierkegaardienne de l'Église au Cameroun », thèse de doctorat en théologie, Yaoundé, UPAC/FTSR, 2008.
7. Comité chargé des relations entre les pasteurs et les paroisses dans certaines juridictions (consistoire et synode).

l'autre pointaient du doigt ce qu'on peut désigner par « mauvaise gestion[8] ». Il s'agissait d'une « mauvaise gestion » :

- des hommes : les soi-disant amis ou ennemis du pasteur ;
- des finances : l'implication d'un pasteur dans la gestion financière avait été qualifiée dans une plainte d'un groupe d'anciens de la paroisse dans laquelle il était en poste de « gestion opaque » ;
- du temps : dans certains cas les plaintes ont porté sur l'indisponibilité du pasteur à recevoir les chrétiens ;
- du foyer : au cours de cette période, nous avons constaté deux cas de divorces chez les pasteurs (un couple de plus de 20 ans de mariage et un autre qui comptait plus de 10 années de mariage) ;
- des pratiques ecclésiales non conformes avec l'orthodoxie protestante et spécifiquement réformée. Dans une des paroisses les accusations ont porté sur les pratiques du pasteur jugées plus proches du pentecôtisme[9] que du protestantisme réformé ; ailleurs on a reproché des pratiques d'exorcisme plus proches du charlatanisme ou du spiritisme, etc.

Par la suite, divers entretiens avec des collègues d'autres Églises membres du CEPCA[10] dans le cadre des réunions du CEPY[11] et de nos études à la Faculté de Théologie Protestante de Yaoundé ont montré que ces problèmes étaient récurrents dans les Églises protestantes au Cameroun et ailleurs en Afrique. Le Rév. Kong Robert de l'Église Évangélique du Cameroun l'a souligné en ces termes :

> Quand les chrétiens se plaignent que tel pasteur ou prêtre aurait paralysé ou tué la communauté, il disperse les brebis au lieu de les rassembler ; c'est avec raison. Il existe encore des pasteurs incapables de réfléchir sur un simple programme de service. [...] Certains n'arrivent pas à organiser une heure d'étude biblique et de prière dans la semaine[12].

---

8. Cf. *Minutes du consistoire Yaoundé* pour la période : 2004, 2005, 2006 et 2007.
9. Églises du mouvement de pentecôte, accordant une importance particulière à la manifestation de l'Esprit.
10. Conseil des Églises protestantes du Cameroun.
11 Conseil des Églises protestantes de la ville de Yaoundé.
12 Kong, « Une relecture Kierkegaardienne de l'Église », p. 214.

De plus, nous avons constaté que dans certaines Églises locales en zone urbaine[13], des anciens de l'Église ayant exercé ou exerçant encore des fonctions de direction ou de gestion dans le secteur public ou privé ont tendance à imposer une sorte de transposition absolue des méthodes de management des entreprises et administration publique à la conduite des Églises locales. Cette situation a par le passé entrainé bien des désagréments qui ont donné lieu aux crises que certaines paroisses ont connues. À titre d'exemple, la Paroisse Marie-Gocker de l'EPC à Yaoundé a dû revenir sur une décision qu'elle avait prise dans les années 90 dans le but d'équilibrer son budget. En effet, il avait été décidé d'une part de faire louer (avec des taux précis) le temple aux personnes désireuses de l'utiliser soit pour un mariage, soit pour une veillée, soit encore un culte d'actions de grâces, qu'elles soient ou non membres de ladite paroisse, et d'autre part de répartir les offrandes de ces services entre les officiants (1/3) et l'Église locale (2/3)[14]. Cette décision, qui au départ visait à augmenter les ressources financières de l'Église locale pour subvenir à ses nombreuses charges, a fait l'objet d'une telle polémique qu'elle a dû être annulée, notamment en ce qui concerne la location des locaux. Les tenants de cette décision, partaient du principe que les factures d'électricité, par exemple, augmentant à cause de l'utilisation régulière du temple en dehors du dimanche, il était normal que les personnes qui le sollicitaient payent une quote-part sur les frais d'entretien. Cependant, d'autres soutenaient qu'il s'agissait-là de services auxquels avaient droit les membres d'une communauté chrétienne qui avaient déjà contribué à la construction dudit temple, participé au budget annuel de la paroisse et donner leur offrande chaque dimanche d'une part et d'autre part, qu'il est inadmissible de mettre en location et donc de monnayer un lieu dédié à l'adoration de Dieu. Cette situation a le mérite de poser de manière concrète le problème de la gestion des ressources matérielles dans l'Église en rapport avec l'exercice du ministère pastoral : faut-il utiliser de manière absolue les règles de gestion en vigueur dans les entreprises pour gérer les ressources matérielles de l'Église ? Ou

---

13. En particulier au sein des paroisses de la ville de Yaoundé dépendant du consistoire Yaoundé de l'EPC, mais aussi au cours d'entretiens informels avec des anciens de l'Église et pasteurs exerçant leurs ministères dans les paroisses de Yaoundé et douala de l'EEC et de l'UEBC.
14. Rencontre préparatoire à la bénédiction nuptiale avec le conseil paroissial en 2001 ; divers entretiens avec les responsables de cette paroisse, pasteurs et responsables des finances ; discussions au sein du collège des pasteurs du consistoire Yaoundé.

alors faut-il plutôt mettre au point des règles qui conviennent aux spécificités idéologique et spirituelle de l'Église et qui seront portées par les pasteurs ?

Quelle approche pouvons-nous utiliser dans l'exercice du ministère pastoral pour que puissent coexister vie spirituelle et vie matérielle sans trahir notre foi chrétienne, tout en restant en phase avec une société de plus en plus sécularisée ? Il est question dans notre problématique de croire en Dieu mais de manière intelligente et comme le souligne Henry Gagey :

> Croire avec intelligence, ce n'est pas seulement être en dialogue constant avec les rationalités contemporaines, avec la nécessaire régulation d'un discours protégé du délire et élevé à l'universel de la communication ; c'est aussi faire face aux situations inédites de la culture contemporaine avec les ressources propres de la foi[15].

En effet, les chercheurs en théologie pratique ont depuis longtemps compris qu'il fallait chercher dans les sciences de l'action humaine, des pistes d'étude et de réflexion pour la communication idoine de l'Évangile :

> Ce n'est pas sans motifs qu'au milieu du 20e siècle tant de théologiens entreprirent de nouer un dialogue exigeant avec les multiples disciplines qui tentent d'analyser le champ multiforme de l'action. Ils pressentaient en effet que c'était pour eux la seule manière de surmonter la double rupture à laquelle ils se trouvaient confrontés :
>
> - Rupture avec la conception pragmatique de la théologie pastorale qui prévalait dans le catholicisme mais tout autant dans le protestantisme jusqu'alors ;
> - Rupture avec une théologie néoscolastique devenue manifestement incapable de penser la foi chrétienne dans son historicité[16].

---

15. Henri-Jérôme Gagey, « La théologie pratique, quelle rationalité ? », *revue-theologicum.fr*, article 50, juillet 2004, disponible sur : http://www.catho-theo.net/spip.php?article50, consulté durant le mois de janvier 2010.
16. *Ibid.*

Le management étant, dans la sociologie des organisations humaines, la science de l'efficacité, nous avons voulu croiser ses principes avec ceux de la culture et de la foi chrétienne dans la tradition protestante pour donner à l'Église des outils supplémentaires pour remplir convenablement sa mission.

En résumé, il nous a paru nécessaire dans l'optique de la résolution et de la prévention de ces différents conflits et incohérences fonctionnelles en Église locale, de connaître et d'appliquer des méthodes de management dans l'Église en revisitant les fondements de la foi et de l'identité des Églises issues de la Réforme. Il ne s'agit pas pour nous d'un désir manifeste de recréer l'Église ou d'inventer une nouvelle Église qui sera dite managée ou managériale. Au contraire, nous souhaitons donner à l'Église les outils qui lui permettront de remplir au mieux la mission qui lui a été confiée par le Christ et de survivre à l'évolution de notre société en gardant sa spécificité. Le constat établi à partir de l'observation de la vie de l'Église au Cameroun est le suivant : les pasteurs ne sont pas toujours suffisamment préparés[17] pour gérer les ressources disponibles et conduire des personnes qui le plus souvent ont non seulement l'âge de leurs parents, mais aussi une longue expérience dans l'administration publique ou privée ou tout simplement dans la vie active. Ce d'autant plus que l'autorité du pasteur est de plus en plus remise en question, au profit d'une sorte de libéralisation des ministères dans l'Église. Beaucoup sont ceux qui revendiquent aujourd'hui le droit pour tous les chrétiens d'être des « acteurs » de premier plan dans l'Église du Christ au même titre que les pasteurs, au nom du sacerdoce universel des croyants et même du libéralisme en vigueur dans nos sociétés.

Dans un contexte de compétition spirituelle et religieuse que l'on observe actuellement dans toutes les sociétés, l'offre en la matière étant diversifiée et abondante, l'Église doit être crédible et organisée si elle veut remplir la mission que le Christ lui a confiée : attirer des âmes à Christ et les garder dans la foi chrétienne (Mt 28.16-20 ; Ac 1.8).

Notre préoccupation est de donner aux pasteurs et aux Églises locales les moyens de remplir convenablement cette mission. Au moment où l'on parle de plus en plus d'une gestion saine et rigoureuse des organisations humaines,

---

17. L'enseignement dans la majorité des institutions de formation théologique étant axée sur les matières permettant de communiquer l'Évangile ; la formation en management étant le plus souvent une préparation à l'élaboration d'un budget paroissial ou des éléments de comptabilité par exemple.

nous envisageons de questionner à la fois le vécu de l'Église, les théories de management des organisations, la culture africaine et les référentiels biblico-théologiques des Églises protestantes afin de proposer un cadre permettant à l'Église et aux pasteurs de remplir avec efficacité la mission confiée par le Christ. Notre contribution se situe dans le prolongement des précurseurs du management ecclésial dont les apports sur la question ne sont pas à négliger.

Selon A. Kuen[18], certains groupements nient l'utilité d'une organisation pour l'Église. L'Église est pourtant à la fois Corps du Christ, c'est-à-dire entité spirituelle, et rassemblement physique d'hommes et de femmes venus d'horizons divers. Il insiste sur la nécessité de penser la vie de l'Église locale comme une organisation humaine en termes de planifier, organiser, diriger et évaluer. Deux autres auteurs vont assimiler le rôle de responsable religieux à celui d'un manager. Le premier, John H. Simpson, a plus que les autres pris conscience que la position d'un ministre du culte pouvait s'assimiler à celle d'un chef de l'exécutif[19]. Le deuxième, H. Fichter, constate que le rôle de responsable religieux est à peu près synonyme de celui de manager et d'administrateur ; il suggère trois types d'organisation : familiale, bureaucratique et professionnelle ; il va poursuivre ses travaux sur le mode de rémunération, conséquence du type d'organisation[20].

Peter F. Rudge a établi que la théorie systémique est appropriée pour le management des organisations chrétiennes parce qu'elle convient le mieux au modèle d'Église corps du Christ qui est un standard ecclésiologique[21]. Pierre-Alain Giffard a mis au point un modèle de croissance intégrale de l'Église à partir d'une étude du mouvement de la croissance des Églises[22]. Ce modèle accorde une part importante à la prise en compte des besoins du milieu, aux attentes des chrétiens par rapport à l'Agir de l'Église, à une meilleure collaboration entre le pasteur-leader et les autres acteurs de la vie ecclésiale.

---

18. Alfred Kuen, *L'organisation de l'Église*, 4ᵉ éd., Saint-Légier, Éditions Emmaüs, 2006.
19. Peter F. Rudge, *L'Église à l'heure du management*, Paris, Fayard, 1971.
20. *Ibid*.
21. *Ibid*.
22. Pierre-Alain Giffard, « De la croissance numérique à la croissance intégrale : un modèle de mission pour l'Église locale », thèse de PHD, Université de Montréal, 2000, disponible sur : https://www.collectionscanada.gc.ca/obj/s4/f2/dsk3/ftp04/NQ60821.pdf, consulté en octobre 2021.

La production littéraire en matière de gestion en Afrique peut-être regroupée de la manière suivante selon Nizet et Pichault[23] :

- *Les thèses universalistes, qui préconisent l'adoption immédiate des « best practices » occidentales. Elles sont encore appelées « perspective rationaliste et fonctionnaliste »*[24]. Il est question de transposer, dans le contexte africain, des théories qui ont fait recette dans les pays occidentaux parce qu'elles sont reconnues comme universelles.
- *Les thèses culturalistes, dénonçant un « cultural lag » (retard culturel) avec les pays occidentaux et plaidant pour un « cultural fit » africain. Ces thèses correspondent à la perspective culturaliste et humaniste identifiée par Kamdem*[25]. Tenant compte du fait que l'Afrique accuse un retard sur le plan technologique notamment vis-à-vis de l'Occident, il est question de concevoir des modèles qui lui sont propres. La thèse culturaliste est de loin la plus répandue dans le monde francophone.
- *Les thèses néo-institutionnalistes, qui élargissent le cercle des facteurs de contingence, au-delà du facteur culturel pour introduire des facteurs institutionnels évolution historique, l'État, la famille, etc.* Cette perspective est surtout développée dans la littérature anglophone de la GRH en Afrique. La littérature anglophone, fortement influencée par les théories anglo-saxonnes de management, comme celle de la contingence et sans exclure l'importance de la culture sur le mode opératoire en management des organisations, attire l'attention sur le fait qu'il faille aussi tenir compte du contexte multidimensionnel dans lequel évolue l'organisation.

À partir de ces travaux, il s'agira pour nous de chercher à déterminer les éléments qui peuvent influencer l'élaboration d'un modèle de management des institutions ecclésiales en Afrique subsaharienne.

---

23. J. Nichet et F. Pichault, « Les performances des organisations en Afrique », dans Patrick Bakengela Shamba, « Existe-t-il un modèle de management spécifique à l'Afrique ? Le "management africain" à l'épreuve des évidences empiriques », 18ᵉ congrès de l'AGRH, septembre 2007, Fribourg, Suisse. Actes de congrès de l'AGRH 2007, Université de Fribourg, Suisse. <hal-01340237>
24. *Ibid.*
25. *Ibid.* Cf. E. Kamdem, *Management et interculturalité en Afrique : Expérience camerounaise*, Paris, L'Harmattan/Presses de l'Université Laval, 2002.

Le Dr Shu pense que le problème de l'Afrique se situe au niveau de son leadership[26] ; il y a en effet à l'heure actuelle en Afrique très peu de modèle sur lesquels les jeunes peuvent s'appuyer. L'étude de leaders remarquables comme Mandela, B. Bright, Candler et autres permet de constater que des hommes simples et ordinaires peuvent réaliser de grandes choses pour peu que l'on retrouve chez eux : une vision claire avec des objectifs précis, la constance et la fermeté, l'intégrité, une équipe solide et motivée, une bonne planification et une bonne connaissance du milieu.

La pensée de Christian Schwartz sur la santé de l'Église s'articule autour de la parabole de la semence (Mc 4:26-29). Pour lui, l'Église aurait, par nature, comme toutes les autres plantes, la vocation de croître :

> Nous ne devons pas produire la croissance de l'Église, mais plutôt libérer le potentiel biotique que Dieu a déjà mis dans l'Église. Notre rôle consiste à diminuer les obstacles à la croissance (la résistance de l'environnement) que ce soit à l'intérieur de l'Église ou à l'extérieur. Comme nous avons peu d'influence sur les éléments extérieurs, nous devons nous concentrer sur les obstacles à l'intérieur de l'Église. Alors, elle pourra grandir d'elle-même. Dieu tiendra ses promesses. Il la fera croître (1 Cor 3.6)[27].

Dans sa thèse de doctorat en théologie pratique, Anne Lepper soutient que « le style d'administration des Églises a une influence sur l'image qu'elles renvoient d'elles-mêmes dans le monde, sur leur identité et la crédibilité de leur discours[28] ». Elle milite pour une utilisation avec discernement des méthodes de management qui peuvent aider de manière très minimale les structures et direction d'église dans l'amélioration de leur rendement. Par contre, elle pense que le management n'aidera pas les églises à prêcher, organiser des célébrations liturgiques ou à conduire les gens dans la prière par exemple. À partir d'une enquête de terrain sur la restructuration de l'Église Évangélique

---

26. Daniel Shu, *Le leadership efficace*, Bamenda, Gospel Press, 2004.
27. Christian A. Schwarz, *Le développement de l'Église : Une approche originale et réaliste*, Tharaux, Editions empreinte temps présent, 2005, p. 10.
28. Anne Lepper, « Église et management : quel témoignage ? », thèse de doctorat, Université de Genève, 2019, no. Théol. 623, accessible en ligne : http://archive-ouverte.unige.ch/unige:122845, consulté le 30 novembre 2021.

Réformée du canton de Vaud entre 1995 et 2000 et de l'analyse des techniques de management utilisées à cet effet, elle a dégagé les enjeux de l'introduction de ces techniques en Église du point de vue anthropologique. De plus, « l'exégèse de 1 Corinthiens 12.12-27 et d'Éphésiens 4.7-16 sur l'Église comprise comme corps du Christ et la lecture de Karl Barth ont permis de développer une ecclésiologie centrée sur la mission de l'Église : insérée au cœur du monde, celle-ci est amenée à faire voir un autre discours et à indiquer qu'un autre chemin est possible que celui proposé par le monde[29] ».

Elle conclut son analyse de l'utilisation des techniques de management en Église en disant : « Inscrite au cœur du monde et y assurant une fonction propre – celle de parler à la fois de l'humain et de Dieu, hétérogène et de les articuler –, l'Église ne peut ainsi être administrée de bout en bout à la manière d'une entreprise. Si certaines de ses actions peuvent être facilitées grâce à l'apport de techniques de management, celles-ci ne peuvent pas devenir le principe constitutif de sa gestion[30]. »

Le recours aux techniques de management dans les pratiques d'église devrait se faire en tenant compte de la spécificité de l'église. Nous pensons que le recours aux techniques de management ne saurait se faire de manière restrictive, même si nous sommes d'avis que cela devrait passer par un dialogue entre management et savoirs théologico-bibliques. La diversité des théories de management peut être au service de tous les aspects des pratiques d'église si l'on se rassure que leur utilisation est articulée avec les référents théologico-biblique de la foi chrétienne. Nous devons être capable de fixer le cadre d'un dialogue entre management et théologie dans la réflexion sur les pratiques d'église. C'est l'objet de notre réflexion.

Eu égard aux développements précédents, nous formulons la problématique suivante : Peut-on, à la lumière de la Bible, des principes de la Réforme et des théories actuelles du management, concilier gestion spirituelle et gestion matérielle dans le cadre du ministère pastoral au sein d'une paroisse protestante au Cameroun ? En d'autres termes, nous voulons savoir comment le pasteur peut-il associer de manière harmonieuse l'enseignement de la parole, l'administration des sacrements et la conduite des gens dans la prière, à la

---

29. *Ibid.*, « Abstract ».
30. *Ibid.*, p. 337-338.

gestion des ressources (matérielles, humaines, financières, etc.) disponibles dans l'Église locale.

Notre objectif principal est de comprendre le système de fonctionnement de l'Église locale, ainsi que le statut et les attributions d'un pasteur, pour en mesurer les forces et les faiblesses dans les Églises protestantes exerçant au Cameroun (regroupées dans le CEPCA) afin que l'Évangile soit annoncé de façon efficace (ce qui est la mission que le Christ a confiée à l'Église).

Cet objectif principal est sous-tendu par des objectifs secondaires qui sont les suivants :

- Revisiter les principales attributions du pasteur au sein d'une Église locale, en partant des principes bibliques et de la tradition réformée.
- Faire la typologie des modèles d'organisation du travail dans les Églises locales avec des éléments variables et fixes.
- Étudier les mécanismes de prise et d'exécution des décisions d'une part et les mécanismes de résolution des conflits applicables à l'Église locale d'autre part.
- Évaluer des méthodes d'encadrement des différents groupes de la paroisse.
- Apprécier l'applicabilité des théories de management à la vie d'une Église locale en milieu réformé.
- Proposer un modèle de management d'une Église locale qui convienne aux Églises du CEPCA.
- Vérifier s'il y a un canevas de formation en management ecclésial pour les futurs pasteurs et éventuellement faire des propositions à ce sujet.

Nous voulons travailler avec l'hypothèse selon laquelle, conformément à la Bible, aux principes de la Réforme et des théories actuelles du management, il est possible de concilier gestion spirituelle et gestion matérielle dans le cadre du ministère pastoral au sein d'une Église locale en milieu protestant au Cameroun. Nous reconnaissons à la Bible une autorité normative.

Devant ce vaste chantier, nous nous sommes demandé quelle méthodologie fallait-il choisir. Nous nous sommes inspirés de la méthode hypothético-déductive qui est utilisée en sciences sociales et qui postule que : « Les chercheurs partent de postulats a priori pour déduire des explications des phénomènes, les données empiriques ne servant que d'"exemples" dans un processus d'application des théories existantes[31]. » Cette méthode a une démarche qui est, selon certains auteurs, analogue à la méthode herméneutique : « C'est que la méthode herméneutique n'est autre que la méthode hypothético-déductive appliquée à un matériel signifiant (c'est-à-dire à tout ce qui exprime les croyances et/ou les valeurs d'un agent : des textes, des œuvres d'art, des actions[32]. »

Le cadre théorique dans lequel nous évoluerons est celui de la démarche empirico-herméneutique, qui est proche de la méthode hypothético-déductive, du moins en ce qui concerne les phases empirique et prospective. Cette méthode est soutenue par plusieurs théologiens comme la démarche adéquate en théologie pratique. Elle fait suite à la praxéologie pastorale qui « vise l'élaboration de pratiques conscientes de leurs enjeux et de leur fonctionnement ; promotrices des responsabilités de leurs divers acteurs ; capables de se dire, d'établir leur cohérence et leur pertinence quant à leur culture et à la tradition chrétienne ; soucieuses enfin de leur efficacité[33] ». « Ainsi, le parcours de la praxéologie pastorale se module sur cinq niveaux interactifs [...] que Lonergan désigne comme *attending* [observer], *understanding* [comprendre], *judging* [juger, apprécier], *deciding* [décider], *acting* [agir][34]. » Il y a presque analogie entre les deux méthodes, car pour Olivier Bauer et Steve Robitaille,

> La méthode empirico-herméneutique est « une tentative organisée pour saisir la complexité du monde et s'y orienter en réarticulant de façon critique et efficace l'intuition et la logique ». Elle doit beaucoup à ce que Nadeau nomme « le modèle ternaire de la clinique » utilisé par les médecins ou les avocats. Elle est « empirique » parce qu'elle part de l'expérience de Dieu dans l'expérience humaine et qu'elle y aboutit. Elle est herméneutique, car elle reconnaît que « l'expérience n'est pas

---

31. François Guillemette, « L'approche de la *Grounded Theory*, pour innover ? », *Revue Recherche Qualitatives*, vol 26, p. 32. Disponible sur : http://www.recherche-qualitative.qc.ca/documents/files/revue/edition_reguliere/numero26(1)/fguillemette_ch.pdf, consulté durant le mois de novembre 2009.
32. D. Føllesdal, « Hermeneutics and the Hypothetico-Deductive Method », *Dialectica*, vol. 33, no. 3-4, 1979, p. 319-336.
33. Guy Nadeau, « La praxéologie pastorale : faire théologie selon un paradigme praxéologique », *Théologiques* vol. 1, no. 1, mars 1993, p. 88. Disponible sur : http://www.erudit.org/revue/theologi/1993/v1/n1/602383ar.html?lang=es. Consulté durant le mois de novembre 2009.
34. *Ibid.*

que sensation physique ou émotive, mais qu'elle est chargée de sens, sociale et contextuelle, culturelle aussi bien que personnelle » et qu'elle doit être soumise à une « nécessaire critique » à la lumière du Royaume de Dieu en vue de transformer les expériences de vie et les pratiques[35].

Le point de départ, c'est une situation ou une pratique qui fait problème ou qui pose question. Le but de la démarche est de chercher à transformer la situation, la pratique à supprimer, le scandale, à résoudre le problème ou à répondre à la question. Elle se développe ensuite en quatre étapes :

- La cueillette des données – « s'enquérir des faits ou des éléments d'une situation », à l'aide des « techniques d'observation et d'enquête des sciences sociales : sondage, entrevue, étude de mentalités, analyse de contenu, recherche-terrain, description et analyse de situation, analyse de politiques ou de projets, etc. ».
- L'élaboration d'une problématique – faire ressortir la « dramatique fondamentale » de la pratique en reliant « les données de l'observation en spécifiant leurs relations, particulièrement celles qui font problème ».
- L'interprétation théologique – « élaborer un discours » qui soit à la fois « signifiant et pratique, c'est-à-dire pertinent, recevable et motivant pour les acteurs de la situation ou de la pratique visée » en confrontant « la problématique [...] avec l'évangile et la tradition chrétienne en vue de mieux la saisir à travers la construction d'un questionnement ou d'un discours théologique qui puisse en dégager les prolepses de salut et les possibilités futures ». Dans le cadre de notre travail, cette confrontation se fera dans un dialogue asymétrique entre la Bible et le vécu dont les informations sont collectées avec les techniques empruntées aux sciences humaines. Nous considérons la Bible comme une instance régulatrice et normative de l'action de l'Église.

---

35. Olivier Bauer et Steve Robitaille, « Un bilan de l'enseignement de la praxéologie pastorale à la faculté de théologie et des sciences des religions de l'université de Montréal », rapport remis au doyen Jean Duhaime le 19 février 2008, Université de Montréal. Disponible sur : https://papyrus.bib.umontreal.ca/xmlui/handle/1866/2164?show=full.

- L'action, la « décision devant des choix pratiques » et l'intervention.[36]

Notre choix s'est porté sur cette méthode au lieu de la méthode inductive par exemple, parce qu'elle représente une évolution significative dans le domaine de la recherche en théologie pratique. En effet, comme nous l'avons souligné plus haut, elle part d'une méthode utilisée en sciences humaines (hypothético-déductive) pour proposer une méthode qui convient à la recherche en théologie. Nous avons pu établir que la méthode empirico-herméneutique est le résultat de plusieurs modifications en vue d'améliorer la méthode praxéologique de manière à la rendre plus efficace. Cette méthode a le mérite de tenir compte des pratiques existantes et de les confronter aux découvertes à la fois des sciences humaines et Bibliques pour proposer des pistes applicables à la vie de l'Église. La méthode inductive n'aurait pu nous garantir la rigueur scientifique indispensable à ce travail et les interactions entre vécu et Bible, car comme le dit Nicolas Perrin :

> Il est beaucoup plus facile de prescrire, et donc d'accompagner, un travail de recherche de dimension restreinte et en garantissant un niveau minimum de rigueur scientifique dans le cadre d'une démarche déductive. Une telle démarche évite à l'étudiant de se retrouver dans une impasse et permet une gestion correcte de l'investissement temporel. De plus, une démarche inductive sera très vraisemblablement questionnée au niveau de sa rigueur au moment de la soutenance, celle-ci étant difficile à maîtriser tant pratiquement qu'épistémologiquement[37].

Compte-tenu de toutes ces exigences méthodologiques, nous pensons articuler notre travail autour de six axes principaux :

- Dans la première partie, nous allons définir les concepts importants pour la compréhension de notre travail : le management et l'Église.
- Dans la deuxième partie, nous livrerons nos impressions sur l'observation des réalités liées à la pratique du ministère pastoral au

---

36. Guy Nadeau, « Une méthodologie empirico-herméneutique », dans Gilles Routhier et Marcel Viau, sous dir., *Précis de théologie pratique*, Bruxelles, Lumen vitae, 2004, p. 221-234.
37. Nicolas Perrin, « La méthode inductive : un outil pertinent pour une formation par la recherche ? Quelques enjeux pour le mémoire professionnel », *Formations et pratiques d'enseignements en question*, no. 2, Vaud, 2005, p.125-137. Disponible sur : www.revuedeshep.ch/pdf/vol-2/2004-2-perrin.pdf. Consulté durant le mois de novembre 2009.

sein d'Églises locales du CEPCA, partir de l'observation participative et de ressources documentaires. Nous ferons une enquête dans une paroisse de l'Église presbytérienne camerounaise dont le mode de fonctionnement est à cheval entre divers types de gouvernements d'Églises.
- Dans la troisième partie, nous allons explorer dans les théories de management celles qui peuvent le mieux être appliquées à la vie de l'Église locale en tenant compte à la fois de ressources documentaires et de notre expérience en observation participante.
- Dans la quatrième partie, nous allons questionner la culture africaine pour savoir comment elle aborde la gestion des communautés humaines. Nous aurons recours à des interviews et à des ressources documentaires.
- Dans la cinquième partie, nous revisiterons les principes fondateurs de la Réforme au sujet de l'Église locale et des ministères en étudiant la pensée de Martin Luther et de Jean Calvin sur la base des ressources documentaires que constituent leurs écrits et les commentaires qui en ont été faits.
- Dans la sixième partie, nous questionnerons la parole de Dieu au sujet du management des communautés chrétiennes à partir de l'étude de deux textes bibliques : Exode 18.13-26 et 1 Corinthiens 12 à 14 selon une approche managériale.
- Enfin, dans la septième partie, nous envisageons, à l'issue des études précédentes et ce après une analyse corrélative, de proposer un modèle de management applicable dans les Églises locales pour les pasteurs exerçant dans le cadre du CEPCA.

Première partie

Cadre conceptuel

Introduction

Le cadre conceptuel est la partie de notre travail qui nous permet de définir et de préciser les contours des concepts que nous utiliserons dans notre recherche. Un concept peut être défini comme une : « Vue de l'esprit, idée qu'on se fait d'une chose en la détachant de son objet réel[1]. » Dans sa neuvième édition, le dictionnaire de l'Académie française précise cette définition de la manière suivante :

> Construction de l'esprit explicitant un ensemble stable de caractères communs désigné par un signe verbal. *Le concept regroupe les objets qu'il définit en une même catégorie appelée « classe ». Le concept d'homme, d'arbre, de maison. On définit un concept en compréhension et en extension. La formation des concepts. Concept a priori* ou *concept pur, non tiré de l'expérience. Concept a posteriori*, empirique[2].

Nous partirons d'une définition à priori des concepts principaux de notre thème de recherche, en y incluant une définition spécifique.

Le thème de notre recherche, intitulé « le pasteur et le management d'une Église locale au sein des Églises du CEPCA », nous permet de considérer l'importance de deux concepts principaux : l'Église et le management. En effet, parler de l'Église nous permet de cerner à la fois les notions d'Église locale et d'exercice du ministère pastoral. Parler de management d'une Église locale implique la maîtrise de tout ce qui concerne la gestion et la direction

---

1. Dictionnaire de l'Académie française, 8ᵉ édition, accessible en ligne : https://www.dictionnaire-academie.fr/article/A8C2315, consulté le 22 mars 2021.
2. Dictionnaire de l'Académie française, 9ᵉ édition, accessible en ligne : https://www.dictionnaire-academie.fr/article/A9C3358, consulté le 22 mars 2021 (italiques dans l'original).

d'une organisation humaine. Ce chapitre sera une présentation de quelques généralités au sujet de l'Église et de son gouvernement, puis une présentation générale du management.

CHAPITRE 1

Généralités sur l'Église

Introduction

Selon K. Gangel, « l'Église est à la fois un organisme et une organisation. À cause de cette double nature, elle doit faire face à deux sortes de problèmes : administratifs et spirituels[1] ». L'Église est à la fois une réalité spirituelle et une réalité matérielle, car bien qu'étant d'abord un cadre d'adoration et de communion spirituelle, elle fait partie des éléments constitutifs des sociétés dans lesquelles elle existe et agit. En effet, dans les sociétés modernes l'Église est visible par ses temples, ses assemblées humaines, ses fêtes religieuses, ses ministres et ses laïcs comme toutes les organisations humaines faisant partie de la société peuvent avoir leurs éléments distinctifs. On constate de plus en plus que le contexte socio-politique influence fortement l'agir de l'Église. L'Église d'aujourd'hui est plus libérale et contestatrice que celle d'hier. La place, le rôle et l'autorité des pasteurs sont d'avantage remis en question par des chrétiens qui vivent dans un contexte de sécularisation, de démocratie et de libéralisme. En tant qu'organisation humaine, l'Église présente un « visage » qui découle de son essence qui est spirituelle. Face à cette forte influence séculière, il convient de chercher à savoir entre l'Église et la société, laquelle devrait être influencé par l'autre. Dans le cas où on admet l'interaction entre ces deux entités, jusqu'où l'Église devrait-elle modifier ses pratiques pour s'adapter à la société dans laquelle elle annonce l'Évangile ? En d'autres termes, il convient de définir l'Église et de préciser le sens de son existence pour savoir ce qu'elle peut faire pour s'adapter à son contexte.

---

1. Kenneth Gangel, *Leadership for Church Education*, Chicago, Moody Press, 1970, p. 129.

Dans les lignes qui vont suivre nous allons présenter quelques généralités sur l'Église en commençant par une définition pour clarifier son but, puis nous évoquerons les principes qui influencent son organisation. Notre propos concerne d'une manière générale les Églises issues de la Réforme.

A. L'Église en quelques mots

1. Définition

Partant du dictionnaire Larousse qui définit l'Église ainsi : « l'Église est la société religieuse fondée par Jésus-Christ ; la communauté chrétienne ; le lieu où se réunissent les chrétiens pour célébrer leur culte[2] », nous pouvons constater que la conception de l'Église vue de « l'extérieur » tourne autour de la personne de Jésus-Christ. Cette conception « universelle » est confirmée par les membres de l'Église eux-mêmes. En effet, le catéchisme de Westminster, définit l'Église comme « la communauté de tous ceux qui croient en Jésus-Christ avec leurs enfants[3] ». La confession d'Augsbourg précise que « l'Église est l'assemblée de tous les croyants auprès desquels l'Évangile est prêché purement et les saints sacrements administrés conformément à l'évangile[4] ». En fait, les Catéchismes des Églises issues de la Réforme vont insister sur les mêmes éléments caractéristiques de l'Église :

- *Le caractère universel ou catholique de l'Église* : « […] Comme il n'y a qu'un Chef des fidèles (Ep 4.15), tous doivent être unis en un corps (1 Co 12.12, 27) tellement qu'il n'y a pas plusieurs Églises, mais une seule, laquelle est répandue par tout le monde[5]. » Ainsi, il faut comprendre que l'Église ne peut être fixée à un lieu de manière exclusive. Elle ne peut non plus dépendre d'un groupe précis, mais au contraire, partout où le Christ est confessé comme Sauveur et Seigneur, on devrait pouvoir la trouver. Les chrétiens, où qu'ils soient

---

2. *Dictionnaire Larousse illustré*, Paris, Éditions Larousse, 2005.
3. « Constitution de l'Église Presbytérienne Camerounaise », Ebolowa, Halsey Memorial Press, 1957.
4. « Confession d'Augsbourg », art 7., dans Pierre Gisel, sous dir., *Encyclopédie du protestantisme*, Paris, Éditions du Cerf, 1995, p. 483.
5. « Le catéchisme de l'Église de Genève », dans Olivier Fatio, sous dir. *Confessions et catéchismes de la Réforme*, Genève, Labor et Fides, 1986, p. 48.

et quels qu'ils soient, constituent l'Église. L'Église se constitue ou alors vit parce qu'il y a eu des êtres humains qui ont cru en Christ.

- *Le caractère communautaire de l'Église* qui doit être un cadre de communion : « [...] Premièrement, que tous les croyants en général et chacun en particulier, en tant que ses membres, participent au Seigneur Christ et à tous ses trésors et dons [...] Deuxièmement, que chacun doit se savoir tenu d'employer de bon cœur et avec joie ses dons pour le bien et le salut des autres membres (...)[6]. » L'Église est et devrait être vécue comme une communauté de frères et de sœurs partageant la même foi et le même engagement à suivre le Christ. Cette communion est donc vécue à la fois avec Dieu au travers de Jésus-Christ, mais aussi avec le prochain, mon frère ou ma sœur dans la foi qui comme moi a choisi de suivre le Seigneur Jésus-Christ. Dans le même ordre d'idée, Jacques de Senarclens dira : « l'Église est la communauté que Christ a fondée depuis longtemps et qui subsiste selon sa volonté ; l'Église est corps du Christ avant d'être institution[7]. »

- *Le caractère Saint de l'Église* (rachetée par le Christ) : « Pour ceux que Dieu a élus, il les justifie et purifie à sainteté et innocence pour faire en eux reluire sa gloire (Rm 8.30). Et ainsi, Jésus-Christ, ayant racheté son Église, l'a sanctifiée afin qu'elle fût glorieuse et sans macule (Ep 5.25-27)[8]. » L'Église n'est pas une organisation humaine comme les autres. Il s'agit d'un peuple de rachetés par le sang de Christ. Cette dimension de l'Église est très importante, car elle oblige chaque chrétien à vivre sa vie et sa foi sous le prisme de la grâce de Dieu. Bien plus, il s'agit d'une interpellation à « se bouger » pour manifester sa reconnaissance à Dieu d'une part, et d'autre part pour maintenir l'Église dans cet état de sainteté en évitant tout ce qui peut la corrompre et la « souiller ».

---

6. « Le catéchisme de Heidelberg », dans Olivier Fatio, sous dir. *Confessions et catéchismes de la Réforme*, Genève, Labor et Fides, 1986, p. 151-152.
7. De Senarclens, Jacques. *De la vraie Église selon Jean Calvin*. Genève : Edition Labor et Fidès, 1965.
8. « Le catéchisme de l'Église de Genève », dans Olivier Fatio, sous dir. *Confessions et catéchismes de la Réforme*, Genève, Labor et Fides, 1986, p. 48.

À partir de ces éléments, nous comprenons que le terme Église représente en fait deux réalités interdépendantes :

- L'Église universelle qui « désigne l'ensemble des croyants qui ont vécu, de tous les temps et du monde entier[9] ». Bien plus, chaque chrétien est lié à l'autre par un lien filial qui est plus spirituel que matériel (le Saint-Esprit). Il y a donc dans la réalité de l'Église une dimension spirituelle qui est déterminante, car c'est elle qui devrait conduire le vécu et la manifestation visible de l'Église. En d'autres termes, le Saint-Esprit est là pour faire vivre les croyants dans la foi. La chrétienté se vit d'abord de l'intérieur dans la relation avec Dieu puis, elle se manifeste dans la relation avec l'autre, avec la nature et avec la société.
- L'Église locale, qui elle est à la fois « l'ensemble des croyants d'une localité spécifique[10] » et tout ce qui de manière visible représente l'Église, comme par exemple les temples comme le dira le Réformateur Jean Calvin : « Partout où nous voyons la Parole de Dieu être purement prêchée et écoutée, les sacrements être administrés selon l'institution de Christ, là, il ne faut douter nullement qu'il y ait Église[11]. »

Pour mieux appréhender ce concept, il est important de regarder à son étymologie. Ainsi, selon A. Stoltz, étymologiquement, le mot « Église » vient d'une racine grecque qui signifie « appeler hors de »[12]. Il désigne tout à fait concrètement une assemblée d'hommes et de femmes qui ont été convoqués hors de chez eux en vue d'une réunion publique. Le mot Église est employé dans son sens local et désigne l'Église en un lieu donné, quand il est dit par exemple qu'il y eut « une grande persécution contre l'Église de Jérusalem » (Ac 8.1), qu'il y avait des prophètes dans « l'Église d'Antioche » (Ac 13.1), ou encore que Paul « fortifiait les Églises » de la Syrie et de la Cilicie (Ac 15.41)[13].

---

9. Steve Atkerson, « L'Église de localité », *New Testament Reformation Fellowship*, 2007, disponible sur : https://ntrf.org/french/leglise-de-localite/, consulté le 15 septembre 2021.
10. *Ibid*.
11. Jean Calvin, *L'Institution chrétienne*, tome 4, Genève, Labor et Fides, 1958, p. 21.
12. Arnaud Stoltz, « L'Église ». Disponible sur : www.protestant.org, consulté le 9 novembre 2009.
13. Cf. encore Matthieu 18.17 ; Actes 5.1 ; 14.23 ; 16.15 ; 20.28 ; 1 Corinthiens 1.2 ; 16.19, etc.

Le terme désigne aussi l'Église en une région ou une province donnée quand il est dit par exemple que Saul « ravageait l'Église » (Ac 8.3) ou encore que « l'Église était en paix dans toute la Judée, la Galilée et la Samarie » (Ac 9.31)[14].

La réalité visible de l'Église va focaliser notre attention, car elle est notre objet d'étude. Pour A. Finet et al, la paroisse ou Église locale est la communauté de chrétiens qui adorent Dieu ensemble dans un lieu donné[15]. Le terme de paroisse qui est le plus connu et utilisé pour désigner l'Église locale est en ce moment contesté en milieu protestant, surtout dans les grands centres urbains. Pour Paul Keller par exemple : « La paroisse n'est pas faite pour une population éparpillée, contrainte à se déplacer[16]. » La paroisse a été conçue sur la base de la territorialité alors que de plus en plus, les membres de l'Église locale ne partagent pas toujours le même territoire restreint, surtout en zone urbaine.

Ainsi, pour nous, l'Église locale est à la fois une communauté de chrétiens qui se rassemblent pour adorer et servir Dieu au travers de l'écoute de sa Parole, de l'administration des sacrements. L'Église locale est aussi le principal poste de travail d'un pasteur.

2. Mission

Dans le cadre de ce travail nous allons parler de l'Église locale comme une communauté de chrétiens qui se rassemblent régulièrement en un lieu donné pour adorer le Seigneur. Pour bien adorer le Seigneur, cette communauté devrait tenir compte de la raison d'être de l'Église, mais aussi de certaines règles pour qu'il n'y ait pas de désordre. Il importe donc que la mission confiée par le Seigneur Jésus à l'Église soit prise en compte. Dans la Bible, et particulièrement dans le Nouveau Testament, nous trouvons deux péricopes[17] qui donnent à l'Église sa raison d'être :

---

14. Dr Wilbert Kreiss, *Petite Dogmatique Luthérienne*, 2002. Disponible sur : https://www.egliselutherienne.org/bibliotheque/doctrine/petitedogmatique/ , consulté en septembre 2009.
15. A. Finet et al, *La Paroisse*, Paris, Éditions « Je sers », 1943.
16. Paul Keller, « De la Paroisse à l'Église locale », *Études Théologiques et Religieuses*, 1979/1, p. 71.
17. Version Louis Segond Revisée.

> Jésus, s'étant approché, leur parla ainsi : Tout pouvoir m'a été donné dans le ciel et sur la terre. Allez, faites de toutes les nations des disciples, les baptisant au nom du Père, du Fils et du Saint-Esprit, et enseignez-leur à observer tout ce que je vous ai prescrit. Et voici, je suis avec vous tous les jours, jusqu'à la fin du monde. (Mt 28.18-20)
>
> Mais vous recevrez une puissance, le Saint-Esprit survenant sur vous, et vous serez mes témoins à Jérusalem, dans toute la Judée, dans la Samarie, et jusqu'aux extrémités de la terre. (Ac 1.8)

Ces envois en mission du Seigneur Jésus qui ont précédés son ascension, sont adressés au groupe des disciples et clarifient ce que le Seigneur attend de son Église. Il s'agit de :

- Faire de toutes les nations des disciples de Jésus-Christ par le baptême et l'enseignement.
- Être des témoins de Jésus partout dans le monde à partir du lieu de résidence avec la puissance du Saint-Esprit.

Ainsi, selon Martin Luther, la mission de l'Église peut être formulée ainsi :

> Étant dans le monde, mais pas du monde (Jean 17.6-19), l'Église chrétienne a une double tâche. Elle doit baptiser et enseigner, instruire dans la foi ses enfants et ses adultes pour qu'ils deviennent des chrétiens engagés et fidèles. Mais elle doit aussi faire de la mission. Jésus-Christ lui en a donné l'ordre explicite. Cette obligation résulte du fait que Dieu ne veut pas la mort du pécheur, mais qu'il se repente et vive, et d'autre part de ce que le Christ est mort pour tous les hommes et les a tous rachetés. Aussi sont-ils tous appelés à le connaître. La repentance et le pardon des péchés doivent être « prêchés en son nom à toutes les nations » (Luc 24:47). L'Église chrétienne doit tenter de s'implanter partout par la prédication de l'Évangile et l'administration des sacrements. Et partout où elle s'est implantée, elle doit s'efforcer de devenir dans les meilleurs délais indépendante, autonome et responsable de son expansion. Deux tiers du monde n'ont pas encore été vraiment évangélisés. D'autre part, les pays

traditionnellement chrétiens ont cessé de l'être et ont plus que jamais besoin de l'Évangile[18].

Courvoisier indique que « le ministère de l'Église se ramène ainsi à deux fonctions distinctes : celle de la prédication de la parole de Dieu et celle de la surveillance du troupeau[19] ». La lecture du N.T. nous permet de comprendre que l'Église primitive était organisée « autour de la prédication de la Parole, l'administration des sacrements, la confession de la foi, sous la direction des apôtres et des anciens. Ils persévéraient dans l'enseignement, dans la communion, dans les sacrements et dans la prière[20] ».

Ainsi, la mission de l'Église tourne autour de l'annonce de la Parole de Dieu. Selon P.-A. Giffard[21], pour bien remplir cette mission, une Église locale devrait chercher à mettre en œuvre de manière équilibrée les différentes fonctions de l'Église que sont :

- **La fonction prophétique**, encore appelée *martyria* qui tient en trois pôles : l'évangélisation, la catéchisation, l'interprétation (Mt 28.18-20).
- **La fonction cultuelle**, encore appelé *leitourgia* qui est la fonction d'animation du culte spirituel : prière et liturgie (Mt 25.31-46).
- **La fonction hodégétique**, encore appelé *koinonia* qui est la fonction communautaire, c'est-à-dire de conduite ou de gouvernement de la communauté, basée sur la discipline, la charité et la fraternité.
- **La fonction socioculturelle**, qui est la fonction de service au monde, dans les structures de la société et en dehors des frontières de l'Église.

En définitive, il nous apparaît clairement que l'Église est le lieu et le cadre pour l'enseignement de la parole de Dieu, l'administration des sacrements, l'adoration et la prière pour les chrétiens, mais aussi un instrument en mission dans le monde, pour attirer les âmes à Christ. La mission ou l'objectif principal de l'Église, peut se résumer en ceci : faire de toutes les nations des disciples de Jésus-Christ par l'évangélisation, le baptême et l'édification de la foi en Christ.

---

18. Kreiss, *Petite Dogmatique Luthérienne*.
19. Cf J. Courvoisier, *De la Réforme au Protestantisme. Essai d'ecclésiologie Réformée*, Paris, Éditions Beauchesne, 1977, p. 21.
20. Egbert Brink, « Le peuple de Dieu, un ensemble assemblé », *Revue Reformée*, no 210, novembre 2000, disponible sur : https://larevuereformee.net/articlerr/n210/le-peuple-de-dieu-un-ensemble-assemble, consulté le 22 septembre 2021.
21. Giffard, « De la croissance numérique à la croissance intégrale », p. 227-228.

B. Organisation et gouvernement de l'Église : l'exercice du ministère pastoral en question
1. Les différentes formes de gouvernement

Actuellement, chaque Église locale a une structure qui découle de son interprétation ecclésiologique de la Bible, mais aussi de son histoire.

Selon le *Dictionnaire des religions*[22], dès le XVIe siècle, on observe quelques différences entre trois types d'Églises protestantes qui découlent de leur interprétation de la Bible considérée comme la norme :

- Les Églises luthériennes qui « insistent sur la Parole et les Sacrements mais qui refusent de juger à la place de Dieu de l'appartenance à l'Église, de peur de tomber dans le donatisme et le moralisme » ;
- Les Églises calvinistes qui « insistent davantage sur la sanctification des fidèles et la discipline de la communauté » ;
- Les Églises issues de la réforme radicale encore appelée les anabaptistes qui mettent en place une notion d'Églises « de professant » (sans le baptême des enfants) et la transformation de l'ordre de la société.

À travers l'histoire de l'Église, trois grands modèles d'Église ont émergés[23] :

- **Le modèle centré sur la communion** situe l'Église là où la communion avec l'évêque qui est ordonné dans la succession apostolique est réalisée. C'est le cas en particulier de l'Église catholique romaine ou de l'Église catholique orthodoxe.
- **Le modèle centré sur la prédication** situe l'Église là où l'Évangile est fidèlement prêché et où les sacrements sont droitement administrés. C'est le modèle des Églises issues de la Réforme.
- **Le modèle centré sur la confession de foi** définit l'Église comme un rassemblement des personnes qui confessent Jésus-Christ comme Seigneur et Sauveur. C'est le modèle des Églises de professant, héritières du mouvement anabaptiste du XVIe siècle : mennonites, baptistes, pentecôtistes, méthodistes, darbystes, etc.

À partir du lien évident qu'il y a entre l'histoire de l'Église et les diverses interprétations ecclésiologiques de la Parole de Dieu, nous pouvons

---

22. Paul Poupard et al, sous dir., *Dictionnaire des religions*, Paris, PUF, 1984.
23. Stoltz, « L'Église ».

aujourd'hui classer les différentes formes de gouvernement ecclésial de la manière suivante :

- **Le type épiscopal** : L'Église est dirigée par un évêque c'est-à-dire que le pouvoir de décision appartient à un individu considéré comme le pasteur. On retrouve ce système principalement dans l'Église catholique romaine, ainsi que dans quelques Églises issues de la Réforme comme l'Église luthérienne, l'Église anglicane et l'Église méthodiste. Il faut dire que ce système a évolué, car l'Église primitive ainsi que celles des premiers siècles de notre ère ne fonctionnait pas comme une structure unique régentée par le pape ou par un évêque. Aux premiers siècles, comme le souligne Marcel Pacaut :

    > Le pape était seulement tenu pour évêque de Rome, capitale de l'empire, jouissant de ce fait d'une préséance particulière. C'est à partir du IXe siècle qu'on voit nettement apparaître dans le droit canon, l'idée de la suprématie romaine dans l'Église. Puis, au cours du Moyen Âge, profitant de la lutte qu'elle mène contre les souverains pour empêcher toute intervention laïque dans les affaires ecclésiastiques, la papauté établit sa toute puissance et crée les grands organismes de centralisation administrative, l'apogée du système étant atteint au milieu du XIIIe siècle et dans les premières décades du XVe siècle[24].

Dans l'Église catholique romaine, le pape est le chef se faisant assister de conseillers (les cardinaux), de représentants dans toutes les régions (les archevêques ou les évêques en fonction de l'importance de la région) qui à leur tour ont sous leurs ordres les membres du clergé chargé de faire fonctionner les Églises locales.

Dans l'Église anglicane encore appelée Église catholique anglaise qui a rompu au XVIe siècle avec l'Église catholique romaine, les deux archevêques métropolitains de Canterburry et de York sont sous l'autorité du roi, chef de l'église et membre de droit de la chambre des lords ainsi que 21 des évêques. Dans cette église, en revanche, les laïcs sont associés à la prise de décision :

---

24. Marcel Pacaut, *Les Institutions Religieuses*, Paris, Presses universitaires de France, 1951, p. 10.

- chacun des deux archevêques est assisté par un vicaire général qui est laïc ;
- l'assemblée de l'église est formée de trois chambres (évêques, clergé et laïcs) ;
- l'évêque est aidé par des assemblées dans lesquelles les laïcs sont élus ;
- en paroisse, le prêtre est assisté par l'assemblée des paroissiens etc.

Dans le système épiscopal le pouvoir de décision est entre les mains du clergé qui est par ailleurs hiérarchisé (avec une certaine nuance dans les Églises réformées qui appliquent ce système en associant dans une moindre mesure les laïcs à la direction de l'Église).

- **Le type congrégationaliste**, né vers le XIIe siècle, époque à laquelle on vit se former en dehors de l'anglicanisme une église congrégationaliste officiellement organisée en 1832 sous le nom d'Union Congrégationnelle d'Angleterre et de Galles. Dans ce système, le pouvoir de décision appartient aux assemblées de fidèles, le clergé ayant un rôle spirituel. On retrouve ce système dans les Églises baptistes et il est justifié par le sacerdoce universel des croyants. Alain Nisus indique :

  > Les affirmations du sacerdoce de tous les croyants et de l'effusion de l'Esprit sur tous, impliquent que les décisions importantes concernant la vie de l'Église soient prises par l'ensemble des membres réunis en assemblée. Il s'agit d'un modèle participatif d'Église : tous les membres sont collectivement responsables de la bonne marche de l'Église. Il ne s'agit certes pas d'une affirmation naïve de la démocratie, l'Église est bien évidemment une « christocratie fraternelle » (Barth). C'est donc la pensée du Christ, Seigneur de l'Église, que chaque assemblée, conduite par l'Esprit, cherche à discerner. L'autorité reste donc celle du Christ et elle est médiatisée par l'assemblée entière de l'Église qui cherche à discerner la volonté de son Seigneur pour elle. Dans ce processus de discernement, les ministres jouent un rôle particulier et les différents membres interviennent en fonction du charisme reçu (prophétie, discernement, sagesse, …).

Il est important de préciser que pour les premiers congrégationalistes le souci premier n'était pas, contrairement à ce qui est souvent répété, l'affirmation de l'autonomie des Églises locales, mais plutôt celle de la souveraineté *immédiate* du Christ sur l'Église locale. Le congrégationalisme comme mode de gouvernement a été pour eux l'incarnation concrète de cette affirmation. Ils ont jugé que toute structure intermédiaire entre le Christ et l'Église locale nuisait à cette souveraineté immédiate du Christ sur son Église. En fait, les premiers congrégationalistes luttaient contre l'emprise de l'État sur les affaires ecclésiastiques, ainsi que sur la manière autoritaire dont ils ont jugé que les évêques administraient l'Église à leur époque[25].

- **Le type calviniste ou presbytérien, ou encore presbytérien-synodal** peut être considéré comme la synthèse des deux systèmes précédents. En effet, dans ce système il est question de réunir le clergé et le peuple de fidèles dans la prise des décisions. Ainsi, les fidèles élisent leurs représentants au niveau local (paroisses) que sont les anciens de l'Église. Ces anciens de l'Église avec le pasteur dans le cadre du conseil presbytéral gouvernent l'Église locale. À tous les niveaux des juridictions supérieures de l'Église, chaque Église locale se fait représenter par un ou plusieurs anciens de l'Église (en parité avec le nombre de pasteurs en fonction dans cette Église locale) de façon à ce que dans toutes les juridictions où se prennent les décisions, l'on retrouve le clergé et les laïcs en parité à l'exception du conseil paroissial. Dans ce système le clergé (qui peut avoir plusieurs titres : diacres, pasteurs et même évêques) et les laïcs coordonnent leurs activités au sein d'organismes synodaux superposés : *kirksession* (conseil presbytéral), consistoire (regroupant plusieurs paroisses d'une circonscription donnée), synode (regroupant des consistoires), assemblée générale. Chacun de ses organismes étant dirigé par un modérateur élu par les membres de la juridiction. On retrouve ce

---

25. Alain Nisus, « Les Églises congrégationalistes et l'*épiskopè* », *Unité des chrétiens* 135, juillet 2004, p. 25-29.

système dans les Églises presbytériennes, les Églises réformées, les Églises évangéliques.

Une analyse poussée des différents types de gouvernement nous permet de dire que le système presbytérien-synodal est le système de gouvernement en vigueur dans la presque majorité des Églises issues de la Réforme[26]. En effet, ce système imaginé par Calvin et Farel et mis sur pied au XVIe siècle est fondé sur l'idée essentielle que Jésus-Christ étant le seul chef de l'Église, personne ne peut se prétendre dépositaire d'une quelconque autorité. Ainsi, aucune responsabilité n'est réservée à une catégorie de personnes. Au sein de l'Église, les responsabilités et les pouvoirs doivent être partagés, car la participation organisée du plus grand nombre de personnes empêche la prise de pouvoir par un seul individu.

Ce système est dit « presbytérien » (du grec *presbutéros* = ancien), car il reconnaît à l'Église locale (ou paroisse selon la confession), sa responsabilité et sa capacité à se gouverner elle-même à travers le ministère des anciens. Il est dit « synodal » (du grec *sunodos* = faire route ensemble), car attestant que la vie de l'Église dépasse la réalité locale, il prend très au sérieux les liens de solidarité qui unissent ces mêmes Églises locales en les regroupant dans des structures plus larges.

Dans la pratique, les deux piliers de ce régime presbytérien-synodal sont le conseil presbytéral et le synode ou le consistoire, deux instances de « gouvernance » où sont prises les décisions. Dans l'Église réformée de France par exemple,

> …Dans notre Église, le conseil presbytéral (comme le conseil régional ou le conseil national) est un élément essentiel du dispositif mis en place pour structurer notre vie commune. Il n'est pas, comme on le croit trop souvent, à tort, un simple rouage administratif, mais un lieu de négociations, de débats et de décisions communautaires qui permettent l'élaboration permanente du consensus de foi et l'expression concrète de la communion, des lieux où se confrontent les convictions diverses et se construisent les convictions communes. Le conseil

---

26. Discipline de l'Église réformée de France (ERF), 2003.

presbytéral exerce un ministère au service de l'Évangile et de l'Église protestante unie[27].

La Discipline de l'Église réformée de France énonce clairement cette dernière conviction : « Un ministère de l'union des Églises est exercé collégialement par les membres de l'Église élus aux charges de conseillers presbytéraux, délégués au consistoire, membres des synodes régionaux, du synode national, des conseillers régionaux, du conseil national, des commissions synodales[28]. »

De même, dans l'Église Presbytérienne Camerounaise[29], chaque Église locale ou paroisse est dirigée par un conseil presbytéral ou *kirksession*, dont le modérateur est le pasteur en poste. Chaque *kirksession* se fait représenter au consistoire par un délégué, le pasteur étant membre statutaire du consistoire. Le consistoire est l'organe chargé du contrôle de l'activité des pasteurs et des paroisses de son ressort. Chaque consistoire se fait représenter au Synode par tous les pasteurs et un nombre égal d'anciens de l'Église. À l'assemblée générale, chaque consistoire est représenté au sein de son synode par la moitié des pasteurs et un nombre équivalent d'anciens.

Dans les Églises issues de la Réforme, on constate un partage du pouvoir ou plus simplement un pouvoir exercé collégialement. Les laïcs sont associés aux pasteurs dans la prise des décisions quelle que soit la forme de gouvernement adoptée.

2. Le ministère pastoral et les autres ministères

L'Église est considérée selon la théologie paulinienne comme le corps du Christ, une communauté dans laquelle chaque membre a sa place et joue un rôle important selon la vocation qu'il a reçu de Dieu. Pour que l'Église atteigne son objectif principal, il faut un personnel, c'est-à-dire des êtres humains, conduits par l'Esprit Saint.

Le sacerdoce universel qui ouvre les portes du service de Dieu à tous les baptisés n'exclut pas pour autant une organisation impliquant des personnes qui dirigent. De plus en plus, on note la nécessité de mettre sur pied des

---

27. Michel Bertrand, « Le conseil presbytéral un ministère », dans *Le conseil presbytéral. Un ministère aux mille facettes*, Paris, Coordination Édifier et Former, 2000, p. 18-19.
28. Discipline de l'ERF, article 11, paragraphe 3.
29. « Constitution de l'Église Presbytérienne Camerounaise ».

mécanismes de prises de décisions dans les Églises. Le problème actuel réside dans la confusion qui règne autour de la notion de sacerdoce universel en particulier au sujet de sa prétendue uniformisation de l'accès aux ministères devenant ainsi le contraire de ce qu'il est censé représenter comme le dit si bien Bonhoeffer :

> Le concept de sacerdoce universel, conçu par Luther, est aujourd'hui individualisé. On entend par là le droit de l'individu de se tenir immédiatement devant Dieu, sans intermédiaire sacerdotal. En conséquence, le prêtre est superflu ainsi que l'assemblée.(…) ainsi, le concept du sacerdoce universel a été inversé jusqu'à devenir le contraire de ce qu'entendait Luther[30].

La tendance est à la confusion, car au nom du sacerdoce universel les membres des Églises issues de la Réforme réclament une plus grande libéralisation de l'œuvre de Dieu :

> Si l'Église du Nouveau Testament ne connaît pas de distinction entre prêtres et laïcs, elle fait par contre une différence entre les ministres et les fidèles. Non certes en ce sens que seuls les premiers seraient au service de l'Église et que les autres bénéficieraient passivement de leur ministère ; mais en ce sens que tous servent selon les vocations diverses qui leur ont été adressées[31].

Les réformateurs voyaient dans l'Écriture aussi bien le sacerdoce universel des croyants que l'institution du ministère de la Parole dont l'autorité était voulue et instituée par Dieu et auquel les fidèles devaient être soumis. À ce sujet, le réformateur Calvin fera noter que « pour gouverner son Église, Dieu a besoin des hommes[32] ». Ainsi, selon lui chaque Église locale doit avoir son pasteur pour « éviter qu'ils ne courent tous en un lieu pour se troubler l'un l'autre et que de là n'advienne confusion[33] ». L'importance du ministère de la Parole est le plus souvent souligné lorsqu'on évoque l'action et la survie de l'Église :

---

30. Dietrich Bonhoeffer, *La nature de l'Église*, Genève, Labor et Fides, 1971, p. 76s.
31. Phillipe Menoud, « L'Église et les ministères », *Cahier théologique de l'actualité protestante*, n° 22, 1949, p. 39.
32. Calvin, *L'Institution chrétienne*, p. 60.
33. *Ibid.*

> Parce que nous ne connaissons Jésus-Christ et toutes ses grâces que par l'Évangile, nous croyons que l'ordre de l'Église, qui a été établi par l'autorité du Christ, doit être sacré et inviolable, et que, par conséquent, l'Église ne peut se maintenir que s'il y a des pasteurs qui ont la charge d'enseigner[34].

En ouvrant les portes du service de Dieu à tous les croyants, le sacerdoce universel ne s'oppose pas cependant à une spécialisation des ministères.

> Tous les croyants ont un libre accès au trône de la grâce, apportent à Dieu leurs sacrifices et leurs offrandes, sont ses témoins dans le monde, publient ses hauts faits, annoncent le pardon du Christ à ceux qui le cherchent, consolent, reprennent, exhortent et encouragent. Ils s'entraident sur le chemin de la foi et prient les uns pour les autres, ainsi que pour le monde. Cependant, tous ne sont pas appelés à prêcher, à baptiser et à distribuer la Sainte Cène[35].

Le sacerdoce universel stipule donc que tous les croyants ont la possibilité de servir le Seigneur et d'annoncer l'Évangile au prochain selon l'appel et les charismes reçus de Dieu et non que tout chrétien peut assumer toutes tâches au service de la mission commune, car « ce serait nier les limites de chacun et ce serait éviter l'effort pour discerner quels sont ses dons, ses qualités parfois cachées. Penser que tout chrétien pourrait assumer toute tâche au service de la mission commune ce serait… laisser entendre que nous pourrions au fond nous passer les uns des autres, puisque soi-disant, chacun pourrait faire aussi bien ce que l'autre fait[36] ». Ainsi, le sacerdoce universel peut être défini de la manière suivante :

> C'est le peuple de Dieu en son ensemble et en son sein chaque chrétien qui est responsable du sacerdoce royal pour Dieu et au service de tous les êtres humains. À l'image du Christ, il rend Dieu présent au cœur du monde par ses paroles et ses actes, et il présente ce monde à Dieu dans la louange et l'intercession. Cette

---

34. *Confession de La Rochelle*, Aix-en-Provence, Éditions Kerygma, 1988, p. 48.
35. Kreiss, *Petite Dogmatique Luthérienne*.
36. Laurent Schlumberger, « le sacerdoce universel au cœur de l'Église synodale », dans *Ministères*, ERF série édifier former, Paris, Société centrale d'évangélisation, 2000, p. 72.

responsabilité est à la fois collective (relevant de la communauté) et individuelle (concernant chaque chrétien en particulier)[37].

Si les Réformateurs reconnaissent la nécessité du ministère de la Parole, ils mettent aussi en exergue le fait que les chrétiens soient associés selon leurs dons à l'œuvre de Dieu. Ainsi, la notion de sacerdoce universel demande plutôt le discernement des dons de chacun au lieu de penser à l'uniformisation des fonctions au sein de l'Église locale. « Si donc le principe du sacerdoce universel indique que tous les baptisés sont égaux en dignité devant Dieu, il ne signifie en rien que cette égalité soit uniformité ou indistinction des fonctions. Une chose est le sacerdoce universel qui fait de toute l'Église et de chaque baptisé un prêtre entre Dieu et le monde, autre chose sont les ministres reconnus, donnés à l'Église afin de contribuer à son édification et l'aider à exercer sa responsabilité missionnaire[38]. »

Dans ce sens, disons avec Roy Coper :

> Une fois le travail de l'Église planifié et organisé, quelqu'un doit veiller à ce qu'il soit fait : cela s'appelle « l'administration » du projet. Il est judicieux que les anciens délèguent l'administration à d'autres, pour qu'ils puissent se consacrer aux tâches plus importantes – la prière, le service de la parole et le bien-être des âmes. Néanmoins, les anciens ont parfois des talents, des intérêts ou une formation dans un domaine particulier – l'école du dimanche, par exemple, la mission ou la prédication et l'enseignement (1 Tm 5.17), ou même des compétences dans la construction, ce qui fait d'eux les personnes toutes désignées pour diriger un projet. Dans ces cas, un ancien pourrait se charger d'une œuvre particulière, non parce qu'il est ancien, mais plutôt à cause des dons que Dieu lui a donnés[39].

Selon Jean Calvin[40], pour gouverner l'Église locale, on distingue trois ordres de ministres aux fonctions distinctes et complémentaires :

---

37. Michel Bertrand, « Du sacerdoce de tous au ministères de quelques-uns », *Information évangélisation*, Paris, 2010.
38. *Ibid*.
39. Roy Coper, dans Bertrand, « Du sacerdoce de tous ».
40. Calvin, *L'Institution chrétienne*, cf. note 40.

- Les pasteurs[41] chargé d'enseigner, d'administrer les sacrements et de conduire le peuple de Dieu ;
- Les anciens qui participent avec les pasteurs dans le gouvernement de l'Église ;
- Enfin, les diacres chargés de servir les pauvres et de distribuer les aumônes.

Au sujet des anciens, on retrouve le fond de la pensée de Calvin dans son commentaire de la première épître à Timothée, lorsqu'il déclare à propos de 1 Timothée 5.17 qu'il estime qu'il y avait à l'époque de Paul « deux sortes d'anciens », « car tous n'étaient pas ordonnés d'enseigner »[42]. Selon lui, il y avait ceux qui s'acquittaient du ministère de la Parole et ceux qui s'occupaient avec les premiers de la discipline[43]. Le ministère des anciens est collégial, car il s'exerce au sein d'un groupe. Un ancien ne peut prendre une décision que par sa participation aux délibérations du conseil presbytéral.

Ainsi, il apparaît clairement que l'Église est dirigée par un ensemble de personnes :

- les ministres pasteurs et/ou évêques à la tête des Églises locales ;
- les presbytres ou anciens qui sont les collaborateurs immédiats des pasteurs dans l'exercice de la discipline et le gouvernement de l'Église locale ;
- les diacres chargés des œuvres sociales et de la charité ;
- les fidèles avec leurs dons ou charismes particuliers.

Tout cet ensemble doit être bien coordonné pour être efficace d'une part, et d'autre part afin qu'il n'y ait pas de désordre et de confusion dans l'Église.

En règle générale au sein de l'Église locale on peut distinguer deux catégories de personnels :

- un personnel à temps plein rémunéré par l'Église constitué d'une part des ministres ordonnés (pasteurs, évêques) et d'autre part de

---

41. L'ordre des docteurs a été soit distinct, soit associé à celui des pasteurs par Jean Calvin.
42. Jean Calvin, « Commentaire Biblique de l'épître de Paul à Timothée », numérisé par Bibliaplus, accessible en ligne : https://www.bibliaplus.org/fr/commentaries/3/commentaire-biblique-de-jean-calvin/1-timothee/5/17, consulté le 22 novembre 2021.
43. Bruno Gaudelet, « Perspectives ecclésiologiques », *Revue Réformée*, no. 207, mars 2000.

laïcs engagés comme employés (secrétaires, gestionnaires, etc.). Ils sont rémunérés et entretenus matériellement par l'Église locale.
- un personnel bénévole qui est constitué par les responsables non ordonnés : anciens d'Église, diacres et autres responsables qui prennent une part active à la vie de l'Église locale tout en ayant d'autres activités rémunérées dans la société.

Les ministres dans l'Église sont en général établis ou consacrés par l'imposition des mains et par la prière au cours d'un culte solennel (ce qui exprime ainsi le fait que c'est Dieu qui par son Esprit Saint doit les assister dans leurs tâches respectives). Cette consécration est l'aboutissement d'un long processus qui inclut une période de formation. En règle générale, les pasteurs pour être consacrés doivent être titulaire d'un diplôme théologique (le baccalauréat ou la licence en théologie au moins) et avoir fait un stage selon une période qui varie en fonction des Églises. La formation théologique comprend entre autres[44] :

- Les sciences bibliques ;
- La dogmatique ;
- L'histoire de l'Église ou de la chrétienté ;
- La théologie pratique ;
- Les Lettres et sciences humaines : philosophie, sociologie, gestion, psychologie, sémantique, sémiotique, langue ;
- L'informatique ;
- Histoire des religions africaines ;
- Histoire des religions.

Pour les autres ministères notamment les anciens, les diacres et les fidèles exerçant diverses responsabilités dans l'Église, il existe un programme de formation qui dépend des Églises et des pasteurs en poste dans les Églises locales. Cependant, on note l'existence dans la plupart des Églises membres du CEPCA, d'écoles bibliques dispensant une formation de base en théologie incluant :

- Introduction à l'Ancien et au Nouveau Testament ;

---

44. À la Faculté de Théologie et des Sciences Religieuses de l'Université Protestante d'Afrique Centrale, Institut Supérieur de Théologie Dager de Bibia, Institut Supérieur de Théologie de Doungué

- Homilétique ;
- Doctrine et discipline de l'Église ;
- Missiologie.

La véritable question qui doit se poser est celle de savoir comment faire pour que tout ce personnel travaille en harmonie au sein d'une Église locale sachant qu'il n'existe pas de manière formelle, un canevas harmonisé de formation pour tous les responsables de l'Église ?

De toute évidence, il est important d'avoir une certaine cohérence dans la direction et la gestion des Églises locales. Quel sera alors le meilleur moyen pour ces dirigeants de conduire les êtres humains en utilisant harmonieusement les ressources disponibles tout en restant fidèles à la spécificité de l'Église dans un monde en constante évolution ?

Il se posera dans l'agir de l'Église, la question de l'autorité. Qui a autorité sur qui, pour quoi faire et comment ?

À la lumière de tout ce qui précède, nous pouvons dire que l'autorité est partagée au sein des Églises issues de la tradition réformée :

> Les ministres ont reçu une vocation personnelle, intérieure et secrète qui est première, et ensuite ils ont reçu de l'Église une vocation extérieure et publique par laquelle, comme on le dit dans l'Église réformée de France leur ministère est « reconnu ». Mais la communauté, elle aussi, reçoit de Dieu une vocation, une mission particulière dans le contexte où elle est placée et que le ministre ne saurait ignorer. Il n'y a pas, par conséquent, de subordination ou de soumission dans un sens ou dans l'autre entre le ministre et la communauté, mais une reconnaissance mutuelle de chaque vocation spécifique, une corrélation[45].

Toutefois, l'élément central de la vie de l'Église étant la Parole de Dieu, le pasteur peut à juste titre jouer le rôle de leader de la communauté comme le dit Claude Batty : « Il me semble que la réflexion sur le leadership s'est développée dans un milieu influencé par les techniques modernes de management mais qui ne remet pas le ministère pastoral en cause. C'est donc à première vue une technique pour bien faire son métier de pasteur non-clérical, de

---

45. Bertrand, « Du sacerdoce de tous aux ministère de quelques-uns ».

pasteur intégré dans une équipe[46]. » Par sa position, sa formation et son rôle dans l'Église locale, le pasteur est une sorte de carrefour de la vie communautaire. En effet, il est pratiquement le seul dont le rôle oblige à participer à toutes les activités, à collaborer avec toutes les composantes, et à visiter tous les fidèles. Loin de faire de lui un super chrétien, c'est plutôt sous l'angle du service qu'il doit accomplir sa mission : « Les pasteurs exercent leur leadership en référence au Christ. Ils sont, pour reprendre le langage du N.T., les intendants (Ac 20.28) ou les gérants (Mt 24.45ss) mais non les propriétaires de leur communautés[47]. »

On reconnaît en général trois dimensions à l'autorité du pasteur[48] :

- Personnelle : par sa consécration ou ordination, il est « chargé d'enseigner et de proclamer l'Évangile, de rassembler le peuple de Dieu, de veiller à sa croissance par l'Esprit-Saint et par la vie sacramentelle, de voir à ce que l'Église qu'il préside assume sa mission et son témoignage évangélique dans le monde en vue du règne de Dieu ».
- Communautaire : d'accompagner les chrétiens dans la vie communautaire où ils partagent et témoignent de leur foi. « Ainsi, les pasteurs exercent leur autorité de manière synodale ou communautaire au sein des conseils paroissiaux, diocésains ou régionaux. C'est là qu'ils prennent avis, discutent, écoutent les différents points de vue. Ainsi, il y a une réelle interdépendance entre les pasteurs et les membres de l'Église. »
- Collégiale : « le pasteur une fois consacré, est intégré dans un collège pour exercer son ministère ; collège des pasteurs, conseil presbytéral ou autre. Dans tous les cas, dans l'Église le ministère de la présidence est ainsi collégial par nature. »

---

46. Claude Batty, « De l'autorité en général et de l'autorité pastorale en particulier », Fac-réflexion n° 25, décembre 1993, p. 4-11.
47. Gaëtan Baillargeon, « Présider l'Église de Dieu et l'assemblée eucharistique », dans Gilles Routhier et Marcel Viaud, sous dir., Précis de théologie pratique, Bruxelles, Lumen Vitae, 2004.
48. Ibid.

Conclusion

Nous pouvons relever que l'Église qui est avant tout une « affaire de foi » est aussi un élément de la société dans laquelle elle milite (nous avons parlé d'Église visible et invisible). L'Église locale est la manifestation visible de l'Église comme communauté de foi. En tant que communauté, c'est-à-dire un rassemblement humain, l'Église devrait avoir des règles de fonctionnement pour une vie en groupe harmonieuse. Ces règles ne doivent pas être éloignées de la mission que lui a confiée le Seigneur Jésus qui est le chef de l'Église. Il s'agit de faire de toutes les nations des disciples de Jésus et témoigner de lui partout dans le monde. Devant cette nécessité et en fonction de leurs réalités, les Églises locales se sont organisées en trois principaux types de gouvernement : épiscopal, presbytérien, et congrégationaliste. Les Églises issues de la Réforme associent les pasteurs et les laïcs dans la prise de décision.

CHAPITRE 2

Généralités sur le management

Introduction

Généralement appliqué aux entreprises commerciales, le management depuis 1931 aux États-Unis d'Amérique est appliqué à l'agir de l'Église. Par exemple, J. D. Mooney et A. C. Reiley, dans leur ouvrage intitulé *Onward Industry*, « ont fait reposer leur exposé sur la théorie classique du management… ; ils y ont vu que cette théorie s'appliquait à des réalités aussi diverses que l'armée, l'Église Catholique…[1] »

C'est le départ d'un grand engouement pour le management ecclésial, une discipline qui vise à doter les Églises d'une organisation rendant leur action plus efficace. Ainsi, pour C. R. Forder,

> Le but de l'administration de paroisse c'est de combiner et d'organiser le temps et les activités du clergé paroissial, ainsi que les différentes activités de la paroisse, de manière à obtenir en pratique un maximum d'efficacité, une économie de temps et l'élimination de doubles emplois. C'est ainsi seulement que le clergé aura toute liberté pour s'adonner à la prière, à l'étude et à la prédication[2].

Il y a eu, avec le développement de la pensée sur le management, une abondante réflexion sur l'implication du management dans l'agir et la gestion

---

1. Rudge, *L'Église à l'heure du management*, p. 30.
2. *Ibid.*, p. 24.

de l'Église. En effet, Amitai Etzioni[3] a classé les organisations en gamme d'après des critères de conformité au sujet des relations entre leader et membre : autoritaire, utilitaire, normative (peu de direction et engagement total des membres). L'Église appartient à cette catégorie, d'où l'idée de fonder la théorie de l'administration ecclésiastique.

Un autre pionnier dans ce domaine est Joseph Van Vleck[4] qui présente une triple typologie de direction : sacerdotale, individualiste et démocratique. Il a montré que :

- l'approche sacerdotale repose sur la volonté de Dieu, le rôle médiateur du prêtre, l'importance de l'Église et la vanité du monde d'ici-bas.
- l'approche individualiste privilégie l'expérience personnelle, la liberté de l'individu, l'influence sur la conduite de la récompense et du châtiment.
- L'approche démocratique soutient l'approche de Dieu par toute forme de vérité, de bonté aussi bien par l'intermédiaire de l'Église que par le mysticisme ; on ne met guère l'accent sur l'au-delà mais plutôt sur la nécessité de servir l'humanité et de permettre le bonheur humain.

E. K. Francis[5] a examiné le caractère de divers ordres religieux au cours de leur histoire et a remarqué que l'on exprime l'orientation à partir de deux termes :

- « Gemeinschaff » : communauté naturelle dans laquelle les gens sont nés et ont été élevés ;
- « Geselschaft » : organisation rationnellement constituée basée sur un choix délibéré et des relations contractuelles.

Le système monastique des débuts avait la première caractéristique familiale puis a évolué vers le second type comme dans l'ordre structuré des jésuites.

---

3. Amitai Etzioni, *A Comparative Analysis of Complex Organisation*, New York, The Free Press of Glencoe, 1961.
4. Joseph Van Vleck, *Our Changing Churches: a Study of Leadership*, New York, Association Press, 1937.
5. Rudge, *L'Église à l'heure du management*.

Tel que nous pouvons le constater, plusieurs auteurs nous ont précédés dans la recherche de solutions au management de l'Église.

La notion de management dans son développement a mis en exergue celle du leadership, car pour que tout cet ensemble de techniques soit appliqué efficacement, il faut être capable de mobiliser et motiver les êtres humains qui constituent l'organisation, en vue d'atteindre les objectifs fixés.

A. Définition et caractéristiques
1. Définition

Le Pr Albert Lorent, dans son cours sur la gestion des œuvres d'Églises, définit le terme « management » comme un anglicisme :

> Les anglo-saxons ont été les premiers à développer la réflexion sur la conduite des organisations. Ce mot a probablement une origine latine dérivée du mot « manus », la main. Il se retrouve dans des termes tels que « maneggiare » en italien, qui signifie mener un cheval, le conduire avec adresse. En français, on retrouve la même racine dans les mots comme « manège » ou encore, « ménage » qui indique l'administration de la maison. Tout cela évoque l'idée de la conduite, de la direction et de la saine gestion d'une organisation[6].

L'idée selon laquelle le management est en relation avec des techniques pour la conduite d'organisations humaines se retrouve aussi dans le dictionnaire Larousse qui précise que « le management est l'ensemble des techniques d'organisation, de direction et de gestion de l'entreprise c'est-à-dire d'une structure qui a des objectifs précis[7] ».

Pour bien comprendre ce phénomène, il est important de retrouver ses origines. En effet, qu'est-ce qui a donné lieu à la mise au point de cet ensemble de techniques pour la conduite des organisations humaines ?

Chester Barnard (1886-1961), cadre à la Bell Telephone Company, est l'un des premiers à étudier le processus de prise de décision dans les organisations et à s'intéresser à la fonction du leadership. Dans sa définition, il nous oriente

---

6. Albert Lorent, « La gestion des œuvres d'Église » (cours), Bruxelles, Domuni (Université virtuelle des dominicains), 2008.
7. *Dictionnaire Larousse*, France, Editions Larousse, 2008.

sur la raison d'être du management : « Le management consiste à obtenir la participation volontaire des individus à la réalisation d'objectifs communs, autrement que par l'exercice d'un pouvoir autoritaire[8]. » Le management représente une évolution dans la conception de la gestion des organisations humaines. Le management public est apparu comme une rupture par rapport à une bureaucratie parfois lourde et inefficace. En effet, l'administration par exemple met l'accent sur le respect de règles et de procédures. Avec le management, la gestion des ressources (qu'elles soient humaines, matérielles ou financières) met désormais l'accent sur la production de résultats et l'atteinte d'objectifs : planifier, organiser, diriger et contrôler deviennent les éléments importants du management. C'est ce que H. Koontz et C. O'Donnell appellent le processus du management[9]. La stratégie y occupe une place capitale. Dans le but d'envisager la direction efficace d'une organisation on parlera de plus en plus de planification stratégique, de gestion par objectifs, de gestion par projets, etc.

La vocation première du management sera donc une direction cohérente des organisations humaines avec pour finalité l'atteinte des objectifs préalablement définis. « Le management pourrait être défini comme le processus par lequel on administre et coordonne de manière efficace et efficiente les ressources (matérielles, financière, humaines, etc.) dans l'effort d'atteindre les objectifs de l'organisation[10]. »

Cette volonté de coordination concerne les ressources disponibles dans une organisation qui doivent être utilisées de manière adéquate et ce conformément aux objectifs préétablis.

> Le management est une manière scientifique et rationnelle de diriger une entreprise et ses ateliers de production afin de maximiser la productivité et, partant, le profit, dans l'intérêt général. Cette définition nous permet de comprendre que le management a pour but premier non seulement la santé financière de l'entreprise, mais aussi, et surtout sa croissance. Il s'agit avant tout

---

8. « Cent ans de management », *Sciences Humaines*, HS 020, mars/avril 1998.
9. Harold Koontz et Cyril O'Donnell, *Principles of Management: An Analysis of Managerial Function*, New York, McGraw-Hill, 1955.
10. Dominique Diouf, « Les enjeux du leadership local », disponible sur : www.managergo.com, consulté le 27 novembre 2009.

d'augmenter la productivité, c'est-à-dire, en langage actuel, de gagner des parts de marché, de produire plus pour vendre plus[11].

Dès le départ, le management a été conçu comme un processus pouvant s'appliquer à toute organisation humaine : « Le management est l'art ou la manière de conduire une organisation, de la diriger, de planifier son développement et de la contrôler. Il s'applique à tous les domaines d'activité des organisations, qu'elles soient publiques ou privées[12]. » Une *organisation* peut être définie comme « un ensemble de personnes qui sont réunies, pour réaliser une mission dans la société à travers différentes structures et diverses manières de procéder. Une organisation peut être transitoire, comme l'organisation d'une excursion ou d'une manifestation quelconque. Elle est permanente lorsqu'elle est installée d'une manière durable dans la société pour y exercer un rôle défini, comme une paroisse[13]... »

Dans le cadre de notre étude, nous parlerons de management comme *l'ensemble des techniques d'organisation, de direction et de gestion d'une organisation en vue de l'atteinte de ses objectifs.*

2. Caractéristiques principales

Selon D. de Cenzo[14] (tenant compte des divers auteurs du management), le processus du management se résume aux quatre fonctions suivantes :

- Planifier : fixer un but ou une vision, établir des objectifs, adopter une stratégie.
- Organiser : répartir les tâches ; fixer les niveaux de décisions et les rapports entre les intervenants.
- Diriger ou administrer : mobiliser, motiver les gens pour l'atteinte de l'objectif ; résoudre les conflits.
- Contrôler : évaluer, faire le bilan en comparant les résultats obtenus aux objectifs prévus pour corriger les écarts éventuels.

Par exemple, lorsqu'une Église locale veut répartir les tâches entre ses membres en comités, elle devrait au préalable se poser la question de son but

---

11. Lepper, « Église et management », p. 38-39.
12. Lorent, « La gestion des œuvres d'Église » (cours).
13. *Ibid.*
14. Stephen Robbins et David de Cenzo, *Management : l'essentiel des concepts et des pratiques*, 6ᵉ édition, Paris, Nouveaux Horizons, 2008.

principal. Comment ramener à la dimension de l'Église locale la mission que Jésus-Christ a confiée à l'Église ? Il est clair que cette mission ne sera pas formulée de la même manière à Yaoundé, la capitale du Cameroun qu'à Garoua dans une région réputée acquise à l'Islam au Cameroun. La formulation de l'objectif principal est un préalable au processus du management. Pour Sandra Charreire Petit et al, ce processus de management repose en fait sur cinq principes de bases[15] indispensables pour tout programme de management :

- Fixer les objectifs : déterminer et expliquer les buts à atteindre ;
- Organiser le travail : classifier et répartir le travail en tâche qui seront ensuite attribuées aux personnes compétentes ;
- Motiver et communiquer : constituer une équipe en fonction des tâches, les motiver et communiquer avec eux ;
- Établir des normes de performances : évaluer, analyser et interpréter les indicateurs de performance (rentabilité, productivité, marge) ;
- Former les équipes : former les équipes en permanence.

Les organisations humaines disposant d'une variété de ressources, un équilibre important est à tenir dans la gestion de quatre domaines :

- la gestion des *objectifs* et les chemins pour y parvenir appelés *stratégies* ;
- la gestion du *personnel* ;
- la gestion des *finances* ;
- la gestion des *biens et équipements*.

Par exemple, « Lorsqu'un évêque doit choisir de construire une église ou un hôpital, il se trouve devant un problème de gestion d'objectifs et de stratégies...[16] »

Ainsi, pour permettre au manager de mener à bien sa tâche on peut, avec Henry Mintzberg[17], distinguer dix rôles (répartis en trois grandes catégories) dévolus au manager :

- **Rôles de contact** (interne et externe) : représenter, diriger, assurer les liaisons ; très souvent les Églises locales doivent être représentées

---

15. Sandra Charreire Petit et al., *Management : Manuel et applications*, Paris, Nathan, 2007.
16. Lorent, « La gestion des œuvres d'Église » (cours).
17. John R. Schermerhorn, James G. Hunt, Richard N. Osborn, *Comportement humain et organisation*, coll. Village Mondial, Montreuil, Pearson, 2e éd., 2002, p. 13-14.

lors des cérémonies publiques et toute la communauté ne pouvant se déplacer, il faut choisir celui qui, par sa fonction au sein de l'Église, saura le mieux la représenter.
- **Rôles d'information** : guider, être un porte-parole, diffuser ; on retrouve de plus en plus dans les Églises locales des supports d'information édités par ceux qui sont au centre des décisions, car pour que l'œuvre avance les membres doivent être informés sur les décisions prises et les projets ;
- **Rôles de décision** : entreprendre, corriger, allouer des ressources, négocier. Pour réaliser des actions et faire vivre l'Église locale, il faut bien prendre des décisions : décider d'allouer telle somme à telle activité, décider de faire le culte à telle heure, etc.

Pour nous, le management d'une organisation sera caractérisé par les éléments suivants :
- La vision ou objectif principal, décliné en objectifs secondaires avec les moyens pour les atteindre ou stratégie ; on peut encore parler de planification ; cet aspect implique la communication et la formation des membres de l'organisation ;
- L'organisation et la répartition du travail en équipe ;
- La direction ou coordination des équipes et responsables d'équipes impliqués ;
- L'évaluation ou confrontation des résultats obtenus avec les objectifs de départ, et correction éventuelle.

Globalement, on peut répertorier cinq manières de diriger une organisation[18] qui peuvent porter des noms divers mais les plus répandues sont :
- **théorie traditionnelle** ou patrimoniale qui correspond à l'allemand *Gemeinschaft* et qui désigne une organisation qui a une vie continue bien à soi et une force d'impulsion qui la maintient en haleine, possède des forces qui garantissent que dans sa continuité elle suit toujours la même voie. Le chef se recrute dans l'élite des anciens. Il doit maintenir la tradition. Prendre des décisions est un processus continu qui ne nécessite pas de réflexions.

---

18. Rudge, *L'Église à l'heure du management*, p. 70-130.

- **théorie charismatique** : le chef suit une intuition qu'il communique et qui est suivie par la communauté. Leader et partisans sont liés par la soumission aux objectifs et la nécessité de soutenir pleinement les buts formulés par le leader. Le processus de prise de décision est une perception instantanée du leader qui contrôle par ailleurs toutes les structures et son autorité dépend de l'adhésion volontaire.
- **théorie classique** que l'on peut assimiler au fonctionnement d'une machine. L'organisation est comme une structure mécaniste et pyramidale. Au sommet se tient la figure essentielle de toute l'organisation. Les décisions s'expriment en ordres qui sont distribués aux subordonnés. Cette théorie convient à des situations stables.
- **théories des relations humaines** : le chef ne donne pas de directives, mais il cherche plutôt à créer une ambiance qui amène les gens à contribuer. Le processus de décision consiste à faire apparaître une volonté commune dans le groupe. Il y a contrôle, car chaque membre accepte de maintenir l'existence du groupe et d'accomplir les tâches consenties d'un commun accord.
- **théorie systémique** fondée sur la conception de système comme une entité complète, consistant à la somme de ses composants dont chacun conserve son identité, malgré leur interdépendance. L'organisation interne est fonction des objectifs et de l'environnement. Le chef doit continuellement réajuster les objectifs et, interpréter les changements du monde extérieur de façon que tout le système s'adapte à ce contexte ; ce qui suppose l'engagement de tous. Le chef doit expliquer la nature des changements.

À cette liste, S. Robbins et D. de Cenzo[19] ajoutent la **théorie de la contingence** qui affirme qu'il n'existe pas une méthode idéale qu'il suffirait d'appliquer à toutes les organisations, mais que les types d'approches dépendent toujours du contexte et de la situation rencontrée.

Pour cela, ils ont fait ressortir quatre variables fondamentales qui influencent la gestion d'une organisation : la taille de l'entreprise, les qualifications des technologies, les incertitudes environnementales et les particularités individuelles.

---

19. Robbins et De Cenzo, *Management*.

B. Évolution des concepts du management

1. Évolution historique

Le schéma de Scott[20] résume bien l'évolution de la pensée conceptuelle en management. On y note deux axes :

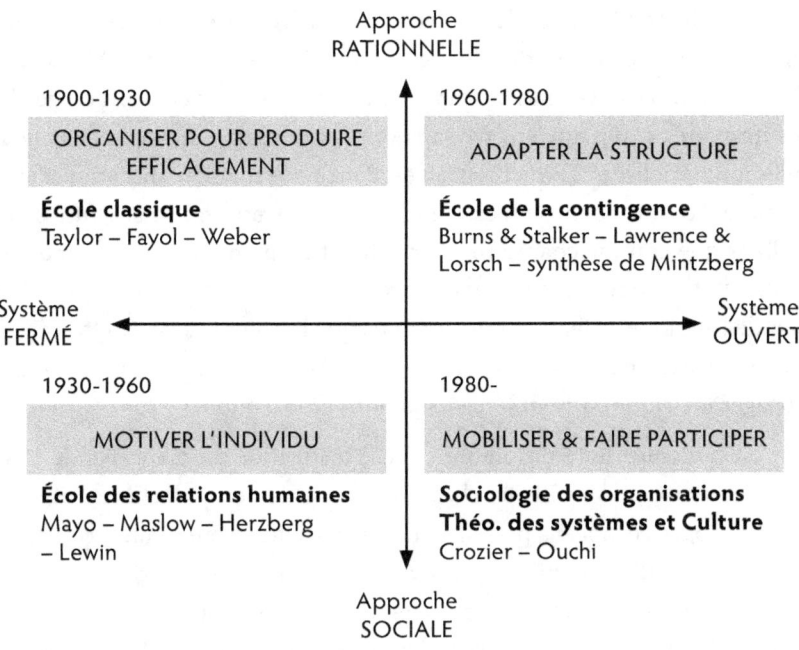

Schéma de Scott

- **Le premier axe système ouvert/système fermé :** fermé, car l'organisation est centrée sur la gestion des éléments internes. Ouvert, car sa gestion dépend des éléments de l'environnement.
- **Le deuxième axe approche rationnelle/approche sociale :** rationnelle, car l'organisation fonctionne sur la base de la raison. On y prend des décisions logiques et rigoureuses. Sociale, car l'humain devient le centre de la décision. On cherche à le motiver et à l'impliquer.

---

20. Cf. Schéma adapté de Lorent, « La gestion des œuvres d'Église » (cours).

- La combinaison de ces deux axes permet de retracer l'histoire des concepts dans le management des organisations.

Ainsi, d'après ce schéma on peut distinguer quatre époques principales ayant servi de contextes à l'élaboration des théories du management[21] :

Entre 1900 et 1930, c'est *l'école classique*, période qui correspond au début de l'ère industrielle en Angleterre et aux États-Unis. L'économie y est florissante. La demande en produits de consommation est supérieure à l'offre. Les charges salariales ne sont pas importantes, car les ouvriers sont en général des immigrés et des anciens paysans venus chercher leur bonheur dans les villes industrialisées. L'organisation est conçue de manière mécanique et ses membres comme des machines. Cette période correspond aussi à l'utilisation de l'Afrique comme champ missionnaire et en même temps comme terre d'exploitation pour les puissances occidentales. La mission d'évangélisation de l'Afrique se fera en même temps que la colonisation. Cette période est encore caractérisée par la conférence de Berlin qui a eu pour objectif de partager l'Afrique entre différentes nations occidentales :

> Convoquée le 15 novembre 1884 à l'instigation du chancelier de Prusse Otto Von Bismarck, la conférence de Berlin s'achève. Les 14 pays européens présents et les États-Unis mettent un terme aux conflits coloniaux qui enveniment le continent africain en se le partageant. Le roi des Belges, Léopold II, obtient le Congo à titre personnel. La Grande-Bretagne renonce à ses prétentions sur ce territoire et assoit son hégémonie sur un axe allant du Cap jusqu'au Caire. La France se voit attribuer toutes les terres au sud du Sahara et l'Allemagne, l'Afrique de l'Ouest. La conférence de Berlin décide aussi de la libre circulation des navires marchands sur les fleuves Congo et Niger[22].

En effet, pendant cette période plusieurs groupes de missionnaires vont sillonner l'Afrique pour y répandre la civilisation occidentale et « accessoirement » l'Évangile. L'Évangile servira de support à la transmission de la culture occidentale comme modèle par excellence de la culture chrétienne. Ce

---

21. Lorent, « La gestion des œuvres d'Église » (cours).
22. « Otto von Bismarck : biographie courte du chancelier allemand », *L'internaute*, disponible sur : https://www.linternaute.fr/actualite/biographie/1776162-otto-von-bismarck-biographie-courte-dates-citations/, consulté le 27 septembre 2021.

d'autant plus que les africains seront utilisés comme des machines dans les plantations et les usines pendant que leur sous-sol sera exploité pour servir aux économies des puissances colonisatrices. En 1910, on assiste à la création de l'Afrique équatoriale française.

Entre 1930 à 1960, c'est *l'école des relations humaines*. Le monde occidental sort de la crise de 1929 et en a tiré les leçons. L'une d'elle c'est que la recherche du profit en prenant le travailleur comme une machine peut être néfaste pour l'économie. L'accent est mis désormais sur les possibilités humaines dans les entreprises. Il y est question de motiver l'individu pour stimuler ses possibilités. Le système reste fermé, car il y a suffisamment de travail pour tout le monde, c'est une période stable. En Afrique, on va assister au réveil des colonisés qui profitant de l'ère des relations humaines ont eu accès à certains privilèges comme l'instruction et la formation. Ainsi, certains ont eu la possibilité d'être responsabilisés. Pendant cette période de réveil, on assiste à un mouvement de contestation de la politique coloniale basée sur l'exploitation du colonisé. Cette contestation aboutit à l'autonomie d'un grand nombre d'Église en Afrique, ainsi qu'à l'indépendance de la plupart des pays africains.

De 1960 à 1970, c'est *l'école de la contingence*. L'économie se mondialise, de nouveaux concurrents apparaissent comme le Japon. Les entreprises ne peuvent plus évoluer sans tenir compte de la concurrence. Les organisations doivent prendre en compte leur environnement pour rester compétitive.

> En 1968, sous l'impulsion des étudiants parisiens, la France s'agite soudainement pendant un mois. Lassés d'une société autoritaire et paternaliste, les jeunes dénoncent pêle-mêle le capitalisme, l'austérité morale gaulliste, les arrestations de leurs camarades, tout en prônant la libération sexuelle, plus de droits pour la femme, le tout avec parfois le Petit Livre rouge à la main. [...] La France est paralysée et le régime menacé. Le pays connaît en quelque sorte son dernier épisode insurrectionnel. Au sein des grandes démocraties occidentales, mais aussi de certains pays de l'Est, l'année 1968 coïncide avec une effervescence de la jeunesse et des mouvements de contestation. Aux États-Unis, le mouvement hippie fait parler de lui, les étudiants manifestent contre le Vietnam tandis que la lutte pour les droits civiques des

noirs connaît des épisodes tragiques, notamment avec l'assassinat de Martin Luther King en avril 1968. L'Italie, l'Allemagne et dans une moindre mesure l'Angleterre connaissent des troubles étudiants parfois violents. Le Zengakuren (une ligue étudiante) lance également des mouvements très suivis au Japon. Grèce et Espagne connaissent des mouvements radicaux contre les régimes dictatoriaux en place. Enfin, la Tchécoslovaquie connaît le Printemps de Prague, qui termine dans la répression. En France, les étudiants sont les premiers à manifester leur mécontentement au printemps 68 et ils le diffusent dans une bonne partie de l'opinion.

Plus de vingt ans après la fin de la Seconde Guerre mondiale, l'heure est donc à la contestation au cœur d'une jeunesse à la fois fruit du Baby boom et des Trente glorieuses. [...] Le modèle capitaliste et la consommation de masse concentrent également les attaques : tandis que les beatniks fondent des communautés sans argent, l'extrême gauche française, des maoïstes aux situationnistes, fustige la consommation et les Mass Medias. D'ailleurs, une partie de la jeunesse « gauchiste » européenne, et notamment française, voit dans la Révolution Culturelle chinoise un formidable encouragement à prendre le pouvoir contre les conservateurs et les réactionnaires[23].

En Afrique, ce sont les premiers moments des gouvernements installés par le colon avec leur vague de coups d'états.

De 1970 à nos jours, c'est *l'école du management participatif.* À cause de la difficulté à maîtriser la somme d'information qui peut influencer une production donnée, l'accent est mis sur les capacités humaines en termes de mobilité et de créativité. Ainsi, l'apport de chaque membre sera *sollicité* pour le succès des organisations. Les organisations sont en permanence influencées par une somme de facteurs qui varient régulièrement.

---

23. Axelle Choffat, « Mai 68 : ses causes et ses conséquences », *L'internaute*, disponible sur : https://www.linternaute.fr/actualite/guide-histoire/1790790-mai-68-ses-causes-et-ses-consequences-photos-et-dates-cles/.

Pendant cette période, on va assister à plusieurs variantes : d'abord le libéralisme érigé en super-système puis avec les scandales financiers successifs des années 2000, un retour à la régulation. En Afrique c'est la période du libéralisme et des démocraties.

Selon Anne Lepper, les théories de management ont évolué au gré des contextes socio-économiques :

> Les premières théories du management se préoccupaient principalement d'organiser le travail manuel. L'école des relations humaines s'était focalisée sur les conditions de travail des ouvriers et ne s'était pas beaucoup inquiétée de la situation des cadres. Les théoriciens d'après-guerre se chargeront de penser comment organiser efficacement le travail intellectuel. À ceci s'ajoute que le principe de spécialisation du travail avait montré ses limites et surtout quant à son champ d'application : toute activité en effet ne peut pas être découpée en spécialités. Enfin, si les premiers théoriciens du management avaient pris en compte les questions de qualité de vie de leurs ouvriers, ils l'avaient plus vu comme une contrainte et surtout comme un moyen d'augmenter le rendement du travail que comme un but à poursuivre. Les théoriciens du management de la deuxième moitié du XXe siècle proposent de considérer la qualité de vie des travailleurs comme un objectif plutôt que comme une contrainte[24].

Notons qu'il est difficile d'avoir en valeur absolue, une seule école de pensée : « Un système de management ne chasse pas nécessairement celui qui l'a précédé. Souvent il l'absorbe en tenant compte de nouvelles variables. En réalité, il se situe entre les quatre pôles de tension délimités par les axes, selon un équilibre toujours à refaire[25]. »

2. Leadership et management

La pensée du management ayant évolué progressivement vers la prise en compte des valeurs et capacités humaines présentes dans l'organisation. Le

---

24. Lepper, « Église et management », p. 54-55.
25. Lorent, « La gestion des œuvres d'Église » (cours).

concept de leadership va se développer de manière considérable, comme le fera d'ailleurs remarquer le sociologue Dominique Diouf :

> Toutefois, nous pensons que si le management est un processus déterminant dans le progrès des villes, il peut s'avérer cependant insuffisant pour relever les multiples défis auxquels les collectivités locales sont confrontées. Nous soutenons que le leadership, en l'occurrence celui des élus locaux, constitue la clé de voûte de la démocratie et du développement de ces organisations locales. Mais il s'agit d'un leadership transformateur par lequel les élus locaux, porteurs d'une vision et la partageant avec les populations de base, apportent les changements nécessaires pour transformer leur environnement[26].

En effet, dans tout processus de management il est important de prévoir à côté de la méthodologie et de la théorie les aspects qui concernent la motivation et la mobilisation des membres. En d'autres termes, il s'agit de faire en sorte que les membres de l'organisation adhèrent de manière effective aux objectifs fixés et au programme mis en place. Le leader a souvent été comparé au pilote d'un avion : « Dans les avions d'une autre époque, il y avait un pilote que l'on peut assimiler au leader, et un ingénieur chargé de surveiller les aspects techniques de la machine que l'on peut appeler dans ce cas-là le manager[27]. » La nécessité du leadership se situe dans sa capacité à influencer, bien plus, à faciliter l'adhésion d'un plus grand nombre à un projet : « Quant au leadership, il est perçu comme un type d'influence interpersonnelle par lequel un individu amène un autre individu ou groupe à s'acquitter de la tâche qu'il veut voir menée à bien[28]. »

Il est question ici de créativité et d'originalité, car selon Hellriegel et Slocum, « le leadership est l'aptitude à élaborer des idées et une vision, à vivre en fonction de valeurs qui étayent ces idées et cette vision, à influencer

---

26. Dominique Diouf, « Les enjeux du leadership local », p. 2, accessible en ligne : https://docplayer.fr/46575344-Dominique-diouf-les-enjeux-du-leadership-local-ville-management-7.html, consulté le 30 novembre 2021.
27. Dominique Schmauch, *Les conditions du leadership*, Paris, L'harmattan, 2005, p. 18.
28. Diouf, « Les enjeux du leadership local ».

les autres pour en orienter le comportement et à prendre les décisions difficiles notamment dans le domaine des ressources humaines[29] ».

On peut donc dire que « le leadership consiste à mener à bien par l'intermédiaire d'autres personnes, une action qui ne se serait pas produite en l'absence du dirigeant[30] ».

Ainsi, nous disons avec Pascal Charpentier que le leadership est un aspect du management et plus précisément c'est : « La capacité du manager à utiliser son expertise, ses compétences, sa personnalité pour susciter la motivation et l'adhésion de ses subordonnés[31]. » Pour lui, le leader efficace est celui qui :

- Possède une vision ;
- Est capable de communiquer sa confiance aux autres et susciter leur adhésion autour des objectifs de l'organisation ;
- Sait déléguer le pouvoir ;
- Peut se comprendre lui-même et connait ses forces et ses limites.

Le terme « leadership » n'a pas de traduction en français et désigne les comportements que l'on peut reconnaître à celui qui assure la fonction du leader.

Pour nous, *le leadership peut être défini comme la capacité d'un individu à influencer, à motiver, et à rendre les autres capables de contribuer à l'efficacité et au succès des organisations dont ils sont membres. Le leadership est donc l'action du leader ou encore la manière de conduire ou de diriger les autres.*

Pour bien appréhender ce concept de leader, il est important de préciser la différence qui existe entre le leader et le chef[32] :

- le chef est au-dessus du groupe, il commande, il ordonne et ses ordres doivent être exécutés sans nécessiter des explications ;
- le leader quant à lui fait partie du groupe qu'il dirige et son action consiste à pousser les autres à l'action. Pour cela, il doit expliquer, convaincre, et montrer l'exemple.

---

29. Don Hellriegel et John W. Slocum, *Management des organisations*, 2ᵉ éd. Bruxelles, De Boeck, 2006, p. 358.
30. *Ibid.*
31. Charpentier, *Management et gestion des organisations*, p. 78.
32. Nkolo Fanga, « Leadership et reconstruction ».

Sandra Charreire Petit et al. vont dans le même sens : « Un leader peut se positionner à n'importe quel poste, quel que soit le niveau de l'organisation. Sa légitimité provient essentiellement de sa personnalité et de sa capacité de persuasion[33]. »

La notion de leader, à notre avis, correspond le mieux aux responsables dans l'église : que ce soit l'évêque, le pasteur, le prêtre, l'ancien de l'église, le président d'un comité, d'une association, d'une chorale ou d'un groupe, il n'y a pas des chefs, mais des leaders. Il s'agit de « *primus inter parès* », c'est-à-dire premier parmi les égaux[34].

La notion de leadership concerne les concepts d'autorité et de pouvoir. En effet, le pouvoir peut être défini comme « la capacité qu'a un individu ou un groupe d'agir sur d'autres et d'affecter le fonctionnement et les résultats d'une organisation donnée, en obtenant, par exemple, que telle décision soit prise, que tels moyens soient mis en œuvre ou que telles tâches soient accomplies[35] ». Paradoxalement, nous pouvons constater que celui qui exerce le pouvoir est en permanence dépendant de ceux sur qui il exerce son pouvoir. Ainsi, le pouvoir n'est en fait qu'une question de relation marquée par[36] :

- la dépendance : on ne peut véritablement exercer un pouvoir que sur une personne qui espère obtenir de nous quelque chose dont elle a besoin comme des moyens financiers, une promotion, la reconnaissance, le prestige, une compétence, des possibilités d'initiatives, etc. On comprend donc que le statut ou la fonction seule ne peuvent pas suffire pour exercer efficacement le pouvoir.
- la réciprocité : le chef peut donner des ordres qui seront diversement exécutés en fonction de l'état d'esprit de l'exécutant, mais surtout de sa relation avec son chef. On peut mal faire, faire lentement, boycotter tout en s'exécutant, etc.
- le déséquilibre : dans tous les cas la position confère des avantages en plus dans la relation entre chef et subordonné.

Ces caractéristiques montrent à quel point il est important pour un manager de bien évaluer les forces en présence lorsqu'il doit exercer sa fonction.

---

33. Charreire Petit, *Management*, p. 40.
34. Rév. Dr. Motsebo, *Cours de Théologie pratique*, La figure du pasteur, Yaoundé . F.T.P.Y, 2002.
35. Lorent, « La gestion d'œuvres d'Église » (cours).
36. *Ibid.*

Ainsi, on parlera bien volontiers d'autorité au lieu de pouvoir, car « l'autorité se distingue du pouvoir dans la mesure où elle n'a pas recours à la force. Elle a la capacité d'obtenir, sans recours à la contrainte physique, un certain comportement de la part de ceux qui lui sont soumis. »[37]

Max Weber a distingué trois sortes d'autorité comme domination légitime[38] :

- une autorité traditionnelle fondée sur des croyances anciennes, sur des tabous. C'est l'autorité du sorcier, du magicien ;
- une autorité légale, rationalisée qui repose sur le droit ; le pouvoir s'exerce dans le cadre des règles admises ; c'est celle du prêtre ;
- une autorité charismatique qui est celle qu'un individu peut exercer sur un groupe qui lui est dévoué. Weber a donné l'exemple du Christ ou de Mahomet plus généralement du prophète.

David E. Willer, un sociologue américain propose de compléter cette typologie en y ajoutant l'autorité idéologique[39] pour répondre à la typologie d'actions sociales (rationnelle en finalité, rationnelle en valeur, affectuelle et traditionnelle) avec les bases correspondantes de légitimation (légal, rationnel en valeur, affectuelle et traditionnel). L'autorité idéologique correspond donc à l'action sociale rationnelle en valeur avec sa base de légitimation. Ici, l'autorité est due à une idéologie et non à une personne, encore moins à une loi. Elle correspond au docteur comme figure d'autorité et Claude Batty y voit là une source de légitimation de l'autorité du pasteur : « Le pasteur serait un leader idéologique, jouant un rôle d'idéologue institutionnel, entre le prêtre et le prophète[40]. » Mais la question que nous pouvons nous poser est celle de savoir si le pasteur ne peut baser son autorité que sur une légitimation idéologique ? En d'autres termes, l'autorité idéologique suffit-elle à elle-seule à déterminer l'autorité pastorale au sein d'une Église locale ? Le pasteur a en effet un champ de compétence diversifié : enseignement de la Parole, conduite des gens dans la prière, administration des sacrements et maintien de la cohésion communautaire. Comment exercer un leadership qui convienne au cadre spécifique d'une communauté chrétienne ?

---

37. Batty, « De l'autorité en général et de l'autorité pastorale en particulier », p. 4-11.
38. Jean-Paul Willaime, *Profession : Pasteur*, Genève, Labor et Fides, 1986.
39. *Ibid.*
40. Batty, « De l'autorité en général et de l'autorité pastorale en particulier ».

Pour mener à bien le rôle de leader, nous devons savoir que selon Dr Shu[41], il y a trois grands facteurs qui influencent le leadership :

- **la personne** ou plus exactement la personnalité du leader qui est la plus grande source d'échecs dans le leadership. Il y a quatre tempéraments de base décrits de différentes manières par plusieurs auteurs mais son livre adopte la terminologie de Career Pathways : dominant, influent, stable, consciencieux.
- **la performance** ou encore le milieu, c'est-à-dire tous les facteurs externes qui aident le leader à être efficace : la vision et les buts, la compétence, l'équipe, etc.
- **le produit** ou les résultats du leadership : l'influence du leader, les réalisations, les relations, etc.

Notons enfin qu'il existe deux sources de leadership :

- **Le leadership de droit**, formel ou officiel conféré par une institution à travers des modalités régulières comme l'élection ou la nomination.
- **Le leadership de fait** encore appelé officieux, informel ou opportuniste, car créé par une situation donnée ou simplement par les compétences particulières d'un individu.

Tous ces éléments font en sorte qu'il existe une diversité dans la typologie des styles de leadership. En effet, S. Robbins et D. De Cenzo[42] d'une part et A. Kuen[43] d'autre part notent l'existence de trois styles de leadership :

- **leader autocratique** : centralise l'autorité, impose ses méthodes et limite l'implication des employés ou les membres de l'organisation ;
- **leader démocratique** : implique les employés ou les membres de l'organisation dans les décisions, délègue son autorité, encourage la concertation ;
- **leader non interventionniste ou non directif**, laisse les employés ou les membres de l'organisation, libres de prendre les décisions qu'ils jugent pertinentes pour la bonne marche de l'entreprise.

---

41. Shu, *Le leadership efficace*.
42. Robbins et De Cenzo, *Management*.
43. Kuen, *L'organisation de l'Église*.

Cette typologie doit être couplée avec celle de Don Hellriegel et John W. Slocum[44] qui parlent plutôt des styles suivants :

- **style du conciliateur** : exposer le problème à toute l'équipe et jouer le rôle de conciliateur ; l'objectif étant de faire adhérer les membres à une décision.
- **style du décideur** : prendre la décision et l'annoncer à l'équipe.
- **style de la consultation personnelle** : exposer le problème aux membres de l'équipe pris individuellement, puis prendre une décision, en tenant compte ou non de leurs avis et suggestions.
- **style de la consultation d'équipe** : consulter les membres au cours d'une réunion puis, prendre une décision qui reflète leurs avis.
- **style de la délégation** : permettre à l'équipe de prendre la décision dans un cadre prescrit.

Actuellement, pour diriger efficacement les organisations, d'autres auteurs proposent les styles suivants[45] :

- **le leadership transactionnel** : passe par l'exercice d'une influence sur ceux qui suivent le leader par le biais d'échanges contingents fondés sur la récompense.
- **le leadership charismatique** : exercice d'une influence sur ceux qui suivent le leader par la mobilisation de leur adhésion émotionnelle à une vision et à un ensemble de valeurs partagées ; le leader compte sur le pouvoir qu'il exerce.
- **le leadership visionnaire** : passe par l'exercice d'une influence sur les subordonnés au moyen d'un ensemble complexe de conduites et d'aptitudes en relation les unes avec les autres notamment : l'anticipation de l'avenir, former et orienter le groupe pour en faire une communauté d'apprenant stimulés et récompensés.

Cette longue et diversifiée liste des styles de leadership nous permet de comprendre qu'il est difficile d'exercer le leadership d'une seule manière. Il est important de tenir compte d'un certain nombre de facteurs qui entrent en jeu dans la survie du groupe en question. La détermination de ces facteurs se fera en fonction des facteurs qui influencent le leadership comme

---

44. Hellriegel et John W. Slocum, *Management des organisations*, p. 711.
45. *Ibid.*, p. 404.

la personnalité, le milieu, les subordonnés. En effet, ces trois éléments doivent être bien maîtrisés pour que le choix de styles de leadership soit un mélange harmonieux répondant au mieux aux réalités soulevées par ces facteurs, on parlera alors de leadership de situation.

Conclusion

Pour nous, il est important qu'une organisation intègre les deux concepts de management et de leadership dans son fonctionnement. Le management doit être l'élément déterminant pour que l'organisation puisse atteindre ses objectifs. Pour conduire cette dynamique dans la philosophie propre à l'organisation, il faut un leadership adéquat. Nous pensons que leadership et management sont deux notions complémentaires pour l'efficacité et l'efficience des organisations. Le leadership s'occupant de la vision, de la direction à prendre, le management se chargeant de mettre cette vision en formes concrètes ; le leadership se préoccupant d'influencer les membres de l'organisation vers l'atteinte des objectifs, le management se souciant de les organiser, contrôler et évaluer.

Le management est né comme une alternative positive aux lourdeurs de la bureaucratie administrative. Le management, ensemble de techniques d'organisation et de gestion, se charge de faire atteindre les objectifs d'une organisation. Son processus se décline en quatre étapes principales : planifier, organiser, diriger et contrôler.

Le management joue trois rôles principaux au sein d'une organisation : contact, information et décision.

Il y a une complémentarité nécessaire et évidente entre leadership et management : le leadership influence pour suivre une direction et le management organise les ressources pour atteindre l'objectif fixé. La notion de leadership est en relation étroite avec celles de pouvoir et d'autorité. Il est important pour le leader de privilégier la recherche d'une autorité comme légitimation de son pouvoir pour agir dans l'intérêt de l'organisation. Le pouvoir étant une question de relation, celui dont le pouvoir est légitimé se fera facilement écouter.

Ces notions peuvent être utiles à l'Église qui est une organisation humaine avec un but : faire de toutes les nations des disciples de Jésus-Christ. En effet, de quelle manière les dirigeants des Églises locales doivent-ils exercer leur pouvoir ? Par quels moyens doit-on conduire les communautés chrétiennes rassemblées au sein d'Églises locales ? Quelles sont les théories de management qui permettent de concilier à la fois soucis d'efficacité dans la gestion d'une organisation et spécificité de l'Église comme corps du Christ ?

Autant de questions auxquelles il convient de trouver des réponses dans les pages suivantes.

Conclusion de la première partie

Parvenu au terme de cette partie de définition des concepts, il convient de fixer le cadre conceptuel dans lequel nous allons évoluer.

L'Église locale est à la fois une communauté de chrétiens qui se mettent ensemble pour adorer et servir Dieu au travers de l'écoute de sa Parole, de l'administration des sacrements. L'Église locale est aussi le principal poste de travail d'un pasteur.

L'Église est caractérisée par l'enseignement de la parole de Dieu, l'administration des sacrements, l'adoration et la prière pour les chrétiens, mais aussi un instrument en mission dans le monde, pour attirer les âmes à Christ. La mission de l'Église, peut se résumer en ceci : faire de toutes les nations des disciples de Jésus-Christ par l'évangélisation, le baptême et l'édification de la foi en christ. Il est important pour l'Église de mettre en place des techniques pour l'atteinte de cet objectif. L'une des possibilités en termes de techniques pour l'atteinte des objectifs pourrait consister en l'utilisation du management dans l'« agir » de l'Église.

Pour nous, le management peut être défini comme l'ensemble des techniques d'organisation, de direction et de gestion d'une organisation en vue de l'atteinte de ses objectifs.

Son processus se décline en quatre étapes principales : planifier, organiser, diriger (ou le leadership) et contrôler.

Le leadership peut être défini comme la capacité d'un individu à influencer, à motiver, et à rendre les autres capables de contribuer à l'efficacité et au succès des organisations dont ils sont membres. Le leadership est donc l'action du leader ou encore la manière de conduire, diriger les autres.

Comment faire pour associer management et agir des Églises protestantes au Cameroun ? Quel peut être le meilleur moyen pour rendre l'Église plus efficace ?

Pour cela, il est important de se faire une idée de la vie des Églises protestantes au Cameroun.

Deuxième partie

Les Églises issues de la Réforme dans le contexte actuel du Cameroun

Introduction

L'Église au Cameroun témoigne de sa foi dans un cadre particulier, car le Cameroun qui est très souvent présenté comme une Afrique en miniature est aussi un état laïc. En effet, situé en Afrique centrale, le territoire national du Cameroun couvre près de 475 442 km²[1]. Le pays s'étend entre le Nigéria, le Tchad, la Guinée Équatoriale, la RCA, le Congo (Brazzaville) et le Gabon.

Sur le plan économique, « plus de 60 % de la population active est employé dans l'agriculture. Ce secteur représente 42 % du PIB. Les mines et l'industrie 22 % du PIB. En effet, le sous-sol camerounais est pourvu de richesses diverses (pétrole, étain, uranium, calcaire). Malheureusement, les industries sont inégalement réparties et la majeure partie de celles-ci se retrouvent dans les grands centres urbains et dans la plaine côtière[2]. »

En ce qui concerne la population du Cameroun, elle « était estimée à 15,5 millions en 1999. La densité de 32,6 hbt/Km² et l'accroissement naturel de 2,7 %/an. L'espérance de vie de 53 ans. La population camerounaise est hétérogène, en effet, plus de 200 ethnies se côtoient pacifiquement[3]. » Il s'agit d'une population principalement jeune et rurale.

L'Église au Cameroun est confrontée à plusieurs réalités : compétition spirituelle liée aux problèmes socio-économiques et exacerbées par les séquelles de la colonisation et la crise économique mondiale.

---

1. *Atlas de l'Afrique*, 2ᵉ édition, Paris, Editions du Cerf, 2000.
2. Tapoko Siébatcheu Honoré, « Présentation du Cameroun » (cours), Université de Yaoundé I.
3. *Ibid.*

CHAPITRE 3

Quelques aspects du contexte des Églises protestantes au Cameroun

Introduction

Les réalités du Cameroun étant diverses, nous voulons étudier celles qui peuvent directement influencer l'« agir » de l'Église. En effet, les habitants du Cameroun qui vont à l'Église sont intégrés dans la société où ils exercent des activités diverses. Ils sont donc tributaires du contexte socio-économique qui influence fortement tous les aspects de leur vie y compris l'aspect spirituel. Le contexte actuel du Cameroun sera étudié sous divers aspects[1] : spirituel et socio-économique. Par la suite, nous présenterons le CEPCA.

A. Le Cameroun

1. Aspect spirituel

L'aspect spirituel du contexte actuel est marqué par le pluralisme religieux et spirituel. En effet, la prolifération des sectes et courants ésotériques et religieux est un bon thermomètre de la réalité spirituelle en Afrique. De même, la très grande croissance des Églises dites réveillées est révélatrice du climat de compétition spirituelle qui prévaut au Cameroun :

---

1. Cf. Nkolo Fanga, « Leadership et reconstruction ».

Combattues à leur début, les églises dites réveillées, se sont au fil des temps faites acceptées dans la société, au point d'attirer aujourd'hui de plus en plus de fidèles... À Yaoundé et à Douala, les deux plus grandes villes du Cameroun, il est difficile de marcher deux cents mètres sans voir une église réveillée. Elles sont visibles partout autant en empruntant les principales artères que les rues des quartiers. Certaines églises, parfois même sans dénomination publiquement connue sont logées dans des domiciles privés du « pasteur » ou d'un des membres de l'assemblée[2].

Actuellement, et contrairement à une certaine époque, les personnes qui résident au Cameroun ont une trop grande variété de choix en matière de propositions spirituelles[3] :

- Tous les courants religieux reconnus comme classiques ont désormais plusieurs obédiences :
    - pour l'Église catholique, on retrouve l'Église catholique romaine, l'Église catholique gallicane, l'Église catholique mariavite (dont les prêtres se marient et qui est spécialisée dans l'exorcisme), etc.
    - pour les Églises protestantes, nous avons les Églises presbytériennes, évangéliques, baptistes, luthériennes, anglicanes, etc.
    - pour l'islam nous avons les sunnites, les chi'ites, etc.
- De nouveaux courants chrétiens sont nés au XIXe siècle et se font appeler Églises réveillées ou pentecôtistes par opposition aux Églises catholiques et protestantes qu'elles dénigrent au passage. Elles sont nombreuses et souvent sans organisation fixe : Pentecôtistes, Néo-apostoliques, Vraie Église de Dieu, Full Gospel, Église des rachetés de Dieu, etc.
- Des sectes qui se réclament chrétiennes : les adventistes du premier ou du septième jour, les témoins de Jehovah, la secte Moon etc.
- Les cercles ésotériques et philosophiques qui communiquent de plus en plus ouvertement : rose-croix, franc-maçonnerie ;
- La magie blanche et noire proposée dans les journaux ;

---

2. Eric Boniface Tchouakeu, « Les Église chrétiennes de réveil montent en puissance », dans le quotidien *Mutations* du 18/10/2009, Cameroun.
3. Nkolo Fanga, « Leadership et reconstruction ».

- Les marabouts, féticheurs, sorciers qui font même de la publicité dans les journaux.

Cette diversification de l'offre spirituelle et religieuse est favorisée par le climat socio-politique, tant la multiplication et la diversification de l'offre spirituelle sont concomitantes au processus de libéralisation engagé par l'état dans les années 90. Une étude sur les organisations de la société civile a révélé que :

> L'adoption par le parlement des Lois N° 90/052 et 90/053 respectivement sur la liberté de communication sociale et la liberté d'association serviront de catalyseur aux nouveaux processus de développement. Ladite loi sur les associations a innové en ce sens qu'elle allège la procédure de leur création avec notamment le passage du régime d'autorisation au régime de déclaration et la conséquence immédiate sera la création d'une pléiade d'organisations de la société civile sous la forme d'associations, mais également des confessions religieuses et d'autres formes d'organisations en 1992[4].

En effet, c'est le gouvernement par le biais du Ministère de l'administration territoriale et de la décentralisation qui autorise l'exercice public du culte : « Le régime d'autorisation quant à lui concerne les associations religieuses et les associations étrangères, réputées telles parce que sous contrôle direct ou indirect des étrangers. L'autorisation peut être accordée à titre temporaire ou soumise à un renouvellement périodique ou conditionné[5]. »

2. Aspect socio-politique

Il est marqué par la démocratie qui date de la fin des années 1990 et qui accorde en principe une place importante à l'état de droit et au respect des libertés individuelles.

La liberté d'association figure en bonne place parmi les libertés individuelles au point où, aujourd'hui, tout citoyen a le droit de créer une association

---

4. Sylvie Mpon Tiek, « Rapport préliminaire sur les ONG/Associations du Cameroun », p. 5, disponible sur : www.LC-doc.com. Consulté le 27 novembre 2009.
5. *Ibid.*

à caractère religieux. Ainsi, la constitution qui a été modifiée en janvier 1996 stipule désormais dans son préambule que :

> Le peuple camerounais,
>
> Proclame que l'être humain, sans discrimination de race, de religion, de sexe, de croyance, possède des droits inaliénables et sacrés ; Affirme son attachement aux libertés fondamentales inscrites dans la Déclaration universelle des droits de l'homme, la Charte des Nations Unies, la Charte africaine des droits de l'homme et des peuples et toutes les conventions internationales y relatives et dûment ratifiées, notamment aux principes suivants :
>
> — Tous les hommes sont égaux en droits et en devoirs. L'État assure à tous les citoyens les conditions nécessaires à leur développement ;
>
> — L'État assure la protection des minorités et préserve les droits des populations autochtones conformément à la loi ;
>
> — La liberté et la sécurité sont garanties à chaque individu dans le respect des droits d'autrui et de l'intérêt supérieur de l'État ;
>
> [...] — Nul ne peut être contraint de faire ce que la loi n'ordonne pas ;
>
> — Nul ne peut être poursuivi, arrêté ou détenu que dans les cas et selon les formes déterminées par la loi ;
>
> [...] — Nul ne peut être inquiété en raison de ses origines, de ses opinions ou croyances en matières religieuse, philosophique ou politique sous réserve du respect de l'ordre public et des bonnes mœurs ;
>
> — L'État est laïc. La neutralité et l'indépendance de l'État vis-à-vis de toutes les religions sont garanties ;
>
> — La liberté du culte et le libre exercice de sa pratique sont garantis ;
>
> — La liberté de communication, la liberté d'expression, la liberté de presse, la liberté de réunion, la liberté d'association,

la liberté syndicale et le droit de grève sont garantis dans les conditions fixées par la loi[6].

La pratique politique actuelle qui donne au peuple une voix prépondérante dans la prise de décision, contrairement à ce qui se faisait après les indépendances, influence tous les aspects de la vie dans la société y compris dans l'Église. Il est de plus en plus courant de voir des populations mécontentes des coupures intempestives de courant par exemple, se révolter et barrer la route qui traverse leur contrée. Il est également assez habituel de voir des populations manifester contre l'autorité d'un chef traditionnel qui remplit mal ses obligations ; tout comme très naturellement, on peut voir à la télévision ou lire dans les journaux comment des fidèles refusent l'autorité de leur pasteur et le mettent à la porte. On constate un écart grandissant entre les populations et les élus locaux. Le peuple semble ne plus se reconnaître dans ceux qui sont censés les représenter, ce d'autant plus que des doutes pèsent sur la régularité des élections. En moins de 10 ans, le Cameroun a modifié la structure de l'organe chargé d'organiser les élections au moins deux fois. De plus, l'organe actuel (ELECAM) reste sous l'autorité du gouvernement. Déjà lors de l'institution de l'ONEL, premier organe supposé indépendant pour l'organisation des élections c'était la confusion :

> Il y avait déjà lieu de s'interroger sur la méthode employée pour la rédaction de ce projet de loi par le gouvernement. Celui-ci n'a pas choisi de soumettre sa proposition aux membres de l'opposition et de la société civile et de la confronter avec la leur, il a caché ses propositions et a sans doute fait semblant de consulter les autres. D'ailleurs, dans la foulée de ces consultations, Charles Ateba Eyene, cadre du Rassemblement Démocratique du Peuple Camerounais (R.D.P.C, parti au pouvoir) a déclaré, sur les ondes d'une radio privée de la capitale, que « les leaders de l'opposition et de la société civile qui sont passés à la primature pour déposer leurs propositions ont reçu de l'argent dont les montants variaient entre un million et un million cinq cent mille francs » (entre 1 520 et 2 300 euros). Une affirmation

---

6. « Constitution de la République du Cameroun », promulguée le 18 janvier 1996 par Paul Biya, Président de la République.

reprise en écho par la presse camerounaise qui a commencé à semer le doute sur la démarche gouvernementale[7].

L'organe actuel chargé de l'organisation des élections reste sous l'autorité du gouvernement, ce qui n'arrange pas les choses :

> La création de ELECAM, huit ans après celle de l'ONEL, pose avec acuité le problème de la revendication d'une structure neutre indépendante et impartiale chargée de gérer le processus électoral. La nomination le 30 décembre 2008 des douze membres de ELECAM, […] soulève cependant une controverse quant à leur légitimité, du fait du doute qui pèse sur leur indépendance et leur impartialité vis-à-vis du parti au pouvoir. Pour la plupart d'entre eux, anciens cadres du parti au pouvoir, les nouveaux membres de ELECAM hier attendus avec beaucoup d'espoir et d'impatience, sont aujourd'hui contestés avec vigueur tant sur le plan national qu'international, considéré à juste titre comme un simulacre, une diversion, un moyen de pérenniser le contrôle du parti au pouvoir sur la gestion du processus électoral[8].

Ces balbutiements et controverses politiques ont des répercussions sur le plan social avec l'écart de plus en plus grandissant entre riches et pauvres :

- Les emplois se partagent entre les enfants et parents des décideurs selon l'avis de certains journaux.
- Les concours d'entrée dans les grandes écoles sont suspectés de répartition par les hommes au pouvoir ou même d'être monnayés comme le soulignait déjà les évêques du Cameroun en 1977 : « Est-il vrai que les concours d'embauche n'ont aucune valeur, soit parce que les questions ont été divulguées, ou parce que les personnes à recruter ont déjà été sélectionnées bien avant le concours ? Est-il vrai que les chauffeurs de taxi doivent verser des pots-de-vin sur

---

7. Mohamadou Houmfa, « Gestion des élections au Cameroun : le refus de la transparence », *AFRIQUE ECHOS*. Disponible sur : www.afriqueechos.ch. Consulté le 5 janvier 2007.
8. D. Mandeng, « Cameroun : ELECAM, un organe chargé de redonner sa confiance au corps électoral boycotté », *Podcast journal*, consulté le 24 janvier 2009.

nos routes ? Ces questions et bien d'autres encore peuvent nous aider dans notre examen de conscience en vue d'une conversion[9]. »
- Les taxes et impôts divers sont de plus en plus élevées obligeant certaines PME à évoluer dans l'informel.

Le résultat est que l'on assiste à une hausse du banditisme, du tribalisme, de la corruption sous toutes les formes possibles. « Le tribalisme au sein de l'Église camerounaise est érigé en système. C'est une maladie qui tente de désorganiser sa vie[10] ».

Le contexte actuel est encore profondément marqué par la crise économique des années 80 avec son corollaire qui est l'aspiration à la démocratie des années 90. En effet, l'Afrique des années 80-90 a connu une forte récession économique qui s'est manifestée par la forte diminution du pouvoir d'achat dû :

- Aux différentes baisses de salaires et très souvent aux arriérés de salaires ;
- À l'augmentation des prix des produits de tous genres ; à l'augmentation de la pression fiscale qui touche toutes les couches de la population, ainsi que toutes les activités génératrices de revenus, et même toutes les propriétés foncières.

Cette crise économique était due entre autres à une gestion catastrophique des économies africaines par les tenants du pouvoir de la période d'après les indépendances. Cette gestion privilégiait les intérêts personnels de quelques individus au détriment de ceux de la communauté.

Ainsi, il s'ensuivit un mouvement de protestation de la part des populations relayées par des pays occidentaux et des bailleurs de fonds pour décrier la mauvaise gestion et la descente aux enfers des économies africaines. Les bailleurs de fonds et les puissances occidentales qui avaient pourtant soutenu ces régimes pilleurs ont mis en place un arsenal de mesures économiques (programme d'ajustement structurel, initiative pays pauvres très endettés) qui vont provoquer le mécontentement de la population, car ces mesures qui visaient à réduire dans la plupart des cas le train de vie de l'État, ont aussi été marquées par une augmentation de l'imposition fiscale. Dans la majorité

---

9. Christian Tumi, cité dans Nkolo Fanga, « Leadership et reconstruction ».
10. Kong, « Une relecture Kierkegaardienne de l'Église », p. 148.

des pays d'Afrique, ce sera la révolte, car le peuple africain longtemps muselé va aspirer à la liberté, à la démocratie et au bien-être. Le multipartisme est arrivé en réponse aux aspirations démocratiques des peuples africains et camerounais en particulier et à la pression des puissances occidentales, mais aujourd'hui, force est de constater que le changement souhaité n'est pas encore présent.

B. Le Conseil des Églises Protestantes du Cameroun (CEPCA)[11]

1. Les généralités

Créée en 1941, la Fédération des Églises Protestantes du Cameroun, aujourd'hui appelée le Conseil des Églises Protestantes du Cameroun, « avait pour but la défense des intérêts des missions protestantes d'origine anglo-saxonne face à l'administration des pays de l'ancienne Afrique Équatoriale française (AEF) : le Tchad, la République centrafricaine, le Cameroun, le Congo et le Gabon[12] ».

Avec les indépendances des pays de l'AEF, la Fédération Evangélique a été structurée et devient FEMEC (Fédération des Églises et Missions Evangéliques du Cameroun) dont les objectifs restent la recherche de l'unité des Églises et Missions évangéliques travaillant au Cameroun, le partage des expériences pour un enrichissement mutuel, la gestion commune de certains projets, la collaboration avec les zones peu évangélisées. La FEMEC comptait 11 (onze) Églises et regroupait près de 5 millions (5 000 000) de fidèles[13].

Le CEPCA est composée de onze (11) Églises et missions qui sont :

- Église Anglicane (EA) ;
- Cameroon Baptist Convention (CBC) ;
- Église Évangélique du Cameroun (EEC) ;
- Église Évangélique Luthérienne du Cameroun (EELC) ;
- Église Fraternelle Luthérienne du Cameroun (EFLC) ;

---

11. Informations tirées du site web du CEPCA et des entretiens avec le SG du CEPCA, le Rév. Dr Jean Emile Ngué en 2008.
12. Site web du CEPCA, « A propos », disponible sur : https://cepca-cpcc.org/fr/2019/03/23/connaitre-le-cepca/, consulté le 27 septembre 2021.
13. Estimation de 1999.

- Église Presbytérienne Camerounaise (EPC) ;
- Église Protestante Africaine (EPA) ;
- Native Baptist Church (NBC) Presbyterian Church in Cameroon (PCC) ;
- Union des Églises Baptistes du Cameroun (UEBC) ;
- Union des Églises Evangéliques du Cameroun (UEEC).

La majorité de ces Églises ont adopté le type de gouvernement presbytéro-synodal à l'exception des Églises baptistes qui fonctionnent selon le système congrégationaliste. Les Églises luthériennes sont dans un processus de mise en place d'un système épiscopaliste qui est celui de l'Église anglicane. Le CEPCA rassemble les Églises protestantes autour de débats théologiques et d'activités sociales ayant traits au témoignage chrétien. Il convient de souligner que chacune des Églises membres garde son autonomie en ce qui concerne son fonctionnement. La FEMEC a créé plusieurs départements dont deux travaillent étroitement avec l'État camerounais : le département de la santé et celui de l'éducation. Chaque département est dirigé par un secrétaire exécutif.

2. La structure

a. Le département de la santé

Le département de la santé aide les Églises dans la gestion de 28 hôpitaux, 160 centres de santé, organise des séminaires sur la gestion hospitalière, sur certaines maladies, redistribue les subventions quand l'État en donne, joue le rôle de trait d'union avec le ministère de tutelle.

b. Le département de l'éducation

Le département de l'éducation a une particularité en ce sens que c'est le Ministre de l'Éducation Nationale qui nomme le Secrétaire National. L'enseignement privé protestant s'occupe de la gestion des écoles des églises membres, de la répartition des subventions de l'État, de l'organisation des stages pédagogiques, etc.

Au-delà du département de la santé et du département de l'éducation, le CEPCA a plusieurs autres départements.

c. Le département du développement

Il gère le projet *Babimbi*, organise les séminaires et élabore les projets des Églises membres qui en font la demande.

d. Le département de l'information et de la communication

Né du service radiophonique, il s'occupe de l'information, des publications d'ouvrages, des émissions religieuses du CEPCA.

e. Le département des femmes

Il travaille avec les associations des femmes des Églises membres.

f. Le département du témoignage chrétien

Il englobe pour le moment le département des jeunes, de l'information, les aumôneries universitaires et militaires, l'évangélisation, le dialogue islamo-chrétien, le ministère urbain, industriel et rural.

g. Le département de la jeunesse

Il s'occupe de promouvoir l'attachement des jeunes à la parole de Dieu, l'harmonisation des programmes entre les différents mouvements de jeunes des Églises membres du CEPCA.

h. Le département des affaires sociales

Il s'occupe de tous les cas sociaux (familles, enfants, etc.) dans l'optique d'améliorer leurs conditions de vie.

i. Le secrétariat général du CEPCA

Il s'occupe de la coordination des divers départements et doit fonctionner avec les dons des Églises membres (20 %) et le don des Églises allemandes (80 %).

Conclusion

Le Cameroun est un état laïc qui a adopté la liberté d'association et la démocratie dans les années 90. Cette option politique a ouvert la voie à un pluralisme religieux qui est concurrentiel pour les Églises protestantes. Comme la plupart des pays africains, le Cameroun a traversé une crise économique dans les années 80, ce qui l'a poussé à chercher le soutien des organismes financiers internationaux. Ces derniers l'ont placé dans un programme d'ajustement structurel qui a eu des conséquences lourdes sur le train de vie de la population. À cause de l'augmentation de l'imposition fiscale et des baisses de salaires des années 90, les camerounais, vivent difficilement sur le plan financier. Cela a entraîné des pratiques déviantes comme la corruption, le tribalisme, les détournements de fonds publics, le clientélisme, etc. C'est dans ce contexte que les Églises protestantes doivent annoncer la bonne nouvelle du salut en Jésus-Christ. Regroupées au sein du CEPCA, une structure qui se veut fédératrice, les Églises protestantes marquent le paysage camerounais de leur présence à leur manière. Comment de manière concrète, les Églises protestantes vivent-elle leur ministère ? Quelles sont les réalités d'une Église locale du CEPCA ? Quelles sont les réalités de l'exercice du ministère pastoral au sein des Églises membres du CEPCA ?

CHAPITRE 4

Le cas de la paroisse Tohi de l'Église Presbytérienne Camerounaise (EPC)

Introduction

Il convient de présenter brièvement les réalités d'une Église locale au sein des Églises membres du CEPCA. Un problème se posera alors : quelle Église locale faudra-il choisir ? Sur quelle base en choisir une ?

Pour répondre à ces questions, nous nous sommes demandé : quel est l'objectif que nous voulons atteindre par cette présentation ? Étant donné que l'observation des faits fait partie de la méthodologie que nous avons adopté, il sera question de choisir une paroisse qui, par sa réalité, pourra le mieux mettre en exergue la problématique du management en relation avec l'exercice du ministère pastoral au sein d'une Église locale en milieu protestant au Cameroun. La paroisse EPC Tohi, que nous connaissons un peu pour avoir fait des recherches sur son histoire depuis notre mémoire de licence en 2002, nous a semblé être un bon cas d'étude. Son histoire est en effet marquée par de nombreuses crises entre les pasteurs qui y ont été affectés et la communauté. Pour y parvenir, nous allons dans un premier temps présenter l'EPC, puis l'historique de la paroisse Tohi.

A. Généralités sur l'EPC[1]

1. L'organisation d'une Église locale

L'EPC est une Église réformée, membre du Conseil des Églises Protestantes du Cameroun (CEPCA).

L'EPC est issue du travail de la Mission Presbytérienne Américaine (MPA) au Cameroun et elle accède à l'autonomie le 11 (onze) décembre 1957.

Selon sa forme de gouvernement, l'EPC est une Église de type calviniste ou presbytérien, le pouvoir de décision étant entre les mains du clergé et des laïcs représentés dans toutes les instances de décisions par les anciens de l'Église. Ainsi, de la base au sommet nous avons les juridictions suivantes :

- Le conseil paroissial ou session qui gouverne une paroisse donnée et qui est constitué du pasteur et des anciens de l'église de cette paroisse. Le pasteur est le modérateur de la session.

La session est chargée du maintien du gouvernement moral et matériel de la congrégation. À cet effet, elle a le pouvoir d'examiner et de connaître la conduite chrétienne des membres de l'église dépendant de son ressort ; d'admettre de nouveaux membres ; de gérer les biens de la paroisse, etc.

Bref, la session est pratiquement le conseil d'administration de la paroisse et elle a autorité sur toutes les activités et biens de la paroisse sauf en ce qui concerne le choix des hymnes et psaumes pendant l'adoration, la conduite des gens dans la prière, la préparation et la prédication de la parole de Dieu, tâches qui incombent exclusivement au pasteur sous la supervision du consistoire. Il existe dans chaque paroisse une assemblée congrégationnelle qui a une voix décisive en ce qui concerne : le choix des responsables de la paroisse (pasteur, anciens de l'église, diacres) et une voix consultative sur les questions de budget et de construction, ainsi que sur toutes autres questions présentées par le conseil paroissial.

La constitution de l'EPC prévoit que chaque paroisse soit dirigée par un pasteur, assisté éventuellement soit par un pasteur associé choisis par l'assemblée congrégationnelle ; soit par un ou plusieurs assistants désignés collégialement par le pasteur et la session et la cas échéant par un « stated-supply » qui a un mandat d'un an c'est-à-dire un ministre du culte suppléant en cas de vacance d'un pasteur appelé et affecté par le consistoire.

---

1. Cf. Constitution de l'Église presbytérienne camerounaise, « Forme de gouvernement », version traduite en français par le comité Foi et constitution en 2020, p. 8-10.

2. Les autres juridictions

En dehors des paroisses ou Églises locales, on distingue les juridictions suivantes[2] :

- Le consistoire qui regroupe les paroisses d'un territoire donné et qui est constitué des pasteurs travaillant dans cette zone et des anciens de l'église délégués par chaque paroisse au prorata du nombre de pasteur dans la paroisse (un pasteur = un ancien). Pasteurs et anciens de l'église sont délégués au même titre pendant les assises du consistoire. Le consistoire est dirigé par un modérateur qui peut être un ancien ou un pasteur avec un mandat d'un an renouvelable. Il y a un secrétaire exécutif qui est chargé de faire appliquer les textes, ainsi que du suivi des décisions.

  Le consistoire a autorité sur les paroisses et les pasteurs de son ressort en ce qui concerne le respect de l'éthique chrétienne, la pureté de la doctrine et de l'application de la constitution. Le consistoire évalue le travail des paroisses et juge des plaintes et appels qui viennent des paroisses et des pasteurs chaque année au cours des assises ordinaires.

  Au sein du consistoire il y a le comité des relations ministérielles qui est chargé de veiller au bien-être des pasteurs et des paroisses ; ce comité est donc chargé d'étudier les appels de pasteur venant des paroisses, de proposer des affectations de pasteurs « stated-supply » dans les paroisses sans pasteur, et de la gestion des paroisses vacantes pour cause de crises.

  Le consistoire se réunit en session ordinaire une fois par an, en réunion ajournée lorsque certains dossiers de la session ordinaire ont été renvoyés et en réunion extraordinaire en cas d'urgence.

- Le synode qui regroupe les consistoires évoluant dans sa zone de compétence. Le synode est constitué de tous les pasteurs exerçant dans les consistoires et du nombre équivalent d'anciens de l'église. Le synode évalue le travail dans les consistoires et juge des plaintes et appels venant des consistoires et des pasteurs. Le synode est dirigé

---

2. Cf. Constitution de l'Église presbytérienne camerounaise, « Forme de gouvernement », version traduite en français par le comité Foi et constitution en 2020, p. 8-19.

par un modérateur élu pour un an ; un secrétaire exécutif chargé de faire appliquer la loi et de suivre l'exécution des décisions du synode.
- L'assemblée générale qui regroupe tous les synodes de l'église et ses délégués sont la moitié du nombre de pasteurs de chaque consistoire plus le nombre équivalent d'anciens de l'église.

L'assemblée générale évalue le travail de toute l'église, donne les orientations pour la vie de l'église et a un rôle juridique, car c'est la dernière voie de recours et la seule juridiction compétente pour juger les hauts dignitaires de l'église.

L'assemblée générale est dirigée par un modérateur élu pour un an ; le secrétaire général de l'église élu pour cinq ans est chargé de faire respecter la loi et de suivre l'application des décisions de l'église.

Des départements sont rattachés au secrétariat général pour assurer le bon fonctionnement de l'église ainsi que son témoignage par les œuvres sociales (santé, éducation, etc.)

B. Historique de la paroisse Tohi[3]

1. Les origines

La paroisse Tohi (Tohi est un terme Bassa qui signifie libération, salut) est une paroisse de l'Église Presbytérienne Camerounaise, Synode Centre, consistoire Yaoundé. Elle est située au cœur de la ville de Yaoundé, en face du supermarché Mahima (Ancien capitole) dont elle est séparée par une route, et elle existe officiellement depuis 1965. Son histoire est marquée par des conflits liés aux rapports entre la communauté et son pasteur. Nous nous proposons au travers de cet historique de présenter les origines de cette paroisse :

- En 1923, le temple de Djoungolo est l'unique lieu de culte construit par la mission protestante américaine à Yaoundé et le culte y était célébré en Bulu[4]. La communauté Bassa[5] n'était alors composée que d'une vingtaine de fidèles.

---

3. Les informations de cette section sont tirées de la lecture des documents officiels de la paroisse Tohi et des entretiens avec l'Ancien de l'Église Maurice Nyobe Bea de décembre 2006 à janvier 2007.
4. Langue locale d'un groupe ethnique du sud du Cameroun.
5. Groupe ethnique du centre et du littoral du Cameroun.

- Vers 1941, l'effectif de la communauté Bassa est porté à une soixantaine de fidèles qui sollicitent alors du Rév. Jonhston, Modérateur de Djoungolo, l'autorisation de célébrer le culte en langue Bassa, dans un lieu autre que le temple de Djoungolo. Cette autorisation est accordée et la jeune communauté célèbre le culte dans un domicile puis un foyer leur est construit en 1944 avec l'aide des volontaires de Suisse, d'Amérique et de Libamba[6].
- En 1944, le foyer de jeunesse de Messa II[7] devient le lieu officiel de culte pour les communautés Bassa, Bulu, Douala et Bafia issues de Djoungolo et encadrées par les révérends : NTYMONO Joseph, ANDJONGO, GELZER, BEALAND et Rémy BIDJA. Ce dernier en deviendra le seul modérateur en 1952. Le Rév. BIDJA commence à tenir des conversations et cultes en Bassa, mais il bénéficie d'un stage en Europe. Il est remplacé par le Rév. ANDJONGO et le problème de langue se pose une fois de plus. Au retour, le Rév. BIDJA est affecté à Mengueme[8] ce qui provoque une grogne au sein de la communauté Bassa de Messa II qui se divise le 7 Octobre 1979. Certains rejoignent le Rév. BIDJA à la paroisse de Mengueme avec lieu de culte à Gockerville[9].
- 1969 : Décès du Rév. BIDJA.
- 1964 : Les démarches pour unir les communautés Bassa de Gockerville et Messa II sont accélérées sous les encouragements du Rév. NTYOMONO et la direction du Rév. UM GWET Samuel, alors assistant au Secrétaire Général de l'EPC par la demande au consistoire Yaoundé, de la création d'une paroisse EPC à Yaoundé pour permettre à la communauté Bassa de louer Dieu en sa langue.
- Le consistoire Yaoundé proclame en 1965 la création de la toute 1re paroisse EPC de langue Bassa dénommée TOHI. Un terrain est acquis et la pose de la 1re pierre a lieu le 12 Avril 1967.

---

6. Ville du Cameroun, et important site missionaire.
7. Quartier de Yaoundé.
8. Ville du sud du Cameroun.
9. Situé en plein centre administratif de la ville de Yaoundé.

- À sa création, la paroisse dispose de 1 030 membres, de 20 anciens d'Église, 16 diacres et d'un budget de 485 000 F. Le Rév. NTEM est le 1ᵉʳ Modérateur de cette paroisse.

2. Les conflits

Le Rév. NTEM a servi à TOHI de 1965 à 1975. En 1975, 2/3 des anciens d'Église de la paroisse demandent et obtiennent son départ.

Ces anciens reprochent au pasteur : le manque d'éloquence, d'organisation, la mauvaise gestion, le niveau académique insuffisant (le Rév. NTEM sortait de l'école de théologie). Selon notre entretien avec l'ancien NYOBE BEA[10], le Rév. NTEM s'était entouré d'un groupe d'anciens auxquels il faisait confiance parmi lesquels on retrouvait le chef de la police de l'époque (Paul PONDI).

Les plaintes formulées par les anciens n'ont pas été prises en compte par le pasteur ce qui n'a fait qu'augmenter la haine d'une partie de la communauté vis-à-vis de lui.

Cependant, étant donné que le Rév. NTEM était soutenu par le chef de la police de l'époque, personne n'osait protester officiellement, mais dès que cet ancien a été nommé Ambassadeur au Zaïre, les 2/3 des anciens ont réagi en écrivant au consistoire.

Le consistoire en recevant la plainte l'a examinée et a décidé d'affecter avec l'accord des mécontents un pasteur non Bassa : le Rév. Simon BIKO'O.

1. Rév. Simon BIKO'O

Il remplace le Rév. NTEM, mais très vite un climat de mécontentement naît du fait qu'il ne parle pas Bassa. Conscient de cette situation, il fait appel au Rév. Samuel NTELEP, jeune pasteur du consistoire Sanaga et étudiant à la Faculté de Théologie Protestante de Yaoundé.

Les problèmes surgissent, car le Rév. NTELEP fait l'unanimité et tous les fidèles souhaitent le retour d'un pasteur Bassa. Cependant, la communauté est de nouveau divisée. En effet, la majorité souhaitait son rattachement au consistoire Sanaga du synode Bassa Cameroun pendant que la minorité était pour le maintien au consistoire Yaoundé. La situation se dégrade devant la

---

10. Ancien de l'Église de la paroisse Tohi ayant vécu les évènements. Entretiens réalisés en plusieurs séances en décembre 2006 et janvier 2007.

passivité du Rév. BIKO'O au point où le gouvernement, par arrêté N° 05/A/MINAT/DAPLP du 8 Janvier 1979 scelle les portes du temple et du presbytère de TOHI après un affrontement entre fidèles et pasteurs du consistoire Sanaga venus ravir la paroisse d'une part et d'autre part, quelques fidèles de TOHI opposés à cette idée.

2. Rév. NGUE Henri Démosthène (1979-1981)

Les chrétiens de TOHI fidèles au consistoire Yaoundé célèbrent leur culte à la chapelle de la Faculté de Théologie Protestante de Yaoundé sous la direction du Comité de relation ministérielles présidé par le Rév. MOUBITANG à MEPOUI. Ceux des fidèles au consistoire Sanaga se retrouvent soit dans la cour des éditions CLÉ, soit dans les quartiers à forte concentration Bassa.

Le problème est porté à l'Assemblée Générale de NKOLMVOLAN de 1979 et le consistoire Yaoundé obtient gain de cause avec deux recommandations de l'Assemblée Générale :

- l'affectation à TOHI d'un pasteur d'expression Bassa provenant des trois autres consistoires du Synode Bassa, à l'exception du consistoire Sanaga.
- la déposition[11] de tous les anciens rattachés au consistoire Sanaga. Ainsi, le Rév. Henri NGUE du consistoire ESEKA est affecté à TOHI avec pour lieu de culte provisoire la chapelle de la Faculté de Théologie Protestante de Yaoundé.

Le 25 octobre 1979, l'ordre est donné de lever les scellés et d'ouvrir le temple de TOHI.

3. Rév. MAYE SAKEO (1981-1987)

Pasteur du synode Bassa, il est affecté en 1981 et il reste à la paroisse TOHI jusqu'en 1987. Il a pour souci majeur la restauration du temple et la réconciliation de tous les chrétiens Bassa. Cependant, on lui reproche son autoritarisme et très vite il entre en conflit avec les anciens qui se plaignent de ne pas être consultés pour l'élaboration des activités et des projets et réclament son départ.

---

11. Sanction de 4e degré consistant à décharger un officier de l'Église de sa charge.

4. Rév. MOKOUEMBE (1988-2004)

Affecté en 1988, il s'attelle à refaire la spiritualité de la paroisse mise à mal par les nombreux conflits et remous, mais il ne sera pas épargné par le sort de ses prédécesseurs. En effet, en l'an deux mille, les remous qui couvaient dans la paroisse commencent à s'exprimer de plus en plus au grand jour :
- il lui est reproché d'avoir un groupe d'anciens avec lesquels il gère l'argent notamment par la création d'un comité de développement.
- Il lui est aussi reproché des écarts dans sa vie conjugale.

C'est finalement en mars 2004 que le conseil général de l'EPC fait injonction au consistoire Yaoundé de déposer son « pasteur polygame », à partir de murmures parvenus on ne sait trop comment au niveau de la hiérarchie de l'Église. Au bout d'une procédure s'étant appuyée sur les rumeurs circulant dans la paroisse Tohi, le consistoire va le déposer et confier la paroisse au comité de relations ministérielles. Au cours de cette procédure juridique l'on apprendra que certains anciens avaient porté plainte au Rév. Mokouembé quelques années auparavant, mais que cette plainte avait été étouffée contre la promesse du départ du pasteur, promesse qui n'a pas été tenue. Il est fort possible que ce soit ce mécontentement qui ait conduit aux manœuvres ayant abouti à cette injonction du conseil général de l'EPC qui ne reposait sur aucune plainte, enquête ou jugement.

5. *Comité de relations ministérielles*

Le travail de ce comité sera rendu difficile par la division qui régnait au sein de la session : entre ceux qui regrettent le départ du pasteur Mokouembé et la minorité qui tentait de porter plainte, la collaboration est difficile. Durant son mandat, le comité va se heurter au problème des comptes de la paroisse, dont un compte semble être « caché » par des membres de l'ancienne équipe des finances. Au cours du passage du comité, le constat amer est fait sur les véritables raisons du malaise : La gestion financière de la paroisse et le désir de certains anciens de l'église d'y être associé. Le comité cèdera la place en août 2004, au Rév. Ntap Ekoué sur fond de polémique, car ce comité réclame des arriérés de salaires à la paroisse Tohi.

6. *Rév. NTAP EKOUE PAUL EMMANUEL (2004-2006)*

Il va se battre pour faire revivre cette paroisse, et essayera de se placer au-dessus des deux camps qui constituent l'essentiel de la session en travaillant avec des hommes et des femmes neutres et en associant plus étroitement les fidèles au fonctionnement de la paroisse. Ces personnes neutres seront par la suite indexées comme les « Hommes du pasteur Ntap ».

Malheureusement, le 7 janvier 2006, un groupe de quatre anciens envoient au consistoire un mémorandum intitulé : « Conduite à tenir pour la sauvegarde de l'éthique presbytérienne au sein de la session de la paroisse Tohi ». Dans ce document, il est reproché entre autres au pasteur :

- de ne pas favoriser les débats à la session,
- de faciliter l'introduction de courants pentecôtistes dans la paroisse,
- de mépriser les anciens de l'église,
- de maudire trop facilement du haut de la chaire,
- une gestion opaque,
- de pratiquer le congrégationalisme au lieu du presbytérianisme, etc.

Le bureau du consistoire, fera deux descentes qui aboutiront à la mise sur pied d'un cahier de recommandations devant permettre de ramener une franche collaboration entre le pasteur et les anciens, dans le respect des textes constitutifs de l'EPC. Paradoxalement, le constat d'exécution de ce cahier de recommandations ne sera signé que par le pasteur, les anciens désignés pour le suivi de cette close ayant refusé de le faire. Cela va faire sortir les paroissiens de leur silence observé dans toutes les crises de la paroisse, dans une pétition datée du 19 mars 2006 dans laquelle :

- ils constatent la défaillance des anciens de l'Église, par leur absence aux activités spirituelles, leur implication permanente dans toutes les crises de la paroisse ;
- ils soulèvent le problème de la représentativité des anciens, qui ne respectent pas le ratio un ancien pour cinquante chrétiens en zone urbaine comme l'a décidé le consistoire Yaoundé ;
- ils réclament le retrait de confiance aux anciens de l'Église de Tohi ;
- le maintien du pasteur Ntap ;
- la descente du comité de relations ministérielles dans la paroisse pour écouter la communauté de vive voix.

Cette pétition, sera suivie par des plaintes diverses contre le pasteur, initiées par des anciens de l'Église, ainsi que des actes de violence perpétrés par les mêmes anciens dans le temple.

Le consistoire Yaoundé se réunira en session ajournée en mars 2006 et décidera de l'affectation du pasteur, décision qui ne pourra être appliquée et qui sera annulée par une réunion extraordinaire du consistoire au mois d'avril après un mouvement important de correspondances et quelques actes de violence.

Le pasteur Ntap sera maintenu et on assistera encore de la part des anciens à des actes de violences : le bureau du pasteur sera ouvert de force, et le matériel de travail emporté (unité centrale de l'ordinateur de la paroisse, registres, cartes de Sainte Cène, matériel de Sainte Cène).

Ces violences intervenaient, après que la communauté ait décidé lors d'une réunion de la congrégation de mettre en trêve ceux des anciens qui perturbaient le bon fonctionnement de la paroisse. Le temple sera scellé pour la deuxième fois de son histoire en juillet 2006. En août 2006, la paroisse sera confiée au bureau du consistoire et une commission juridique spéciale sera instituée pour instruire toutes les plaintes liées à cette affaire. Cette commission :

- établira les torts partagés de toutes les parties en présence : anciens ayant porté plainte au pasteur, les anciens ayant soutenu le pasteur, paroissiens ayant soutenu le pasteur et le pasteur lui-même.
- annulera la décision de mise en trêve de certains anciens de la paroisse. Au mois de novembre 2006, le pasteur Sap sera affecté dans cette paroisse. Au moment où nous écrivons, la paroisse vit dans un calme relatif. Dès son arrivée, le pasteur Sap s'est attelé à redonner à la paroisse ses lettres de noblesses en entamant un ambitieux chantier de rénovation du temple, ainsi qu'un plan de développement portant sur 25 ans. La procédure d'appel du Rév. Sap initiée en 2009 a abouti après plusieurs péripéties qui relevaient plutôt des hésitations du consistoire.

C. Brève analyse

L'historique de la paroisse Tohi nous a permis de mettre en évidence quelques faits qui montrent les difficultés auxquelles sont confrontés les pasteurs dans les Églises locales, toutes formes de gouvernement confondues :

- Le système presbytérien, qui est à cheval entre les systèmes épiscopal et congrégationaliste, oblige pasteurs et anciens de l'Église à travailler

en collaboration en donnant aux uns et aux autres des possibilités d'initiatives. C'est un système de contrepouvoirs dans lequel même la congrégation peut se prononcer sur la vie de la paroisse.
- Dans la paroisse Tohi, la question des attentes de la communauté ne semble pas toujours avoir été bien prise en compte par les pasteurs, mais aussi par les anciens de l'Église.
- Il se pose également la question de la répartition des tâches et du respect des tâches de chacun. La collaboration des acteurs de la pastorale semble être un véritable problème. Il apparaît également comme une défaillance ou alors une méthode inappropriée du pasteur pour gérer les ressources humaines disponibles au sein de la paroisse.

Conclusion

La paroisse Tohi nous a révélé les difficultés de collaboration qui peuvent exister dans une Église locale entre le pasteur et le reste de la communauté. Le cas de la paroisse Tohi est préoccupant puisqu'il s'agit d'une récurrence, aucun pasteur n'étant sorti paisiblement de cette paroisse.

Cette succession de crise entre le pasteur et ses fidèles nous interpelle : pourquoi tous ces conflits ? Les textes sont-ils appliqués ? Les pasteurs sont-ils incompétents ou mal formés ? Les anciens de l'Église sont-ils mal intentionnés ?

Autant de questions auquel il convient de répondre dans les lignes qui vont suivre.

Conclusion de la deuxième partie

Le Cameroun, comme tous les pays d'Afrique, a connu les secousses politiques, économiques et sociales des années 90. Ces secousses sont en fait les conséquences d'une décolonisation ratée, car ayant été convertie en néo-colonisation. Les ex-puissances colonisatrices gardant d'une certaine manière la mainmise sur leurs anciennes colonies, par le soutien affiché ou discret de régimes dictatoriaux, qui ont eu pour principale activité l'appauvrissement et l'avilissement du peuple. Les années 90 représentent l'apogée des revendications populaires, et le désaveu feint ou vrai par l'Occident des régimes dictatoriaux. La démocratie souhaitée a été instaurée, avec son principal corollaire qui est, le respect des libertés individuelles. Cette situation a rendu possible la légalisation de toutes sortes de mouvement religieux, proposant aux Hommes des solutions à leurs problèmes. Ce contexte particulièrement difficile est un véritable défi à relever pour l'Église. En plus de témoigner de Christ auprès d'hommes et de femmes vivant au milieu des crises multiformes, elle doit tenir compte des autres mouvements religieux qui sont de plus en plus offensifs. Il est courant de voir des affiches bien faites, des publicités, et autres actions médiatiques, invitant à participer à une activité religieuse. L'Église doit faire attention à son témoignage si elle veut remplir la mission qui lui a été confiée par le Christ. L'étude de l'historique de la paroisse Tohi nous a permis de constater à quel point une crise mal gérée ou négligée peut avoir des répercussions sur la vie d'une communauté chrétienne, et certainement sur celles des individus qui la composent. En effet, dans la paroisse Tohi, les mêmes griefs reviennent toujours au sujet de la gestion de la communauté par les pasteurs qui y sont affectés. L'étude de ce cas soulève quelques questions au sujet des conflits qui y sont récurrents :

- Les conflits naissent-ils de la méconnaissance ou de la non-utilisation des principes de gouvernement de cette Église ?
- Les principes de gouvernement appliqués sont-ils conformes à la réalité du terrain ou sont-ils dépassés ?
- S'agit-il de conflits liés à la spécificité des personnes mises ensemble ou peut-on les généraliser ?
- Les pasteurs pointés du doigt, les anciens accusateurs et le peuple de fidèles gémissant ont-ils été instruits sur la meilleure manière de travailler ensemble en Église ?
- Ne sommes-nous pas en face de querelles de leadership nées de la mauvaise compréhension du sacerdoce universel dont nous avons parlés précédemment ?

Cette situation doit nous pousser à réfléchir, car il ne s'agit pas d'un cas isolé, comme nous l'avons souligné. Comment le pasteur peut-il concilier direction spirituelle et matérielle au sein d'une paroisse ou Église locale ? L'annonce de l'Évangile, ne doit-elle pas prendre en compte aussi les ressources nécessaires et celles disponibles ? Comment mettre en place dans l'Église un système de gestion permettant de concilier tous ces aspects ? Comment peut-on utiliser les théories de management qui ont eu de bons résultats dans le monde séculier ? Autant de questions auxquelles il nous paraît utile de répondre dans la suite de notre travail.

Troisième partie

L'apport des théories du management

Introduction

L'Église peuple de Dieu est le cadre d'un assemblage de ressources diverses :

- Les offrandes de chaque rencontre constituent à la longue des sommes importantes qui doivent être gérées harmonieusement pour éviter des scandales.
- Les biens matériels nécessaires à la vie de l'Église comme les bâtiments (temple, presbytère, bureaux, etc.), les instruments de musique ou de sonorisation (micro, baffles, amplificateurs de son, piano, tambour, etc.) et le matériel de bureau (ordinateur, imprimante, etc.) qui doivent être entretenus et utilisées de manière adéquate pour éviter le gaspillage, les dégâts et les dépenses exagérées.
- Les hommes et les femmes aux talents et expériences divers et variés qui ne demandent qu'à être mis en valeur et impliqués dans l'œuvre de Dieu.

Sur un tout autre plan nous pouvons nous rendre compte que la vie pratique d'une Église locale fait appel à une série de sollicitations que l'on soit en zone urbaine ou en zone rurale :

- Les factures : eau, téléphone, électricité, internet, etc.
- Le(s) loyer(s) ou la construction d'infrastructures ;
- Les contributions diverses aux autres structures de l'Église ;
- L'organisation concrète des différentes activités et la conception harmonieuse des programmes.

Ces deux constats nous poussent à nous poser les questions suivantes :

- Comment concilier les ressources de l'Église avec ses sollicitations ?
- L'Église doit-elle être gérée comme une organisation humaine ?
- Ne faut-il pas la laisser être exclusivement gouvernée par l'Esprit de Dieu ?

- Parler de gestion, de budget, de planification, de stratégie et de direction dans l'Église, est-ce une hérésie ?
- Dans le cas de l'introduction de méthodes de management dans l'Église, faudrait-il faire une simple transposition ou alors concevoir un modèle qui convienne spécifiquement à la réalité de l'Église ?

Le réformateur Jean Calvin souligne la nécessité d'avoir des personnes qui jouent des rôles et occupent des fonctions dans l'Église lorsqu'il écrit : « Toutefois pour ce qu'il n'habite point avec nous par présence, en sorte que nous puissions ouvrir sa volonté de sa propre bouche, il use en cela du service des hommes, les faisant comme ses lieutenants (Mt 26.11) : non point pour leur résigner son honneur et supériorité, mais seulement pour faire son œuvre pour eux, tout ainsi qu'un ouvrier s'aide d'un instrument[1]. » En fait, il est question de comprendre que pour que l'Évangile se répande, il faudrait qu'il existe toute une organisation faite d'êtres humains. Il est vrai que certains groupes chrétiens nient l'utilité d'une organisation pour l'Église, oubliant que l'Église est le Corps du Christ, c'est-à-dire à la fois entité spirituelle et rassemblement physique d'hommes et de femmes venus d'horizons divers[2]. On ne pourrait nier en effet le caractère multidimensionnel de l'Église qui ne saurait être considéré uniquement sous l'angle spirituel :

> Dieu a créé des organismes dans lesquels la vie se manifeste par le libre jeu des parties constituantes [...]. Il a institué une société nouvelle, l'église, qui est par sa nature, à la fois humaine et divine, physique et spirituelle, terrestre et céleste. Son chef divin est Jésus-Christ ; son organisation se situe sur le plan humain des rachetés. L'organisation est nécessaire ; son absence conduit à l'anarchie qui attriste le Saint-Esprit, car Dieu n'est pas un Dieu de désordre. Par contre son excès conduit à la bureaucratie qui attriste le Saint-Esprit par son formalisme[3].

De nos jours, l'Église de par le monde et en en particulier au Cameroun est éclaboussée par des scandales divers mettant en lumière des problèmes de gestion : gestion des personnes et gestion des biens matériels et financiers.

---

1. Calvin, *L'Institution chrétienne*, Tome 4, 3.1, p. 1358.
2. Kuen, *L'organisation de l'Église*.
3. F. Buhler, *L'Église locale : un manuel pratique*, 2ᵉ édition revue et augmentée, France, Éditions Farel, p. 47.

Ces scandales remettent aussi en question à la fois les principes de gouvernement et la capacité pour chaque Église de préparer ses ministres à diriger ou à travailler avec d'autres chrétiens. Les Églises ont chacune une ecclésiologie, une forme de gouvernement, une constitution, un règlement intérieur, mais comment les acteurs de la vie de l'Église sont-ils préparés à utiliser ensemble ces outils ?

Comment diriger efficacement une Église locale ? Peut-on utiliser des méthodes de management pour faire fonctionner l'Église ? Quelle méthode de management faudrait-il utiliser pour qu'une Église locale puisse se développer tout en accomplissant la mission qui lui a été confiée par le Seigneur et en participant à l'épanouissement de ses membres ?

Face à l'engouement actuel pour le management dans tous les domaines où il est question de gestion de ressources, nous voulons interroger les théories de management avec un regard chrétien (utile pour le chrétien et l'Église) et retenir celles qui peuvent être appliquées à la vie de l'Église. Il faut en effet rappeler que si l'Église est une organisation humaine, elle demeure avant tout le peuple de Dieu régit par sa Parole. Comme nous l'avons dit plus haut, l'Église existe par la Parole de Dieu, laquelle détermine sa mission, organise et oriente sa vie interne ainsi que ses relations avec l'extérieur. Utiliser le management pour l'agir de l'Église ne saurait être refonder l'Église, mais plutôt redonner à l'Église la vigueur, la cohérence et l'harmonie qui vont conduire son action.

À la suite de quelques éminents auteurs comme P. F. Rudge, A. Kuen, C. Forder, F. Buhler, P.-A. Giffard et bien d'autres, nous voulons dans ce travail explorer l'apport des sciences humaines, notamment le management pour la direction efficace et efficiente d'une Église locale, dans le contexte des Églises issues de la Réforme, en Afrique en général, et au Cameroun en particulier. Nous souhaitons faire cela à partir des travaux de P. F. Rudge qui, après avoir présenté un éventail des théories de management, a pu établir que la théorie systémique convient le mieux à l'« agir » de l'Église. Ce point de vue sera complété par D. de Cenzo et S. Robbins qui pensent que la théorie de la contingence complète bien la théorie systémique[4]. Nous pensons que ces deux théories s'intègrent bien dans le concept de management participatif, énoncé par le Pr Albert Lorent[5] comme le courant actuel du management.

---

4. Cf. chapitre II : A-2.
5. Lorent, « La gestion des œuvres d'Église » (cours).

CHAPITRE 5

La théorie systémique

Introduction

Les pages précédentes nous ont permis d'avoir une idée générale sur les théories et les principes en vigueur dans le domaine du management. Dans ce chapitre, nous voulons étudier l'une des théories qui selon nous peut être utile pour la direction d'une Église locale en milieu réformé. Nous partirons du point de vue de P. F. Rudge[1] qui pense que la théorie systémique correspond le mieux à l'organisation de l'Église pour faire une analyse de cette théorie par rapport aux missions de l'Église locale.

Les insuffisances de l'école des relations humaines et les critiques à l'encontre du courant mathématique vont conduire au développement d'une nouvelle théorie : l'école de la théorie des systèmes. Cette école se propose d'étudier les facteurs psychosociologiques et décisionnels influençant l'efficacité de l'entreprise. En fait, le concept est apparu dans le domaine biologique vers les années 1930 avant de trouver des applications dans les autres domaines scientifiques. Ses principaux auteurs sont :

- L. Von Bertalanffy, « biologiste américain, premier à formaliser ses travaux en 1956 dans une théorie générale des systèmes[2] » ; biologiste de formation qui conçoit l'Esprit et la matière comme indissociables

---

1. Rudge, *L'Église à l'heure du management*.
2. Jean-Luc Charron et Sabine Sépari, *Management : Manuel et applications*, Paris, Dunod, 2016, p. 47.

et qui a appliqué sa théorie dans ses recherches en psychologie, histoire, sociologie, etc.
- J. W. Forrester (ingénieur en électronique) : il « élargit à partir de 1960 le champ d'application de la nouvelle théorie des systèmes à la dynamique industrielle, puis élabore une "dynamique générale des systèmes"[3] ».
- E. Tom Burns et G. N. Stalker en 1961 ont formulé une théorie sur la notion de système dans le souci d'une application à la recherche de la poursuite du bien social.
- Daniel Kast et Robert Kahn « appliquent le concept aux organisations sociales en 1966[4] ».
- Warren McCulloch : « à l'origine neuropsychiatre, il étend ses recherches aux mathématiques et à l'ingénierie. Pionnier de la théorie moderne des automates, il est le premier à comparer le fonctionnement en réseau des composantes d'une machine à celui des neurones dans le cerveau. Il engage des travaux importants sur l'intelligence artificielle et fonde une nouvelle science, la bionique[5]. »
- Herbert A. Simon : « Herbert Simon a développé une vision de l'organisation, de la cognition et de l'ingénierie largement inspirée de la théorie de systèmes. Refusant la dichotomie entre science pure et science appliquée, son œuvre se situe à l'interface de l'informatique, de l'économie et de la psychologie et de la biologie. Il fut parmi les premiers théoriciens de la rationalité limitée des agents économiques et administratifs. Traquant "la forme ordonnée cachée dans l'apparent désordre", Simon a postulé que la distinction entre artificiel et naturel n'est pas opérante au niveau des modes de traitement de l'information par des systèmes complexes (cerveau ou ordinateur), dont l'organisation est assurée par des règles formelles d'adaptation à leur environnement.[6] »

---

3. Daniel Durand, « Une nouvelle méthode », dans Daniel Durand, sous dir., *La systémique*, coll. « Que sais-je ? », Paris, Presses Universitaires de France, 2013, p. 7-33.
4. Charron et Sépari, *Management : Manuel et applications*, p. 47.
5. « La notion de système », https://www.techno-science.net/glossaire-definition/Systemique-page-4.html.
6. *Ibid.*

« Par "théorie générale des systèmes", il ne faut donc pas entendre une théorie particulière (comme la théorie des nombres complexes), mais un modèle pouvant s'illustrer dans diverses branches du savoir (comme la théorie de l'évolution)[7]. »

P. F. Rudge, pour choisir la théorie systémique comme convenant à la gestion des organisations chrétiennes, s'est appuyé sur l'image du corps humain que l'apôtre Paul a utilisé dans la première épître aux Corinthiens pour parler de l'organisation de l'Église et même de l'exercice des ministères. En effet, l'Église y est présentée comme le corps dont Christ est la tête et les chrétiens les membres. Il y a donc dans l'Église une notion forte d'unité dans la diversité. En quoi consiste la théorie systémique ? La théorie systémique peut-elle convenir à la notion d'Église corps du Christ ? Comment la théorie systémique peut-elle s'appliquer à l'« agir » d'une l'Église locale au Cameroun ? Comment concilier cette théorie conçue pour des entreprises avec la spécificité doctrinale d'une Église issue de la tradition réformée ?

Autant de questions auxquelles il convient de répondre dans ce chapitre.

A. Les généralités

1. Définition

Pour Bertalanffy[8], le système est « un complexe d'éléments en interaction » caractérisé par le nombre d'éléments, leurs espèces ou types et les relations entre ces éléments. Cette définition souligne le caractère interactif des éléments qui entrent en jeu dans la composition d'un système, et Joël De Rosnay précise la nature de cette interaction : « Le système est un ensemble d'éléments en interaction dynamique, organisés en fonction d'un but[9]. » Avec Jean-Louis Lemoigne nous constatons que la notion de système existe par rapport à un objectif à atteindre :

---

7. « Introduction à la systémique », http://www.lesmutants.com/systemique.htm, consulté le 16 novembre 2021.
8. Ludwig von Bertalanffy, *Théorie générale des systèmes*, Paris, Dunod, 1993.
9. Clotilde Marques, *Théories de l'organisation et de l'entreprise*, France, Ellipses marketing, 1999.

- Un ensemble de parties indépendantes, agencées en fonction d'un but, et on appelle structure l'ensemble des relations non fortuites liant les parties entre elles et au tout,
- Un ensemble d'organes, de procédures, d'idées, organisées en vue de la réalisation d'un objectif commun et distinct de son environnement[10].

Il est clair que dans l'optique de l'atteinte d'un objectif bien défini tous les éléments qui entrent en jeu et qui sont en relation peuvent constituer un système. Mais le système ne doit pas être fermé, il devrait plutôt être en relation avec l'extérieur pour être opérationnel comme le disent Jean-Luc Charron et Sabine Sépari : « Un système est une structure organisée, ouverte sur l'extérieur et réunissant, avec des procédures de régulation, plusieurs éléments différents fonctionnant en interaction pour atteindre un objectif commun[11]. » Avec cette définition, nous comprenons la nécessité d'une régulation dans la notion de système pour éviter que les objectifs prédéfinis ne soient perdus de vue.

P. F. Rudge[12] va aller jusqu'à proposer le concept de système comme adapté au management ecclésial, car pour lui la théorie systémique est fondée sur la conception de système comme une entité complète consistant à la somme de ses composants dont chacun conserve son identité malgré leur interdépendance. L'organisation interne est fonction des objectifs et de l'environnement. Il insiste sur l'influence de l'environnement pour déterminer l'organisation interne en soulignant cependant la nécessaire spécificité de chacun des éléments malgré leur interdépendance. Il y a là une allusion à peine voilée à la première épître de Paul aux Corinthiens au chapitre 12.4-8 : « Il y a diversité de dons, mais le même Esprit ; diversité de ministères, mais le même Seigneur ; diversité d'opérations, mais le même Dieu qui opère tout en tous. Or, à chacun la manifestation de l'Esprit est donnée pour l'utilité commune. »

Le système est conçu en étroite relation avec son environnement et, selon S. Robbins et D. de Cenzo[13], l'approche systémique définit le système comme un ensemble d'éléments interdépendants agencé de manière à former un

---

10. *Ibid.*
11. Charron et Sépari, *Management : Manuel et applications*, p. 46.
12. Rudge, *L'Église à l'heure du management*.
13. Robbins et De Cenzo, *Management*.

tout cohérent. Pour eux, il existe deux grands types de systèmes : fermés et ouverts dont nous avons parlé plus haut. S'agissant des organisations et entreprises, elles sont concernées par la notion de système ouvert. L'approche systémique souligne le fait que l'entreprise ne peut fonctionner en vase clos, elle doit interagir avec des partenaires extérieurs comme l'État, les entreprises concurrentes, des associations, des leaders d'opinions, etc.

Pour nous, la théorie systémique conçoit une organisation comme un ensemble ouvert constitué d'éléments distincts et interdépendants, le tout coordonné en vue de l'atteinte d'objectifs.

2. Caractéristiques

Pour parler des caractéristiques du système en management des organisations, nous présenterons deux approches complémentaires. D'abord l'approche de Didier Coccolo[14], qui pense que quatre concepts sont fondamentaux pour comprendre ce qu'est un système :

- *L'interaction* (ou l'interrelation) renvoie à l'idée d'une causalité non-linéaire ;
- *La totalité* (ou la globalité) : si un système est d'abord un ensemble d'éléments, il ne s'y réduit pas ;
- *L'organisation* est le concept central pour comprendre ce qu'est un système. L'organisation est l'agencement d'une totalité en fonction de la répartition de ses éléments en niveaux hiérarchiques. Il existe deux sortes d'organisations : l'organisation en modules ou en sous-systèmes (qui renvoie aussi à l'organisation en réseaux) et l'organisation en niveaux hiérarchiques. De manière générale, on s'aperçoit donc que la notion d'organisation recouvre un aspect structurel (comment est construite la totalité) et un aspect fonctionnel (ce que la structure lui permet de faire). On peut représenter une structure par un organigramme et la fonction par un programme.
- *La complexité*. La complexité d'un système tient au moins à trois facteurs : le degré élevé d'organisation ; l'incertitude de son environnement ; la difficulté sinon l'impossibilité d'identifier tous les éléments et de comprendre toutes les relations en jeu. D'où l'idée que

---

14. Didier Coccolo, « Théories des organisations, cours de gestion », disponible sur : www.managerGo.com, consulté en novembre 2009.

les lois permettant de décrire un système ne peuvent être purement déterministes ou tout au moins que son comportement global ne permet qu'une prédictivité réduite.

Jean-Luc Charron et Sabine Sépari, en revanche, estiment que lorsqu'elle est appliquée à l'organisation, l'approche systémique permet d'identifier cinq caractéristiques[15] :

- les **éléments différenciés** sont les fonctions et les services de l'entreprise qui ont des objectifs, des moyens, des procédures et des structures spécifiques mais qui doivent pourtant travailler ensemble ;
- la **frontière** du système avec l'environnement est constitué par la structure de l'organisation ;
- l'**environnement** correspond aux partenaires avec lesquels l'organisation travaille ;
- l'**objectif** générique pour l'organisation est la survie à long terme avec des objectifs économiques et sociaux transitoires ;
- les **procédures de régulation** correspondent aux décisions et aux actions menées par l'organisation pour recentrer le fonctionnement en fonction des objectifs.

Des points de vue qui précèdent sur la théorie systémique nous pouvons retenir les caractéristiques suivantes :

- **des composants distincts et interdépendants**, organisés de manière cohérente dans les activités, les structures et les fonctions chargées de conduire ces activités.
- **des relations ou interactions avec l'extérieur du système** : dans le cas d'un système ouvert il y a une interdépendance avec les pouvoirs publics, le contexte socio-économique, les organisations concurrentes, etc.
- **une coordination** chargée de faire fonctionner tous les composants de l'organisation dans une cohérence permettant d'atteindre les buts fixés en tenant compte non seulement de la réalité interne, mais aussi de la complexité de l'influence externe sur l'organisation. Ainsi, la coordination tient compte des aspects structurels et fonctionnels

---

15. Charron et Sépari, *Management :Manuel et applications*, p. 46-47, gras dans l'original.

de l'organisation. La coordination s'occupe de la régulation pour d'une part éviter de dévier des objectifs préalablement définis et d'autres part, faire les ajustements et corrections nécessaires au cas où l'environnement serait modifié ou les prétentions de départ serait inappropriées.

B. Application à la direction d'une Église locale
1. Vérifications

La théorie systémique telle que nous l'avons étudiée plus haut convient-elle à la direction d'une Église locale selon les concepts théologiques en vigueur ?

L'Église est considérée comme le corps du Christ et le service de Dieu dans l'Église est régi sur la base du sacerdoce universel des croyants : « L'Église est ce mystère dont le dynamisme trinitaire fonde le modèle ecclésial de participation de toutes et de tous à l'édification du Corps du Christ (LG 2-4). En elle, les fonctions et services sont à situer dans un contexte de réciprocité communautaire ou d'interdépendance dialectique dans la relation quelques-uns/tous[16]. »

La question que nous pouvons nous poser de prime abord est celle de savoir si l'Église locale peut être considérée comme un système au sens managérial du terme.

Pour répondre à cette question, il convient de revoir les caractéristiques que nous avons dégagés de la théorie systémique pour voir dans quelle mesure l'Église locale comme organisation humaine pourrait s'y insérer ou non.

- **des composants interdépendants** : Dans l'Église locale en général, on retrouve une multiplicité de structures, d'organes et bien sûr d'activités. Dans le chapitre des associations, on a les groupes de femmes, de jeunes, d'hommes, les chorales, les diacres. Chaque association a des activités qui lui sont propres en plus des activités organisées par la paroisse : culte, études bibliques, veillées, prières, visite des malades, etc.

---

16. Pierre Lagacé, « Le management de l'Église locale de Rimouski », thèse de PHD en théologie, Montréal, Université de Montréal, 1998, p. 3.

On note une interdépendance entre toutes ces structures qui s'insèrent bien dans le cadre global de la paroisse. Chaque année dans la plupart des Églises protestantes au Cameroun, un programme d'enseignement et de prière est appliqué par toutes les paroisses et associations, en plus de ce que chaque groupe spécifique a prévu pour ses activités.

De plus, l'Église locale est un « tout » : les services d'adoration du dimanche par exemple sont conçus comme la somme des participations de toutes les composantes de la paroisse. Dans la liturgie, les chorales ont des rôles à jouer tout comme les fidèles qui doivent répondre par des chants, des « Amen » et par leur participation à la collecte de l'offrande. Il serait difficile de concevoir une paroisse où certains peuvent faire ce qui les arrange comme l'écrit Bernard Cousyn, un ancien d'une Église Évangélique en France et fondateur de la revue évangélique *Promesses* : « Ces disciples, dont la communauté est identifiée dans les Écritures comme étant l'Église, auront donc à cœur, individuellement et collectivement, de maintenir et de perfectionner les critères vitaux de leur engagement : "Les disciples s'attachaient à écouter assidûment l'enseignement des apôtres, à vivre en communion les uns avec les autres, à rompre le pain et à prier ensemble" (Act 2.42)[17]. »

- **des relations ou interactions avec l'extérieur du système** : l'Église locale comme système est en dialogue permanent avec l'extérieur, car les chrétiens vivent pleinement dans une société qui à tout moment influence leur manière d'adorer et de servir le Seigneur. On ne saurait conduire une communauté paroissiale sans tenir compte de la société dans laquelle elle se trouve. De plus, l'Église étant par essence missionnaire, elle devrait aller vers ceux qui sont au dehors, leur parler un langage qu'ils peuvent comprendre pour les convaincre de suivre le Christ. C'est la combinaison des fonctions prophétique et socioculturelle de l'Église selon P.-A. Giffard.

Bien plus, quelle que soit la forme de gouvernement observée, l'Église locale est toujours en rapport avec les autres Églises locales de sa confession religieuses au sein de consistoires, district, diocèse ou synode pour penser ensemble l'agir de l'Église.

---

17. Bernard Cousyn, « Les quatre piliers de l'Église », *Promesses*, no. 159, janvier-mars 2007, disponible sur : https://www.promesses.org/les-quatre-piliers-de-leglise/, consulté le 27 janvier 2010.

- **une coordination** : Dans l'Église locale, le conseil presbytéral ou paroissial est chargé de gérer la structure comme un ensemble cohérent ; le conseil paroissial doit fixer les objectifs qui concernent l'Église locale dans son ensemble et contrôler leur mise en application par toutes les structures, comités ou association. Que ce soit par l'évêque, le pasteur ou le conseil paroissial ou la congrégation, il y a bien une coordination au sein de l'Église locale. Cette coordination se charge de faire concilier structure et fonction et objectif.

L'évêque, le conseil paroissial, ou la congrégation, se charge de veiller à ce que la paroisse adopte une structure qui permette l'atteinte des objectifs.

Dans l'Église Presbytérienne Camerounaise, par exemple, toutes les paroisses n'ont pas exactement les mêmes comités, les comités sont institués selon les besoins de la paroisse ; les paroisses ayant plus de 1 000 membres communiants sont conduites par deux pasteurs ; le cahier de charge des comités paroissiaux est fixé par le conseil paroissial.

De plus, l'étude de l'histoire de la paroisse Tohi dont nous avons parlé dans la première partie nous montre que ceux qui ont dirigé sans considérer l'Église locale comme un « système » au sens managérial du terme ont eu tort. En effet, la plupart des crises sont nées du fait qu'une ou des parties estimaient ne pas être impliquées dans la vie et les décisions de l'Église : tantôt les anciens qui ont prétendu que le pasteur prenait seul les décisions ; tantôt les paroissiens qui ont estimés que les anciens ont suffisamment pris des décisions sans tenir compte de leur avis.

Au terme de cette étape de vérification, la théorie systémique nous semble appropriée pour le management des organisations chrétiennes. Nous devons cependant nous demander comment la théorie systémique peut-elle être appliquée de manière concrète à la direction d'une Église locale ?

En partant du principe selon lequel la théorie systémique convient à la direction de l'Église locale, il nous faut revenir au concept d'Église comme une organisation avec :

- des objectifs,
- une structure,
- un personnel.

2. Théorie systémique et Église locale comme organisation humaine

Une organisation humaine comme nous l'avons dit plus tôt est caractérisée par ses objectifs, sa structure et son personnel.

a) Les objectifs

L'Église, nous l'avons vu précédemment, a pour objectif principal de faire de toutes les nations des disciples de Jésus-Christ. Cet objectif principal se décline en quatre fonctions : prophétique, hodégétique, cultuelle et socioculturelle.

En clair, chaque Église locale devrait se fixer une vision et des objectifs spécifiques et mettre sur pied un plan d'action englobant toutes les composantes de la structure. Prenons en compte le conseil de Giffard : « Mais il est important qu'il n'y ait pas plus d'une seule vision au sein de l'assemblée. C'est du pasteur que cette vision doit émaner. Il parle de cette vision avec les diacres et les diaconesses et ils se fixent des objectifs à atteindre afin de la réaliser[18]. »

Les objectifs et le plan d'action doivent tenir compte de la réalité de la paroisse, mais aussi des contraintes externes à la paroisse. Pour cela, les membres de la communauté doivent être impliqués dans la planification. Ils doivent être consultés sur leur besoins et attentes par rapport à l'Église, de même que ceux qui ne viennent pas à l'Église.

b) Une structure

La structure doit tenir compte des objectifs à atteindre. Selon Giffard, l'innovation se situe au niveau des structures. La plupart des Églises en croissance ont adoptées une structure de petits groupes dirigés et animés par des laïcs. Ces petits groupes, appelés souvent cellules de maison ou Églises de maison, favorisent la fraternité, la formation des membres, les initiatives d'interventions sociales, la croissance spirituelle, l'évangélisation et d'autres activités contribuant à la mission l'Église. En effet,

---

18. Giffard, « De la croissance numérique à la croissance intégrale », p. 44.

Le sixième élément qui favorise la croissance des Églises est la présence d'une structure de groupes de maison : il s'agit de multiplier les petits groupes de partage, qui ne soient pas des comités et qui répondent aux besoins, aux désirs d'appartenance et de socialisation des membres de la communauté. On y étudie la Bible, on y actualise les textes et on cherche à y trouver des applications concrètes pour la vie de tous les jours[19].

De façon classique, les paroisses de tradition réformées sont dirigées par un conseil paroissial qui a institué en son sein des comités qui sont des organes de réflexion techniques chargés de proposer au conseil paroissial des actions puis d'exécuter les décisions adoptées. Les comités et commissions doivent refléter les objectifs à atteindre, ce que P.-A. Giffard appelle « pastorales » (qu'on peut aussi appeler des comités, départements, commissions ou équipes)[20].

Selon la théorie systémique, l'Église locale doit établir une structure qui est fonction des objectifs à atteindre. Toutes les composantes de l'Église locale doivent refléter la vision de celle-ci. Selon A. Kuen, « dans une Église nombreuse, on peut trouver les secteurs suivants : information, secrétariat, animation des réunions et activités spéciales, musique, enfance, jeunesse, sport, trésorerie, entretien des locaux, aide sociale, évangélisation, mission, sonothèque, etc.[21] ». Il est important que chaque secteur ait un responsable et une équipe.

Afin de conduire efficacement une Église locale P.-A. Giffard[22] nous propose l'organigramme suivant pour les activités du pasteur :

---

19. *Ibid.*, p. 32-33.
20. Giffard, « De la croissance numérique à la croissance intégrale ».
21. Kuen, *L'organisation de l'Église*, p. 40.
22. Pierre-Alain Giffard, « Équipés pour la mission », thèse de PHD, Institut de théologie pastorale, Québec, 2003, p. 132.

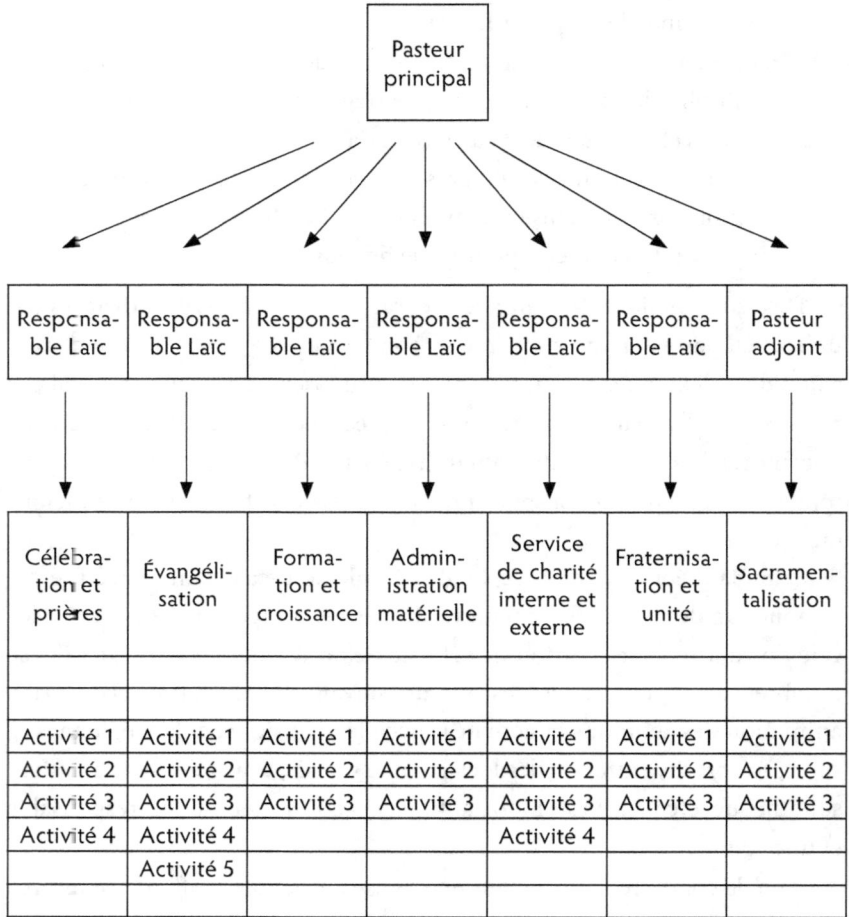

Organigramme permettant l'implication des laïcs et la délégation des tâches

Giffard explique le principe de cette organisation :

> Le pasteur travaille avec les responsables laïcs et les forme. Le principe est que le pasteur choisisse des pastorales en fonction de ses attributions et des aspirations du milieu dans l'Église locale. Chaque pastorale est dirigée par un responsable laïc. Il ne rencontre que les responsables du niveau supérieur. Les rencontres sont vécues individuellement et en groupes. Elles ne prennent pas seulement la forme de réunions de travail, mais aussi de rencontres pastorales qui comprennent plusieurs éléments : un partage de la parole de Dieu, de la prière, une période d'écoute

de la part du pasteur, une formation pour les membres et une recherche en équipe pour trouver ensemble des solutions aux problèmes qui peuvent émerger[23].

c) Un personnel

En règle générale, l'Église locale dispose :

- **d'un personnel à temps plein** : ministres du culte et éventuellement les employés de l'Église (secrétaire administratif, vaguemestre, etc.)
- **d'un personnel à temps partiel ou bénévole** : les anciens de l'Église, les diacres, les responsables des groupes et associations, etc.

Tout ce personnel doit être occupé de façon harmonieuse pour permettre à l'Église d'atteindre ses objectifs.

Le pasteur, le prêtre ou l'évêque devrait associer ses collaborateurs dans le processus de l'exécution de ses tâches. Il devrait déléguer, comme le souligne P.-A. Giffard en racontant l'histoire du pasteur Paul Yonggy Cho :

> Paul Yonggy Cho est le pasteur de la plus grande assemblée évangélique du monde. Il a commencé à évangéliser seul dans un quartier très pauvre de Séoul pour fonder ensuite une Église qui est passée en trois ans de cinq cents à deux mille six cents membres. Mais, épuisé à la tâche, il tomba gravement malade. Son incapacité à tout faire lui-même l'obligea à déléguer les tâches de l'évangélisation. [...] C'est un passage de l'Exode, au chapitre 18, qui inspira au pasteur de déléguer ses fonctions à des membres non-ordonnés : « [...] Jéthro vit que c'était trop pour Moïse et il lui montra comment déléguer son autorité afin qu'il ne s'épuise plus à essayer de satisfaire les besoins de tous les gens dont il avait la charge. » Il a appris à déléguer non seulement ses responsabilités, mais aussi son autorité en nommant des responsables de cellules. La délégation est, d'après lui, une clé pour réussir l'évangélisation. Le rôle principal du pasteur est alors de former les responsables et de les motiver : « Je motive et reconnais sans cesse les responsables de cellules[24]. »

---

23. *Ibid.*
24. Giffard, « De la croissance numérique à la croissance intégrale », p. 38, 41.

Nous pouvons nous servir aussi de l'exemple du Christ lui-même qui s'est entouré de disciples qu'il a choisi, formé et envoyé en mission :

> Dans son ministère, Jésus s'adjoignit des disciples (Mc 1.16-20 et par.). À la qualité de prophète qui lui était reconnue, s'ajoute celle de maître, ce qui signifie une modification dans le rythme et le style de son action. [...] Si des disciples sont appelés, c'est non seulement *pour être avec lui* (Mc 3.14), mais aussi pour travailler avec lui et parfois être renvoyés avec lui. [...] Les disciples qui ont reçu un appel personnel de Jésus sont, comme lui, au service du règne de Dieu et il les envoie, comme lui, prêcher et guérir sans leur donner d'objectifs numériques... Les Évangiles synoptiques utilisent d'ailleurs les mêmes mots pour les activités de Jésus et celles des disciples, que ce soit pour prêcher, enseigner, évangéliser, exorciser et guérir[25].

Après une première percée, qui est celle du « message » initial, Jésus s'arrête, s'entoure de « disciples », adopte le comportement social et les usages littéraires du « maître » et, ainsi, s'adonne à ce qu'on appelait alors l'« instruction »[26].

Ainsi les ministères ne sont pas réservés aux membres ordonnés, mais ils sont partagés avec les laïcs.

Conclusion

Nous sommes partis à la recherche de l'applicabilité de la théorie systémique au fonctionnement d'une Église locale protestante au Cameroun et au terme de notre quête nous pouvons retenir que l'Église locale peut être dirigée selon le modèle systémique. De manière concrète cela signifie :

- *une vision pour l'Église locale* qui se décline en objectifs en tenant compte des besoins des membres et du milieu environnant, ainsi que de la mission que Jésus, le chef de l'Église, lui a confiée.

---

25. *Ibid.*, p. 111-112.
26. Jean-Paul Audet cité dans Giffard, « De la croissance numérique à la croissance intégrale », p. 113.

- *Une structure adaptée à la vision et aux objectifs de l'Église locale* qui se décline en secteur, pastorale ou comités confiés à un responsable assisté d'une équipe ; le responsable d'un secteur d'activité n'est pas forcément un ministre ordonné, il peut être un laïc formé et dont le travail est supervisé par le pasteur.
- *Enfin, le pasteur ou l'évêque doit travailler avec l'ensemble des membres* qu'il forme dans le but de déléguer ses responsabilités dans ses diverses tâches. Les exemples de Jésus et de Moïse sont riches d'enseignement à cet effet.

CHAPITRE 6

La théorie de la contingence

Introduction

Selon S. Robbins et D. de Cenzo, la théorie de la contingence est venue remplacer certains principes de management trop simplistes. En intégrant l'essentiel des théories élaborées en management, elle prévoit qu'il serait impossible de dégager des principes universels applicables à toutes les organisations dans toutes les situations.

Les principaux concepteurs de cette théorie selon le site Performance Zoom[1] et selon Jean-Luc Charron et Sabine Sépari[2] sont :

- Joan Woodward (1916-1971), « professeur de management à Oxford. Selon elle, les similitudes des systèmes de production, expliquent les similitudes d'organisation des entreprises[3] ». Ainsi, pour elle, la technologie serait un facteur de contingence.
- Paul Lawrence (né en 1922) et William Lorch (né en 1932) « ont développé les travaux de Woodward et ont créé les bases de la théorie de la contingence. Selon les deux auteurs, la structure de l'organisation dépend de l'environnement. Ils s'efforcent de répondre

---

1. Performance Zoom, site internet de ressources en management, accessible par world wide web, www.performancezoom.com.
2. Charron et Sépari, *Management, Manuel et applications*, p. 49-50.
3. Performance Zoom, « Joan Woodward », https://www.performancezoom.com/jaon.html, consulté en octobre 2021.

à la question de savoir quelle sorte de structure est nécessaire pour faire face aux différents environnements[4] ».
- Henry Mintzberg (né en 1939), « ingénieur et docteur en management des organisations, il a orienté ses recherches dans trois directions : l'élaboration de la stratégie, l'emploi du temps et l'organisation de l'entreprise[5] ».

A. Généralités

1. Définition

D'après le *dictionnaire Larousse*, contingent signifie : « ce qui peut arriver ou non ; quantité de choses fournies ou reçue ; ensemble de jeunes gens appelés au service militaire[6]. »

Partant de cette définition, nous pouvons comprendre que la théorie de la contingence cherchera à tenir compte des facteurs liés à l'environnement des organisations humaines comme le dit Alexandra Pringere : « La théorie de la contingence insiste sur l'hypothèse de base que les organisations, dont les structures internes répondent au mieux à la demande de l'environnement, parviendront à une meilleure adaptation et donc à une meilleure efficacité[7]. »

Le synonyme immédiat de contingence est situation ou situationnel comme le précisent S. Robbins et D. de Cenzo. « La théorie de la contingence ou approche situationnelle est l'approche intégrée du management qui affirme qu'il n'existe pas une méthode idéale qu'il suffirait d'appliquer, mais que les types d'approches ou de solutions envisagées dépendent toujours du contexte et de la situation rencontrées[8]. »

---

4. Performance Zoom, « Paul Lawrence et William Lorch », https://www.performancezoom.com/paul.html, consulté en octobre 2021.
5. Performance Zoom, « Henry Mintzberg », https://www.performancezoom.com/henry.html, consulté en octobre 2021.
6. *Dictionnaire Larousse*, Paris, Éditions Larousse, 2008.
7. Alexandra Pringere, *Minztberg et la théorie de la contingence*, accessible par Internet sur www.oboulo.com.
8. Mme Zineb El Hammoumi, « Introduction au management » (cours), p. 54, https://hassibacherifi.yolasite.com/resources/manager.pdf.

Selon Jean-Luc Charron et Sabine Sépari, « l'organisation serait soumise à des facteurs de contingences, c'est-à-dire des caractéristiques évolutives qui influencent ses décisions et ses actions[9] ».

Pour nous, la théorie de la contingence postule qu'il existe au sein d'une organisation un lien étroit entre ses buts, sa structure, son environnement et la situation rencontrée ; le manager doit en tenir compte.

2. Caractéristiques

La plupart des défenseurs de la théorie de la contingence ont identifiés quatre variables qui entrent en compte dans le management d'une organisation[10] :

- **la taille de l'entreprise** : les effectifs influencent le travail du manager ; plus ils sont importants, plus ils posent des problèmes de coordination. Selon Minztberg, l'âge et la taille influencent l'organisation : « Plus une organisation est ancienne, plus son comportement est formalisé. […] Plus l'organisation est grande, plus son comportement est formalisé. […] Plus une organisation est de grande taille, plus sa structure est élaborée : plus les tâches y sont spécialisées, plus les unités sont différenciées et plus sa composante administrative est développée[11]. » De plus, selon Robbins et de Cenzo, « à partir de 2 000 employés, une structure est déjà tendanciellement plutôt mécaniste et 500 collaborateurs de plus ne font pas grande différence sur ce point ; en revanche, si une organisation qui emploie 300 personnes en embauche rapidement 500 autres, elle peut s'attendre à évoluer rapidement vers une structure plus mécaniste[12] ».
- **Les qualifications des technologies** : pour exercer son activité, l'entreprise utilise des technologies c'est-à-dire un processus pour transformer les ressources en produits ; chaque type de technologie exige des structures organisationnelles, des modes de gestion et des systèmes de contrôle différents. Le grand intérêt des travaux de Woodward a été de montrer qu'il n'y avait pas de structure qui soit

---

9. Charron et Sépari, *Management, Manuel et applications*, p. 49.
10. Robbins et De Cenzo, *Management*.
11. Henry Mintzberg, *Le management : voyage au centre des organisations*, Paris, Eyrolles, 2020, p. 197-198.
12. Robbins et De Cenzo, *Management*, p. 171.

- **L'incertitude environnementale** : l'évolution politique, technologique, socioculturelle, et économique influence le processus managérial.

Selon Lawrence et Lorch : « Plus fort est le degré de certitude d'un sous-environnement, plus formalisée devra être la structure[13]. »

- **Particularités individuelles** : les individus diffèrent par leur ambition, leur autonomie, leur capacité à tolérer l'ambiguïté et leurs attentes. Ces différences individuelles revêtent une importance particulière quant au choix du manager en termes de techniques de motivation, de style de leadership et de définition des postes.

B. Application à la conduite d'une Église locale

La théorie de la contingence sera étudiée dans l'optique de voir dans quelle mesure elle peut être utile pour la direction d'une Église locale. Pour ce faire, nous nous baserons sur les caractéristiques préalablement définies en cherchant à répondre à la question suivante : dans quelle mesure les variables de contingence citées plus tôt concernent la direction de l'Église locale ?

1. Vérifications

a) La taille de l'Église locale

La question essentielle est celle de savoir si on peut diriger une Église de 100 membres comme on dirige une Église de 2 000 membres.

Dans la plupart des paroisses de l'Église Presbytérienne Camerounaise par exemple, dès qu'une paroisse a plus de 1 000 membres, deux pasteurs y sont affectés au lieu d'un seul. Le nombre de chrétiens est un des indicateurs de l'ampleur du travail d'encadrement d'une paroisse. Reprenons l'exemple du pasteur Paul Yonggy Cho :

> Paul Yonggy Cho est le pasteur de la plus grande assemblée évangélique du monde. Il a commencé à évangéliser seul dans

---

13. Performance Zoom, « Paul Lawrence et William Lorch », https://www.performancezoom.com/paul.html, consulté en octobre 2021.

un quartier très pauvre de Séoul pour fonder ensuite une Église qui est passée en trois ans de cinq cents à deux mille six cents membres. Mais, épuisé à la tâche, il tomba gravement malade. Son incapacité à tout faire lui-même l'obligea à déléguer les tâches de l'évangélisation. Pour ce faire, il mit au point une structure ecclésiale par groupes de maison, qu'il appelle *cellules de maison*, animée par des laïcs et à laquelle tous les membres de l'Église sont appelés à participer. En l'espace de vingt-cinq ans, les membres se sont multipliés jusqu'au nombre de sept cents mille et leur taux de croissance est actuellement de dix mille personnes par mois[14].

Dans l'EPC, il existe des paroisses qui ont près d'une voire deux ou trois dizaines de chapelles ou annexes : c'est le cas des paroisses Afan-esse (9 chapelles), Nanga-Eboko (27 chapelles), Nguinda (14 chapelles), etc.

Dans ces paroisses, la structure sera différente de celles qui ont un seul lieu de culte.

En zone urbaine, la plupart des paroisses multiplient les services dominicaux :

- EPC Marie-gocker : trois cultes (8h30, 10h30 et 16h30) ;
- EPC Mvan quatre cultes (6h, 8h, 10h et 16h) en plus de deux chapelles, etc.

Dans la Bible nous constatons une évolution dans la structure du peuple de Dieu :

- Au début, avec les patriarches, nous remarquons que Abraham, Isaac, et Jacob dirigent selon une structure familiale ; le chef de famille étant le représentant de Dieu ;
- Pour faire sortir le peuple d'Israël d'Égypte, l'Éternel a utilisé Moïse comme leader et Aaron comme son second (Exode 3) ;
- Dans le désert, devant l'ampleur de la tâche, Jéthro a conseillé à Moïse de se faire assister par les anciens du peuple qui jugeront les affaires mineures (Exode 18) ;

---

14. Giffard, « De la croissance numérique à la croissance intégrale », p. 38-39.

- En s'installant à Canaan, le peuple a réclamé un roi (1 Samuel 8). On assiste à une répartition des tâches :
  - le roi gouverne, assisté des anciens du peuple dans les diverses localités,
  - les lévites s'occupent du service du tabernacle,
  - les prophètes annoncent la volonté de Dieu.

Dans le Nouveau Testament, on assiste aux mêmes variations :

- Jésus avec ses disciples : on remarque quatre principaux cercles concentriques : la foule, les « 70 », les « 12 », les « 3 ».
- Après l'ascension de Jésus, les apôtres ont travaillé en équipes apostoliques puis, au fur et à mesure que l'Église est implantée dans les villes, on assiste à l'émergence d'une structure organisationnelle de l'Église locale avec un organe de coordination : le presbytérium dirigé par un évêque ou encore un ministère de la présidence ou *kubernetes*.

Dans l'Évangile selon Luc, il est question de deux missions : celle des douze (Luc 9) et celle des soixante-dix (Luc 10). Ils reçoivent la même mission : proclamer le royaume de Dieu, guérir les malades, secouer la poussière des pieds en signe de jugement s'ils ne sont pas accueillis.

Les douze peuvent être assimilés aux douze patriarches d'Israël et ils représentent l'Israël nouveau. Le nombre « soixante-dix » peut aussi être relié aux anciens désignés par Moïse pour porter la charge du peuple.

Lorsque les douze instituent des ministères locaux, ils ne déléguèrent pas leur ministère qu'ils ont reçu, mais ils font comme Moïse. Ainsi, on voit les apôtres et leurs auxiliaires d'une part qui fondent et gouvernent les Églises locales et d'autre part, les ministères locaux qui édifient et président une Église locale. Lorsque l'Église naîtra dans les localités, on notera l'instauration d'épiscopes ou de surveillants équivalents des presbytres assistés des diacres. Quel que soit le nom donné aux divers ministères, il y a une organisation collégiale des ministères n'excluant pas une présidence à tour de rôle ou fixe.

b) La technologie

Si la technologie traite des moyens de transformation et de présentation au public du produit de l'entreprise, il nous faut reconnaître que pour toutes les Églises, la matière première est l'Évangile du salut en Jésus-Christ contenu dans la Parole de Dieu.

Les produits de l'Évangile peuvent être divers et variés :

- La prière de délivrance ;
- L'enseignement biblique par des conférences et autres études bibliques ;
- L'encadrement des groupes spécifiques : femmes, jeunes, hommes, chômeurs, cadres, militaires, etc.

Il est vrai qu'en fonction des confessions on retrouve certaines variations dans le message. Par exemple, la position des catholiques et des protestants sur les questions de Marie, la mère de Jésus, l'Eucharistie ou la Sainte Cène, la médiation, etc.

Certaines communautés paroissiales utilisent aussi les moyens technologiques actuels pour véhiculer l'Évangile. Il y a des Églises virtuelles, plusieurs Églises ont un site internet, des chaînes de radio et télévisions, des organes de presses pendant que d'autres se contentent du culte dominical.

c) *L'environnement*

Peut-on diriger une paroisse en zone rurale comme une paroisse en zone urbaine ; une paroisse en Afrique comme une paroisse en Europe ? Une paroisse en région de conflit comme en région de paix et stabilité ? Une paroisse d'étudiants comme une paroisse de salariés ? Une paroisse d'illettrés comme une paroisse d'intellectuels ?

Il est évident que le contexte externe et la cohérence interne influencent fortement la direction d'une paroisse. Dans la Bible, le peuple de Dieu adoptait une organisation qui était dépendante de l'environnement :

- En temps de crise, comme par exemple lors de la reconstruction de la muraille de Jérusalem, les hommes travaillaient avec des armes ;
- En temps de paix, en s'installant à Canaan, les Juifs ont demandé des rois ;
- Pendant la période apostolique, on avait des anciens dans les Églises locales et des apôtres itinérants ; dans certaines Églises locales des collaborateurs d'apôtres à l'exemple de Timothée ont été désignés pour encadrer la communauté.

d) Les différences individuelles

Elles influencent fortement le management de l'organisation. Le Dr André Choubeu a identifié quatre types de tempéraments qui influencent le leadership d'une organisation selon la terminologie de Career Pathways : dominant, influent, stable, consciencieux[15]. Le détail des caractérisques de ces types de leadership et des exemples de leaders dans la Bible se trouvent dans l'article de André Choubeu.

2. Théorie de la contingence et Église locale comme organisation humaine

De ce qui précède, il apparaît clairement qu'en tant qu'organisation humaine, l'Église locale pourrait être gérée selon la théorie de la contingence. Cela peut d'ailleurs se vérifier lorsqu'on applique la notion de contingence aux caractéristiques d'une organisation humaine.

a) Les objectifs

En plus de la mission que Jésus a confiée à l'Église, chaque Église locale devrait avoir son propre énoncé de mission en fonction de ses spécificités. Cet énoncé de mission doit comporter une vision et des objectifs compatibles à la fois avec les réalités internes et les besoins du milieu. Les objectifs d'une Église locale vont varier en fonction de sa taille et des besoins du milieu.

b) La structure

La structure va être différente d'une Église à l'autre comme nous l'avons déjà souligné plus tôt. Ainsi, une Église locale qui a plusieurs lieux de cultes aura une structure différente de celle qui n'en a qu'un seul par exemple. De la même manière, une Église locale qui a des activités diversifiées aura une structure différente de celle qui n'a que le culte comme activité.

c) Le personnel

La politique de recrutement du personnel de chaque Église locale sera définie en fonction :

---

15. Dr André Choubeu, « Piliers, qualités et types du leadership », 24 juin 2012, http://dr-choubeu.over-blog.com/article-piliers-qualites-et-types-du-leadership-107382342.html, consulté le 16 novembre 2021.

- De la taille de l'Église locale : pour 2 000 fidèles, il est évident que l'on aura besoin de plus d'un pasteur et de toute une administration permanente dans l'Église locale ;
- De la technologie : une Église locale qui a comme activités une radio aura besoin d'un type de personnel différent d'une Église locale qui a comme activité principale le ministère de la délivrance ou les œuvres sociales ;
- L'environnement : en zone rurale une Église locale aura des besoins différents en personnel qu'en zone urbaine ;
- Les différences individuelles : en fonction des capacités personnelles du leader et de ses collaborateurs il faudra trouver des stratégies pour avoir des équipes efficaces. Par exemple, une Église locale qui a un pasteur âgé et fatigué aura besoin de lui associer un plus jeune et plus vigoureux.

Conclusion

Dans la direction d'une Église locale, il est important de tenir compte des variables de contingence qui influencent fortement le management d'une organisation :

- La taille,
- La technologie,
- L'environnement,
- Les particularités individuelles.

La théorie de la contingence nous permet de considérer que des facteurs externes influencent la conduite d'une organisation humaine que nous avons considérée comme un système ouvert. Comment détecter les diverses influences ? Comment y faire face ?

Nous avons pu constater que, dans la Bible, le Seigneur a conduit son peuple de manière différente en fonction des situations. Pour chaque situation, il y avait un mode de management différent. Tout cela nous permet de dire que, dans l'Église locale, il faut tenir compte de ce qui se passe à l'extérieur et privilégier la concertation pour prendre les décisions qui conviennent. La concertation est en effet un cadre où l'on peut ressentir les aspirations et les états d'esprit les plus divers.

Conclusion de la troisième partie

À la fin de cette partie, nous pouvons retenir que, pour être bien dirigée, l'Église locale devrait avoir une structure qui combine les deux approches : systémique et contingente.

La vision et la stratégie, la structure et l'organisation, le leadership et l'évaluation doivent se faire comme pour un système en tenant compte des réalités de la structure et de son environnement (facteurs de contingence : taille, technologie, environnement, différences individuelles). L'environnement externe et les réalités internes doivent être placés dans une dialectique en vue de trouver leurs points de convergence. Le but du management lorsqu'il est appliqué en Église est justement de faire en sorte que l'Église puisse atteindre son objectif dans la société où elle est en mission. Les techniques de management interviennent ici comme des outils pour la conduite des communautés ecclésiales au même titre que l'exégèse peut l'être pour la préparation d'une prédication et la psychologie pour l'accompagnement pastoral. Nous pensons qu'il faille dépasser la méfiance qui existe dans le monde francophone au sujet du management et du leadership. Ces derniers peuvent être considérés à tort comme des instruments de pouvoir et d'autorité au service d'individus avides de gains et ambitieux. Au contraire, le management met en évidence l'importance de la participation de tous les membres de l'organisation, comme l'ont fait les réformateurs en parlant du sacerdoce universel des croyants. Le management permet en plus de sortir des lenteurs et de la lourdeur administrative en lui opposant une forme d'organisation plus pragmatique. La notion de leadership nous est apparue comme un complément indispensable au management, car elle met en exergue l'aspect humain de toute organisation. Le leadership ne doit pas être confondu avec la notion d'autorité, car il l'englobe et la dépasse pour se situer dans une posture dynamique. En effet, il n'existe pas de leader sans suiveurs ; en d'autres termes l'autorité du leader ne lui sert à rien s'il ne fait pas bouger les gens dans un sens déterminé. Le leadership se définit par rapport à une vision et il se sert de l'autorité qui lui est reconnu pour inciter les autres à l'action. La difficulté qui se posera alors sera celle de savoir quel style de leadership adopter dans une Église locale évoluant sous le régime contingence-systémique ?

La théorie de la contingence nous a permis d'établir que le principe dans la direction des organisations humaines doit être situationnel. Il faut tenir compte de la situation de ceux qui font partie de l'organisation et cela englobe une série d'éléments comme la culture, la religion, la position sociale, etc.

À partir de cette réalité, il convient de rechercher, dans la culture du peuple camerounais, les éléments qui pourront être utiles au management d'une Église locale et à un exercice harmonieux du ministère pastoral.

Quatrième partie

L'apport de l'approche anthropologique

Le management des communautés en Afrique

Introduction

La théorie de la contingence étudiée précédemment a mis en exergue le fait qu'il faille tenir compte du contexte de l'organisation que l'on a à diriger. En effet, le contexte culturel influence fortement l'organisation et donc ses modes de fonctionnement. L'Église, nous l'avons vu plus tôt, en plus d'être le corps du Christ est une organisation humaine imprégnée et influencée par une certaine culture. Bénézet Bujo l'exprime ainsi :

> Une analyse serrée de l'anthropologie et de la religiosité africaines montre que le malentendu et la condamnation missionnaires sont venus de leur conception anthropologique, philosophique et théologique propre à l'Occident. La seule voie pour les évangélisateurs missionnaires était d'imposer sans discussion la pensée sensée éprouvée et chrétienne résultant de la rencontre avec la culture gréco-romaine. On doit déplorer qu'il y ait si peu de théologiens occidentaux qui se rendent compte que depuis la rencontre avec la culture occidentale le christianisme ne soit plus jamais devenu vraiment familier avec une autre culture et qu'il soit resté jusqu'à ces jours essentiellement occidental[1].

Pour proposer un management adéquat de l'Église en Afrique et au Cameroun plus particulièrement, il nous semble important d'étudier les règles qui guident la gestion des communautés traditionnelles africaines. Comme nous le dit Ibrahim Mouiche :

---

1. Bénézet Bujo, « Le christianisme africain et sa théologie », *Revue des sciences religieuses*, 84/2, 2010, disponible sur : http://journals.openedition.org/rsr/342, consulté le 25 novembre 2010.

En effet, dès que l'on travaille en sympathie avec le milieu, les résultats sont évidemment très supérieurs. La modernisation ne s'impose pas : elle se fait avec des gens qui ont capitalisé une expérience qu'il est absurde d'ignorer. Il faut aussi respecter les coutumes. Par exemple, dans le domaine de la création d'entreprise, Jean-Luc Camilleri avait noté dans une de ses études sur le Sahel que les projets qui avaient des résultats significatifs étaient ceux qui jouaient la carte de l'intégration dans l'environnement socio-culturel local[2].

Ce postulat a même servi de base à la conception d'une théorie de management dite « management africain » ou encore « modèle circulatoire du management africain »[3]. En effet, on apprend à partir d'une étude réalisée dans plusieurs entreprises en Afrique et plus précisément au Congo que l'application des méthodes de management occidentales dans les entreprises africaines est inefficace du fait qu'elle exclue les réalités culturelles de la région concernée. Cependant, le modèle circulatoire en question a été testé et a fait ses preuves, ce qui pousse à penser que « les Africains gagneraient beaucoup à connaître les fondements culturels des modèles occidentaux pour pouvoir les comprendre et en examiner les apports, en adopter les éléments cohérents ou les mixer avec ceux de son modèle circulatoire ; tout en valorisant mieux ce dernier dans le management des entreprises[4] ». Le pasteur Fabien Ouamba va dans le même sens lorsqu'il écrit :

> ...Ceux-ci savent que c'est l'Évangile qui vient vers eux. La Bonne Nouvelle les atteint là où ils sont, dans ce qu'ils font et avec ce qu'ils ont. Ces lecteurs et auditeurs attentifs déchiffrent, décodent et reçoivent le message en actualisant. Ils n'ont pas besoin d'un ailleurs ou d'un intermédiaire, car chacun entend les merveilles de Dieu dans sa propre langue (Act. 2/11). L'Évangile leur

---

2. Ibrahim Mouiche, « Chefferies traditionnelles, culture et développement local au Cameroun », 11ᵉ Assemblée générale du CODESRIA (conseil pour le développement de la recherche en sciences sociales en Afrique), Maputo, Mozambique, 6-10 décembre 2005, p. 2. Disponible sur : www.codesria.org. Consulté le 27 janvier 2009.
3. Minkame Akono S. M. JR, « Cours de management interculturel », disponible sur : https://pdfcoffee.com/cours-de-management-interculturel-2020-pdf-pdf-free.html, consulté le 26 octobre 2021.
4. *Ibid.*

apprend que Dieu a tellement aimé le monde et lui a donné son Fils bien-aimé. Le monde de l'Africain fait partie de ce monde aimé de Dieu. Le Salut de Dieu s'adresse directement à tous y compris l'Africain. (Jn. 3/16) C'est donc à partir de l'Afrique où il se trouve dans ce qu'il fait et avec ce qu'il a que l'Africain doit répondre à l'Évangile. C'est donc l'Évangile même qui exige l'inculturation comme concrétisation de la Bonne Nouvelle qui a atteint son but[5].

Notre but dans cette partie de notre travail est de faire ressortir dans le background culturel africain et en particulier camerounais, les éléments qui peuvent permettre une meilleure gestion des communautés chrétiennes africaines et peut-être servir de pistes de réflexion aux chrétiens d'autres cultures. Nous devons dire que cette incursion dans la culture africaine n'est pas un simple repli identitaire comme le dirait Fabien Ouamba :

> La demande de l'inculturation se présente comme une ruse pour un nombre d'Africains. Ils veulent se repositionner dans le jeu des relations internationales et interculturelles. C'est un repli tactique sur soi en attendant voir la position de l'autre, avoir assez de souffle. Nous pouvons le dire avec Achille Mbembe, « pour de nombreux Africains, le christianisme fut "reçu" comme un nouvel instrument, une nouvelle magie utilisable dans les stratégies de remodelage des jeux et des échanges rendus critiques par le passage des sociétés anciennes aux sociétés coloniales ». (Afrique Indocile)… Pour un certain nombre de chrétiens, ouvrir l'Évangile à la culture africaine correspond à laisser le chrétien africain reprendre ses idoles, intégrer ses dieux dans la foi, aller chez le voyant, sacrifier aux crânes des ancêtres, se blinder sans mauvaise conscience, se faire purifier par les prêtres de la religion traditionnelle. C'est en somme, avoir la licence de pratiquer le paganisme dans le christianisme et dans l'Église sous le couvert de l'inculturation[6].

---

5. Fabien Ouamba, «Les enjeux de l'inculturation en Afrique », *Evangiles et Libertés* [en ligne], disponible sur : https://www.evangile-et-liberte.net/elements/archives/154.html, 1996, consulté le 26 octobre 2021.
6. *Ibid.*

Au contraire, loin de nous l'idée de penser l'Église en Afrique comme une Église à part. Nous voulons plutôt interroger la culture africaine et la confronter avec la Bible que nous considérons dans ce travail comme normative pour la foi chrétienne afin de proposer à l'Église en Afrique et ailleurs des pistes de réflexion et de solution en ce qui concerne la problématique du management des communautés chrétiennes. Nous sommes conscients que la culture ne peut à elle seule suffire pour élaborer un management à l'africaine comme le dit si bien Patrick Bakengela Shamba dans son étude critique sur le management africain :

> En Afrique, le modèle culturaliste prédomine dans la grande majorité des écrits de gestion francophones et se propose d'identifier, au sein des espaces socioculturels africains, des facteurs favorables ou défavorables à la réalisation des objectifs de l'entreprise. Or l'introduction de la variable culturelle dans l'analyse des entreprises et de leurs performances, souffre de plusieurs insuffisances, comme le soulignent Dia A. L., Gaye, A. et Tidjani B. (1996). Soit elle part du postulat de l'existence d'un « one best way » (souvent occidental, et de plus en plus asiatique), ce qui bien entendu exclut toute réflexion sur les résonances politiques, sociales et même sémantiques des outils ou méthodes de gestion importés ; soit elle fonde ses conclusions sur une connaissance largement superficielle des contextes internes et externes de l'entreprise ; soit elle limite arbitrairement les contraintes environnementales de cette dernière aux contraintes culturelles[7].

Selon cette étude que nous aborderons et qui est conforme à la théorie systémique ainsi qu'à la théorie de la contingence en management, la culture ne peut pas être un facteur exclusif et encore moins absolu dans le déterminisme théorique et méthodologique en management des organisations en Afrique comme ailleurs. Elle n'est qu'un des éléments à prendre en compte. Notre travail se voulant être utile pour l'Église, nous croiserons

---

7. Bakengela Shamba, « Existe-t-il un modèle de management spécifique à l'Afrique ? Le "management africain" à l'épreuve des évidences empiriques », 18ᵉ congrès de l'AGRH, septembre 2007, Fribourg, Suisse. Actes de congrès de l'AGRH 2007, Université de Fribourg, Suisse, p. 3. <hal-01340237>

les données anthropologiques avec celles du domaine de la gestion et du domaine théologico-biblique.

Ainsi, nous partirons d'une étude des chefferies africaines en prenant quelques exemples de chefferies au Cameroun puis nous présenterons les diverses approches au sujet du management africain.

CHAPITRE 7

Étude de quelques chefferies traditionnelles au Cameroun

Introduction

Notre étude s'appuiera sur le rôle des chefferies traditionnelles qu'il convient de définir au préalable, car la notion de management dans les communautés traditionnelles africaines part de l'idée que le peuple se fait du chef et de l'exercice de ses fonctions.

Selon Mouiche Ibrahim,

> Quand on demande à un ressortissant d'une chefferie, qu'est-ce que le chef ? Quelle est sa fonction dans le village ? Il répond presque toujours, « le chef juge le village (juger pour réconcilier) ». Donc, dans l'esprit des habitants, avant d'être un chef religieux ou politique, le chef est un juge, un arbitre. On dit aussi que le chef veille sur le village, d'un verbe signifiant : veiller sur un enfant, un grand malade incapable de se nourrir lui-même. Il est comme disent les adages, « celui qui partage sans distinction de main, le père des orphelins »[1].

Ainsi, contrairement aux préjugés, force est de constater qu'en anthropologie africaine, du moins chez les peuples Bantous d'Afrique noire, le chef

---

1. Mouiche, « Chefferies traditionnelles, culture et développement local au Cameroun », p. 3.

est le garant de la vie communautaire. Il ne doit pas être cet autocrate qui écrase son peuple pour être servi.

Selon Mouiche[2],

> Au Cameroun, le concept de « chefs traditionnels » est prolixe. Employé par le décret n°77/245 du 15 juillet 1977 sur l'organisation des chefferies traditionnelles, modifié et complété par le décret n°82/241 du 24 juin 1982, il recouvre des réalités sociales, politiques et religieuses diverses :
>
> - Les sociétés lignagères du Centre, du Sud et de l'Est où le chef d'origine coloniale, fait surtout figure de grand patriarche, plus respecté que craint, un primus inter pares. Traditionnellement ici, les populations ignorent la notion de chef; il y existe plutôt des leaders avec des pouvoirs d'arbitrage et non de commandement, l'autorité étant le résultat des performances personnelles.
> - Les *lamidats* du Grand Nord où les chefs peuls, les *lamibé*, demeurent des potentats « féodaux ».
> - Enfin, les chefferies des Grass Fields (provinces de l'Ouest et du Nord-Ouest) dont la ténacité tient à ce qu'elles ont une légitimité rituelle profonde et procèdent d'une longue tradition.

Les chefferies traditionnelles représentent des collectivités humaines organisées sur une base territoriale, sans être dotées de la personnalité juridique et placées sous l'autorité de chefs dits traditionnels en raison de leurs croyances aux références culturelles et ancestrales dans l'expression et la manifestation de leur mode de vie. Intégrés dans une hiérarchie stricte au sommet de laquelle se trouve le ministre en charge de l'Administration territoriale, les chefs traditionnels sont juridiquement et par extrapolation de la terminologie héritée de l'époque coloniale des « auxiliaires de l'administration ». Dans le cadre de leur prise en charge par l'État, leur mission consiste à transmettre aux populations les directives des autorités administratives et d'en assurer l'exécution ; à concourir sous la direction des mêmes autorités au maintien de l'ordre public et au développement économique, social et culturel de leurs unités traditionnelles de commandement ; à recouvrer les impôts et taxes de l'État et autres collectivités dans les conditions fixées par la réglementation.

---

2. *Ibid.*, p. 11.

Il leur est également reconnu le pouvoir de procéder à des conciliations ou arbitrages entre leurs administrés, fonction prestigieuse et hautement symbolique de la réalité du pouvoir effectivement détenu dans un État qui privilégie le droit dans la résolution des conflits individuels et sociaux.

Pour nous, la chefferie traditionnelle est le cadre par lequel une communauté africaine est dirigée.

Dans cette partie, nous étudierons les cas de deux chefferies traditionnelles africaines : une de l'Ouest Cameroun en pays Bamiléké à partir du témoignage de son roi au cours d'une conférence dans une université française et l'autre du centre Cameroun dans le pays Bassa à partir d'une interview avec le chef traditionnel.

A. Cas de la chefferie traditionnelle en pays Bassa (Nyong et Kellé)

Dans cette partie, nous avons voulu avoir un contact avec un chef traditionnel pour comprendre un peu plus quelle est la réalité de l'exercice du pouvoir dans les chefferies. Nous avons ainsi eu un entretien avec Sa Majesté Nyam Simb Calvin[3], chef traditionnel dans le département du Nyong et Kellé, région du Centre au Cameroun. Sa Majesté Nyam est en outre le secrétaire général de l'association qui regroupe les chefs traditionnels de cette région du Cameroun. Notre entretien a porté sur la manière dont les communautés sont dirigées et sur les instruments dont dispose le chef traditionnel pour exercer son autorité.

Dans un premier temps, nous présenterons cet entretien sous la forme de questions-réponses et ensuite nous en tirerons quelques leçons utiles pour la direction d'une communauté chrétienne.

1. Entretien avec Sa Majesté Nyam Simb Calvin

Question 1 : Sa Majesté, quel est le rôle d'un chef traditionnel et comment exerce-t-il son pouvoir ?

Réponse 1 : La chefferie existe depuis 1882. Elle a été introduite chez les Bassas par les Allemands mettant de côté les Nkaambock qui jouaient ce rôle de chef au niveau des familles.

---

3. Entretien réalisé en février 2009 dans sa résidence au quartier Essos à Yaoundé.

Les attributions du chef sont les suivantes :

- **Suivre la sécurité du village** : le chef doit s'assurer de la sécurité des biens et des personnes de sa circonscription. Pour ce faire, il propose au sous-préfet une équipe de sécurité. L'équipe ou le comité de sécurité une fois nommée par le sous-préfet a pour missions : de fournir les informations sur les menaces possibles à la paix et la stabilité, secourir le chef en cas de crise et prévenir les forces de l'ordre.
- **Prévenir les débordements mystiques** en ayant recours aux *mbombock* qui se réunissent pour intimider les sorciers avec des pratiques différentes des leurs.
- **Être un conciliateur**, c'est-à-dire résoudre les conflits avec les conseils des notables. Chaque communauté ayant des sous-familles, le chef choisit un représentant de chaque sous-famille pour siéger au conseil des notables. Ce conseil fonctionne sur la base de la démocratie. Notons cependant que parfois, lorsque le chef n'est pas sûr de son entourage, il ne désigne pas de notables et dirige seul de manière autocratique.
- **Promouvoir la culture et l'économie** : sur le plan économique, il est question de transmettre fidèlement les décisions du gouvernement relayées par le sous-préfet aux populations pour favoriser l'épanouissement économique.

Sur le plan culturel, le chef est le gardien du patrimoine. À l'heure actuelle, c'est difficile, car la moitié du patrimoine est perdu. Par exemple, nous essayons de lutter pour une tenue traditionnelle des chefs pour remplacer la tenue prévue par le ministère de l'administration territoriale qui ressemble plus à une tenue d'administrateur civil ou de gendarme, qu'à la tenue d'un chef traditionnel. Le chef est là pour pérenniser les us et coutumes ancestrales.

Le terme traditionnel semble aujourd'hui préjudiciable et incompatible avec la foi chrétienne pourtant, les chefs qui sont chrétiens intègrent la foi dans leur manière de diriger.

Question 2 : Existe-t-il des sociétés secrètes et quel est leur rôle dans la conduite du peuple ?

Réponse 2 : les sociétés secrètes ou du moins ce qui y est assimilable peuvent se résumer en trois groupes :

- *les mbombock* : plus proche des familles restreintes, jouent le rôle de juge ; il est vrai que de nos jours, ce rôle tend à disparaître. Ils avaient aussi pour responsabilité de bénir. Le *mbombock* était un conseiller précieux pour le chef et seul compétent pour appliquer les sanctions coutumières, car initié et détenteur du pouvoir nécessaire en la matière.
- Le *ngué* qui est un soldat capable d'agir mystiquement pour exercer des représailles, poursuivre et punir des malfaiteurs ; il peut aussi soigner.
- Le *um* joue un rôle préventif et réprimande les criminels.
- Chez les femmes, on a le *koo* qui est une danse et la capacité d'administrer des soins.

Ces groupes agissent sur la demande du chef lorsque le besoin se fait sentir.

Question 3 : Quelle est la préparation nécessaire pour être chef ?

Réponse 3 : En réalité, le chef est formé sur le tas et installé par l'autorité administrative. Normalement, le chef doit être intronisé par les chefs traditionnels après une période de préparation suffisante. Cette période de préparation est faite de conseils et d'une formation pour aider le futur chef à assumer convenablement sa fonction.

Actuellement, les chefs ont perdu en crédit et ont du mal à s'imposer.

2. Éléments applicables à la conduite d'une communauté chrétienne

De cet entretien avec Sa Majesté Calvin Nyam Simb, nous retenons quelques éléments qui peuvent être utiles pour l'encadrement d'une communauté chrétienne en Afrique :
- L'exercice du pouvoir de manière collégiale et participative ;
- La protection des biens et des personnes comme raison d'être de la chefferie traditionnelle avec un recours à la mystique ou à la spiritualité dans l'exercice du pouvoir.

a) *L'exercice du pouvoir de manière collégiale*

Cet entretien nous permet de constater que dans la culture managériale du peuple Bassa, il est bon que celui qui dirige ne le fasse pas tout seul. Dans ses propos, SM Nyam a précisé deux points importants à ce sujet :

- Le conseil des notables qui doit être représentatif des composantes de la communauté. Cette représentativité fait penser aux anciens du peuple choisis par Moïse sur la demande de Jethro son beau-père, et même aux anciens installés dans les Églises locales de l'Église du Nouveau Testament. Le pasteur, responsable d'une communauté, doit pouvoir travailler en collaboration avec des représentants du peuple des fidèles.
- L'autocratie ou la dictature qui est la conséquence d'un manque de confiance en soi et vis-à-vis des autres. Le fait de vouloir travailler et diriger seul est présenté ici comme l'extériorisation d'une peur, ce qui empêche un bon encadrement du peuple.

b) La protection des biens et des personnes

Nous sommes frappés par les dispositions prises pour la sécurité :

- Le comité de sécurité qui est à la fois un instrument de renseignements et d'intervention en cas de crises. Pour être bien dirigée, l'Église locale doit avoir un bon système de renseignements. Les bonnes décisions se prennent avec les bonnes informations. Le pasteur ne devrait-il pas disposer d'une équipe de sécurité discrète pour avoir et vérifier les informations au sujet de la vie de la communauté ? Cette structure peut aider à prévenir les conflits.
- Les groupes d'initiés qui ont la responsabilité de combattre le mal de punir les malfaiteurs et de soigner à partir de la spiritualité africaine. L'Église devrait insister sur cet aspect de la vie des chrétiens. Comment l'Église combat-elle la sorcellerie et les attaques et persécutions mystiques ? Ce phénomène est un grand problème aujourd'hui. Certains chrétiens se retrouvent chez les marabouts et guérisseurs traditionnels lorsqu'ils sont inquiets sur le plan mystique. Il y lieu de penser à une théologie de protection des biens et des personnes dans l'Église. Cette théologie peut s'appuyer sur le ministère de Jésus lui-même qui a sans relâche participé à la protection des personnes en chassant les démons et en guérissant les malades. Le pasteur doit mettre l'accent sur cet aspect de la vie communautaire et être assisté par des collaborateurs formés pour cela.

B. Cas de la Chefferie Bamendjou

La région de l'ouest du Cameroun est reconnue pour la solidité et le prestige de ses chefferies traditionnelles, dans un pays où la plupart des traditions culturelles se sont perdues avec la colonisation. Il y a en effet des régions entières au Cameroun comme le centre et le sud où la culture n'est plus qu'une simple évocation nostalgique ou alors une pâle reconstitution artificielle soutenue par ceux et celles qui veulent retrouver leur racine. Il nous a semblé important d'étudier l'une de ces chefferies traditionnelles. Pour mener à bien notre étude, nous avons pensé résumer une conférence donnée par le roi des Bamendjou dans une université française, puis nous en tirerons quelques leçons applicables à la direction d'une communauté chrétienne.

1. Brève présentation de la chefferie Bamendjou

Nous partirons de notre analyse d'une conférence que le roi des Bamendjou, Sa Majesté Jean Rameau Sokoundjou a présenté à l'université de Lille I en novembre 2000 avec pour thème : « La chefferie traditionnelle dans une Afrique en crise : jalons pour une reconstruction[4]. » Il explique :

> Cette conférence est motivée par le fait que les Africains ne doivent pas rester passifs devant la crise multidimensionnelle qui traverse le continent. En effet, en puisant dans ce qu'ils maîtrisent le mieux, c'est-à-dire leur culture, ils pourront trouver eux-mêmes des voies de sortie de crise. Mais il me semble que nous ne devons point rester passifs devant cette crise. Nous devons l'analyser et faire ressortir toutes les dynamiques et innovations en cours sur notre continent pour y faire face[5].

Le terme chefferie traditionnelle a été donné par les colons qui ont ainsi voulu requalifier les royaumes des peuples africains. Les rois sont tout simplement devenus des chefs traditionnels. La chefferie traditionnelle est en fait un héritage culturel et le roi n'est autre que le gardien des traditions ancestrales. « Dans la chefferie ainsi comprise, le chef est moins une personne physique qu'une autorité morale, gardienne et garante des traditions

---

4. Sa Majesté Jean Rameau Sokoundjou, « La chefferie traditionnelle dans une Afrique en crise : jalons pour une reconstruction », conférence présentée à l'Université de Lille I, 2000, Annexe I.
5. *Ibid.*

ancestrales, c'est-à-dire de cette culture millénaire qui a fait de nos chefferies un espace socio-économique et politique fondé sur la solidarité, la justice, la paix, bref de toutes ces valeurs qui fondent notre vivre-ensemble[6]. » Le pays bamiléké couvre, sur le plan administratif la région de l'Ouest, une grande partie du Nord-Ouest du Cameroun et une partie du Sud-Ouest. C'est une région montagneuse avec une altitude moyenne de 1 200 m. Le climat de cette région est tropical de type soudano-guinéen à deux saisons. C'est une région de forte densité de population. Historiquement, les hautes terres de l'Ouest, appelées aussi Grassfields, étaient des lieux de refuge. La brève présentation de la chefferie en pays bamiléké nous permet de retenir les éléments suivants :

- **Le système socio-politique** : le pays bamiléké est un assemblage plus ou moins hétérogène d'une centaine de chefferies indépendantes de taille démographique variable. Le territoire de la chefferie de Bamendjou s'étend sur 60 km² et compte environ 16 000 habitants. Il est situé à une quinzaine de kilomètres au Sud de Bafoussam, la capitale de la région de l'Ouest. La chefferie est dirigée par un roi encore appelé « fô » à qui la population doit obéissance et respect et qui, en retour, a pour obligation de protéger et de veiller au bien-être des habitants du royaume. Ce respect et cette obéissance tiennent au fait qu'il est le symbole de la transmission des valeurs ancestrales et le garant de l'unité du peuple. Les pouvoirs et attributions du roi sont importants, mais pas exclusifs puisqu'il dispose d'un conseil de notables, de personnalités et de diverses sociétés secrètes pour l'aider dans la gestion de son royaume, chacun étant habilité à agir dans un domaine bien précis de la vie sociale, économique, politique, culturelle et religieuse. Le roi doit s'assurer que toutes les sphères de son peuple ont participé à la prise des décisions, car il est le porte-parole du peuple et c'est la raison pour laquelle ses décisions sont proclamées en ces termes : « le peuple et le roi ont décidé que. »
- **Le pouvoir religieux** : pour l'efficacité de son règne, le roi dispose d'un pouvoir spirituel qu'il exerce jusqu'à sa mort. Il est en fait le gardien du culte des ancêtres et des pratiques spirituelles ancestrales. Les ancêtres sont vénérés et non adorés, car ils sont le lien du peuple

---

6. *Ibid.*

avec le monde invisible. Dans le domaine spirituel, le roi est assisté de sociétés secrètes qui se chargent d'agir dans des domaines divers comme la guérison, ou le combat des forces malveillantes.

- **Le système économique** : le roi doit veiller à la bonne utilisation de la terre et permettre qu'elle soit un vecteur de réussite socio-économique et de partage qui sont les valeurs éthiques du peuple bamiléké. Malheureusement, cette institution qu'est la chefferie sera déstructurée et réduite à sa plus simple expression par la colonisation de l'Afrique. En effet, l'un des objectifs majeurs de la colonisation étant de faire connaître aux sauvages d'Afrique la seule civilisation qui à l'époque était considérée comme valable, les éléments de la civilisation africaine considérés comme archaïques ou sauvages seront détruits et remodelés selon le référentiel anthropologique occidental. C'est dans cette logique que seront construits les états postcoloniaux avec le résultat désastreux que l'on connaît : coups d'états, mauvaise gestion, ajustements structurels, FMI, etc. Le véritable problème des états africains est qu'ils continuent de fonctionner sur le modèle colonial à une époque où la colonisation elle-même n'est plus d'actualité, ne serait-ce que dans les mœurs des populations. Le salut de nos états peut se trouver dans les valeurs africaines d'antan dont les chefs sont les garants comme :
  - *L'exercice responsable du pouvoir et la culture du consensus* : contrairement à la logique politique occidentale d'exploitation du plus faible, le pouvoir dans les chefferies est pouvoir partagé et de service. Les décisions doivent être prises de manière consensuelle. Ici, il est important de mettre tout le monde d'accord par la palabre et c'est le rôle du roi de s'en assurer.
  - *La promotion de l'acceptation de l'autre, des réseaux de vie et de la solidarité agissante* : au moment où, dans plusieurs pays d'Afrique, les guerres tribales font rage dans des pays reconfigurés par la colonisation, il est temps de cultiver ces valeurs propres à l'Afrique : la fraternité et la convivialité. Les chefferies s'organisent en mettant en place un réseau de solidarité qui accompagne les hommes et les femmes dans tous les évènements de leurs vies, de la naissance jusqu'à la mort.

Au travers de cette synthèse de la conférence de SM Sokoundjou, nous comprenons une fois de plus qu'il serait important de revenir aux valeurs dans lesquelles les peuples d'Afrique ont baigné avant la colonisation. En tant que chrétien, il nous importe de confronter ces valeurs et pratiques à la lumière de la Parole de Dieu pour exclure celles qui sont incompatibles.

2. Éléments pour une application dans le gouvernement de l'Église au Cameroun

Cet exposé du roi Bamendjou nous permet d'entrevoir quelques principes utiles pour la direction des communautés en Afrique :

- *L'accession au trône* est régie par trois principes : la lignée, l'accord des dieux et le peuple.
- Il y a des *contrepouvoirs* et le roi décide en accord avec son peuple. Ces contrepouvoirs sont par exemple le conseil des notables.
- Le roi dispose aussi d'un *pouvoir religieux.*
- Le roi doit *garantir la promotion économique.*
- Le principe de l'exercice du pouvoir est *la recherche permanente du consensus.*

De tout ce qui précède, nous pouvons retenir les principes suivants à appliquer à l'agir de l'Église :

a) *Sources de légitimité du responsable d'une communauté*

Selon Sa Majesté : « Trois sources de légitimité fondent son pouvoir : la lignée, l'accord des dieux et celui de son peuple[7]. » Ces sources de légitimité contribuent à donner force et autorité au pouvoir du roi. Dans l'Église on peut utiliser les mêmes sources de légitimité, mais en se basant sur le plan spirituel :

- **la lignée** : que celui qui veut diriger l'Église soit un enfant de Dieu. Selon Jean 1.12 : « Mais à tous ceux qui l'ont reçue, à ceux qui croient en son nom, elle a donné le pouvoir de devenir enfants de Dieu, lesquels sont nés, non du sang, ni de la volonté de la chair, ni de la volonté de l'homme, mais de Dieu. »

---

7. *Ibid.*

La foi en Christ fait du chrétien un enfant de Dieu. L'apôtre Paul ira plus loin lorsqu'il demandera que l'évêque ne soit pas un « nouveau converti » (1 Tm 3).

- **l'accord ou l'appel de Dieu** : pour diriger dans l'Église, il faut être appelé par Dieu et recevoir son onction. Selon Simon Bolivar Njami Wandji[8], dans la tradition judéo-chrétienne contenue dans la Bible, tout pasteur est censé passer par l'appel de Dieu avant son engagement au Saint ministère.

Cet appel est soit direct (comme pour Abraham, Moïse ou Matthieu), soit indirect ou encore imperceptible et demandant à être décodé.

Dans la Bible, ceux qui reçoivent l'appel de Dieu y répondent de diverses manières : soit positivement comme Abraham (Gn 12.4) ou Matthieu (Mt 9.9) ; soit avec réserve et parfois même résistance ou refus comme Moïse (Ex 4.10-17), Jérémie (Jr 1.4-10), Jonas (Jo 1.3). Il y a aussi des cas d'appels clairs de la part de Dieu, mais mal perçus par des candidats naïfs et mal expérimentés comme Samuel (1 S 3.19-21).

Le cas de David est signalé comme exemple d'une vocation précise ; David sera choisi par Dieu alors qu'il était encore tout jeune.

- **le peuple** : selon Simon Bolivar Njami Wandji, l'appel lancé par Dieu doit être senti et accepté par le candidat, mais aussi vérifié et approuvé par l'Église entière. Il est donc indispensable pour chaque Église d'avoir une commission permanente des ministères composée de ministres expérimentés, intègres et compétents.

Dans certaines Églises réformées, les chrétiens membres d'une communauté choisissent ou participent au choix de leur pasteur ; c'est le cas de l'EPC dans laquelle chaque communauté paroissiale peut choisir son pasteur par élection. Calvin insiste aussi sur le fait que chaque pasteur doit avoir son Église et que, dans le cas où il faudrait déplacer un pasteur de son Église locale, que cela soit fait dans l'ordre par l'autorité publique de l'Église[9].

En définitive, pour que le pasteur qui dirige une communauté paroissiale ait de l'autorité, nous retenons qu'il doit être un enfant de Dieu, être

---

8. Simon Bolivar Njami-Nwandi, *Traité de déontologie pastorale*, Yaoundé, Editions Clé, 2005.
9. Calvin, *L'Institution chrétienne*, p. 60.

appelé par Dieu et avoir l'approbation de l'Église, peuple de Dieu pour exercer son ministère.

b) L'exercice du pouvoir

Selon Sa Majesté Sokoundjou,

> Dans l'Afrique profonde, un roi traditionnel ne prend aucune décision importante sans consulter ses notables, organisés en plusieurs conseils dont celui des Neuf est de loin le plus puissant. Il arrive même qu'il ne soit que l'exécutant de ces conseils qui, à l'unanimité, décide de donner telle ou telle orientation à telle ou telle affaire. La recherche du consensus est, dans la conduite des affaires traditionnelles, un principe cardinal. Elle est le lieu par excellence du déploiement d'une démocratie vivante qui cherche à concilier et non à séparer, à mettre des adversaires d'accord, même sur leurs désaccords, pour reprendre la formule paradoxale du feu Président Félix Houphouet Boigny. La méthode utilisée pour y arriver, c'est la palabre africaine qui n'a rien à voir avec les joutes oratoires de nos assemblées nationales qui sont davantage des chambres d'enregistrement, des lieux où l'on parle et ment. Contrairement à l'État dit moderne où le pouvoir est une stratégie d'exploitation de l'autre, et surtout du plus faible, le pouvoir dans les chefferies traditionnelles est pouvoir partagé et pouvoir de service[10].

Pascal Aimé Mbokouoko précise cette idée de pouvoir partagé lorsqu'il dit :

> Il faut dire d'emblée, en parlant de la chefferie traditionnelle en pays bamiléké, qu'on ne saurait dissocier les aspects relatifs à sa structuration de ceux mettant en relief son fonctionnement car l'un participe de l'autre. En effet, chacun des éléments structurels n'existe qu'au travers de la fonction qu'il est appelé à jouer. Ces fonctions vont de la régulation de la communauté à sa régénération en passant par sa sécurisation, sa productivité, etc. Pris à part, chacun des éléments ne représente rien... Compris

---

10. Sokoundjou, « La chefferie traditionnelle dans une Afrique en crise ».

sous cet angle, on peut dire que cette institution est d'abord et avant tout un système avec des éléments interdépendants à des degrés variables. C'est aussi une unité, un tout composé de cercles et de fratries visibles et invisibles, latents et patents. La figure la plus visible de cette institution étant celle du chef, singulièrement appelé le Fo. C'est aussi un réseau dont tous les éléments convergent vers le Fo. Spécifiquement, c'est un réseau de renseignement, de solidarité, de soutien et de protection de la tradition. À côté du Fo, tout aussi visible que lui mais moins puissant et moins important, se trouvent ceux qui composent sa suite officielle à savoir les Wala et les tambueh. Il s'agit des notables inamovibles constitués en conseils des 7 et 9, des autres cercles de notables amovibles constitués des hommes préalablement sans titre dans la communauté et ennoblis par la suite (notables princes par exemple) et de tous les autres cercles, fratries (kuh'gang, laling, madjong) et associations initiatiques (nekang, yang yang) ou régulatrices qui gravitent autour du Fo et qui existent dans le village et participent de près ou de loin à l'administration, la protection spirituelle et physique, la construction, la régénération et la pérennisation de la communauté. De fait, toutes les structures qui fonctionnent en arrière-plan n'ont qu'une seule et même mission, à savoir travailler pour le rayonnement de l'institution et la préservation de l'ordre social d'abord et le progrès de la communauté ensuite. Chacune de ces structures travaille pour ce faire dans un domaine bien précis qui va de la gestion politico administrative avec le conseil des neuf à la transmission de l'élan vital de la communauté par les femmes en passant par la gestion mystico religieuse par le conseil des sept et les prêtes traditionnels, l'art et la préparation de la guerre par les Kuh'gang, mussugong et les Madjong[11].

La chefferie traditionnelle fonctionne donc selon un mode systémique. Le chef et les notables étant chargés de la coordination des activités dans l'ensemble du royaume. Toutefois, à eux seuls, ils ne suffisent pas pour accomplir

---

11. Pascal Aimé Mbokouoko, « La chefferie traditionnelle en pays Bamiléké. Structure et fonctionnement » *Ecovox*, no 38, 2007.

toutes les tâches, raison pour laquelle il existe une série de structures spécialisées réparties dans tous les domaines indispensables à l'harmonie et à l'épanouissement de la communauté. Les tâches sont bien réparties et chacun sait ce qu'il a à faire. De plus, il faut noter l'aspect spirituel sans lequel le chef aurait du mal d'une part à exercer son autorité et d'autre part à aller à l'encontre de sa mission. En effet, les nombreuses sociétés secrètes qui interviennent dans ce champ sont là pour rappeler tout le monde à l'ordre et le cas échéant rétablir l'ordre.

Dans l'Église, il existe le conseil paroissial composé du pasteur et des anciens de l'Église qui gouverne l'Église locale. Dans le Nouveau Testament, l'évêque était « assisté » ou accompagné par un collège de presbytre pour diriger l'Église locale. Dans la plupart des Églises réformées, le conseil paroissial travaille avec des comités censés s'occuper de domaines précis et distincts qui concernent l'animation de la vie de l'Église locale. De plus, dans chaque Église locale, il y a un certain nombre d'associations qui regroupent les chrétiens en fonction de leurs affinités : les femmes, les hommes, les jeunes, les enfants, les couples, les chorales, etc.

L'exercice du pouvoir dans les chefferies traditionnelles nous apprend que le chef ne doit pas diriger seul, il doit appliquer un leadership démocratique ou participatif tourné vers le service pour le bien de sa communauté. Le consensus est la règle en matière de résolution des conflits. La recherche du consensus a cet avantage qu'il donne à toutes les parties concernées le respect et la prise en compte de ses préoccupations.

c) *Promouvoir le bien-être de l'homme*

Selon SM Sokoundjou, l'un des rôles dévolus au roi consiste à veiller au bien-être de tous et de chacun :

> Le roi est le principal gardien et gérant de la terre qui constitue l'essentiel des moyens de production. C'est grâce à lui que le solitaire et celui qui réussit mieux que les autres ne sont pas suspects et que la compétition économique est une chose bénéfique. La culture populaire bamiléké consignée dans les dictons et les proverbes valorisent la production et la partage, le succès économique individuel et la compétition économique dans la

solidarité. Aussi chaque membre du corps social est-il par fonction créateur et distributeur de richesse[12].

Le pasteur comme responsable au sein d'une communauté doit penser à promouvoir le bien-être du chrétien. Le management d'une communauté chrétienne doit tenir compte des besoins et aspiration des chrétiens. L'Évangile doit être rendu concret pour transformer des vies. Selon P.-A. Giffard, « Jésus, à la suite de Jean Baptiste, exerce un ministère de proclamation en appelant au repentir en vue du salut[13]. » Son enseignement et sa vie permettent d'éclairer la question de la mission de l'Église locale :

> C'est la compassion et la miséricorde qui animaient son ministère ; il allait vers ceux et celles qu'on avait mis de côté. [...] À sa suite, les chrétiens sont appelés à porter un regard de compassion sur les personnes de leur entourage, particulièrement celles qui expérimentent la souffrance : matérielle, spirituelle, psychologique, relationnelle, sociale, politique, etc. [...] C'est ainsi que l'Église locale manifestera le Christ au monde[14].

Conclusion

Nous sommes partis à la recherche d'éléments de la culture africaine pouvant nous aider à élaborer un management des communautés chrétiennes en Afrique. L'entretien avec Sa Majesté Nyam Simb Calvin et l'exposé du roi des Bamendjou nous auront permis de trouver dans la tradition africaine des pistes pour le management d'une communauté paroissiale, à savoir :

- Trois sources de légitimité pour les pasteurs et tous ceux qui sont placés dans une position de responsabilité : la filiation spirituelle (être enfant de Dieu par la foi en Jésus-Christ), l'appel de Dieu ou la vocation et enfin l'approbation de l'Église peuple de Dieu.
- L'exercice du pouvoir qui doit être participatif et marqué par la recherche du consensus.

---

12. Sokoundjou, « La chefferie traditionnelle dans une Afrique en crise ».
13. Giffard, « Équipés pour la mission », p. 57.
14. *Ibid.*, p. 57-58.

- L'annonce de l'Évangile en fonction des besoins du milieu : prospérité, sécurité, harmonie, reconnaissance.
- L'importance d'une légitimité et d'une capacité à agir sur le plan spirituel. En effet, l'atout supplémentaire du chef est qu'il peut agir de et dans l'invisible. Le pasteur et l'Église locale doivent être le cadre de rencontre entre le spirituel et le matériel, le visible et l'invisible, en d'autres termes le cadre où l'on peut rencontrer et communier avec l'Éternel.

Cette étude nous aura aussi permis de constater à quel point la théorie systémique est utilisée dans l'anthropologie africaine. En effet, il n'est pas possible d'imaginer un seul instant au sein d'un peuple une entité qui évoluera à son gré, tout se fait en relation avec l'ensemble de la communauté. Mais la théorie systémique n'est pas la seule à être utilisée, car on constate que le réseau d'information utilisé chez les Bassa sert à orienter l'action du chef vers les besoins de ses sujets en tenant compte des réalités du milieu. La palabre est le socle du management en Afrique, car c'est le lieu par excellence des prises de décisions et il sert aussi à avoir une idée de l'actualité et donc à réorienter les actions de ceux qui dirigent. Il y a là une allusion à peine voilée à la théorie de la contingence. Il est surprenant de constater à quel point les organisations traditionnelles africaines étaient soucieuses du respect des besoins de chaque membre de la communauté. Les sociétés traditionnelles étaient soucieuses du bien de tous et ne donnaient aucune place à l'autoritarisme. Pour nous en convaincre, lisons attentivement cet extrait d'un article de Mouiche Ibrahim sur le *Nguon*, une cérémonie du peuple Bamoun au cours de laquelle le roi était interpellé sur sa manière de conduire son peuple :

> Grandes journées traditionnelles et culturelles du peuple bamoun, le mot « *Nguon* » ne peut pas être mieux traduit en français, à en croire un membre du Comité de suivi de l'application des recommandations des *Nguon* (CSARN). Et puis, à quoi bon traduire le terme ? […] Le *Nguon* est à la fois un instrument de pouvoir, de démocratie et de développement : mis sur pied dès la création du royaume, il était une grande fête au cours de laquelle on remettait chaque année en période de récoltes, son tribut à la cour du roi (maïs, mil, chèvres, poules, huile de palme et de nombreuses autres denrées). […] Mais le

peuple se rassemble autour de son souverain pour autre chose aussi ; notamment, l'interpeller, au travers des initiés membres des sociétés secrètes qui, entre deux *Nguon*, collectent des informations relatives aux manquements, à des dysfonctionnements, voire à des injustices dans le royaume. À un moment, le roi interpellé se lève et on plante devant lui la lance de la justice. « À ce moment, il n'est plus le roi. On lui dit ce qui s'est passé et on lui demande ce qu'il va faire pour y remédier ». Le roi réagit ensuite par un « discours du trône », généralement articulé en deux grands points : il répond aux interpellations du précédent *Nguon* et prend acte de celles qui lui sont faites. C'est quasiment une comparution devant le peuple. Et dire qu'on a parlé des conférences nationales comme des inventions des seuls États modernes[15] !

Le thème de l'édition 2004 était « La lutte contre la pauvreté et le sida ». Le public présent avait assisté à une sorte de jugement du roi (et de ses collaborateurs), qui s'était levé de son trône pour écouter le long réquisitoire des *Fonangouon*, les initiés chargés de lui dire ce qui ne va pas dans le royaume, et éventuellement lui demander des comptes. Ces derniers n'avaient pas été tendres avec le roi, les obsèques de sa mère ne s'étant pas déroulées conformément à la coutume, selon les *Fonangoun*, ce qui avait « apporté beaucoup de maladies et autres calamités dans le royaume ». Le roi s'en était tiré d'ailleurs avec une amende. Ces initiés s'étaient également plaints que certains notables vendent la terre aux étrangers sans autorisation, de façon quasi anarchique. Autres préoccupations : que comptait faire le roi contre la pauvreté, le banditisme, l'insalubrité dans certains villages du royaume ? Par ailleurs, il fallait redonner aux jeunes le goût de cultiver la terre, de retourner aux champs comme leurs parents le faisaient. Des notes de satisfaction avaient également été données : les *Fonangouon* s'étaient déclarés heureux que la lutte contre le sida ait gagné en intensité dans le pays bamoun ;

---

15. Mouiche, « Chefferies traditionnelles, culture et développement local au Cameroun », p. 3-4.

ils avaient en outre demandé au sultan de remercier le gouvernement pour les écoles japonaises dont le département a été doté. Sur le plan scolaire précisément, ils avaient donné quitus au roi d'aller plus loin, afin que le Noun obtienne davantage de collèges et de lycées. Après l'avoir félicité pour son initiative de planter 4 000 arbres et lui avoir recommandé de relancer le sport dans le Noun, les *Fonangouon* avaient autorisé le roi à se rasseoir sur le trône, marque de satisfecit[16].

Ainsi, nous comprenons qu'au sein des peuples africains, il y a une forte notion de pouvoir collégial. Bien plus, celui qui dirige, le fait pour le peuple dont il a la charge. Il nous faut plaider pour un retour à cette culture qui malheureusement a été banalisée pour la colonisation au point où les responsables de l'Afrique d'aujourd'hui sont une pâle copie du colon entouré de sauvages d'Afrique, ses propres frères. En effet, de nos jours, toute position d'autorité semble conférer à son titulaire la supériorité sur ses collaborateurs, comme se comportaient les colons vis-à-vis des Africains. De plus, on remarque des comportements qui n'ont rien à voir avec la culture africaine et qui tournent autour de l'individualisme et du profit matériel au détriment des relations humaines et de la solidarité. Il nous faut réfléchir à présent pour proposer un management cohérent, car la culture africaine a subi beaucoup de tentatives de nettoyage. Comment proposer un management qui tienne compte de la culture africaine dans une société fortement métissé ?

Selon la théorie de la contingence, la culture ne saurait à elle seule justifier de l'utilisation d'une méthode de management. Il y a lieu de voir dans quelle mesure la culture influence les choix en management et comment intégrer les autres facteurs d'influence dans une politique de management en direction de l'Église qui est au Cameroun.

---

16. *Ibid.*, p. 4-5.

CHAPITRE 8

Étude critique du management africain

Introduction

Face au constat selon lequel les entreprises africaines avaient du mal à connaître la croissance attendue, des chercheurs ont désigné le choc culturel comme responsable en établissant que des méthodes de gestion importées de certains milieux culturels ne peuvent pas s'appliquer intégralement à toutes les sociétés. À partir de ce principe, il y a eu d'importants travaux sur l'influence de la culture dans la gestion des organisations humaines. De cette préoccupation sur le nécessaire dialectique entre culture et management des organisations est né ce que l'on appelle « le modèle circulatoire africain de management » ou encore le management africain que nous étudierons à partir des travaux de Evalde Mutabazi et de C. Brooklyn Derr au sujet du management interculturel. Il s'agit d'un travail de recherche mené par Evalde Mutabazi dans 56 organisations dont :

> 36 entreprises privées, publiques ou filiales de multinationales en Afrique (Côte d'Ivoire, Congo, République démocratique du Congo, Niger, Rwanda, Sénégal) et 20 sièges ou unités de multinationales de différentes origines (Europe, États-Unis, Japon) en France. À partir des réponses de 309 questionnaires et de 1 226 interviews, et en se fondant sur sa connaissance des cultures

africaines et des modèles de management occidentaux, il fonde le modèle circulatoire africain[1].

Par la suite, ce modèle sera testé au Bénin, au Burundi, en République démocratique du Congo (RDC), en RCA (République centrafricaine), au Maroc et en Algérie. De l'avis de son promoteur, ce modèle répond le mieux à un management adapté à la culture africaine malgré sa diversité :

> Qu'il s'agisse du fonctionnement des communautés, des entreprises publiques ou privées observées en Afrique, ce modèle m'apparaît aujourd'hui comme un fond culturel et managérial commun des sociétés africaines, malgré la diversité qui caractérise ce continent. Il permet en effet de mieux comprendre les attitudes et les comportements des salariés et de mieux gérer les phénomènes organisationnels liés au choc des cultures africaines avec les modèles importés[2].

Ce modèle s'enracine dans la famille, le clan, l'oralité qui sont des notions que l'Africain intègre dès le bas âge. Toutefois, il convient de ne pas céder à la balkanisation culturelle des pratiques humaines qui serait le meilleur moyen d'affirmer que les hommes et les femmes sont différents dans leur nature ou dans leur essence. La culture à elle seule ne saurait suffire pour établir une différence d'application de méthode de gestion, car à l'intérieur d'un même espace culturel, les hommes et les femmes peuvent avoir des mécanismes de fonctionnement ou des rapports à la réalité différents. Il est évident qu'un citoyen X qui vit dans la pauvreté extrême, n'aura pas le même rapport à la réalité qu'un citoyen Y du même pays qui lui vit dans l'opulence. Cette autre posture sera exploitée par Patrick Bakengela Shamba, chercheur à l'Université Catholique de Louvain lorsqu'il a réalisé une étude critique du management africain à partir des travaux de Hernandez et sur la base de l'analyse des comportements dans deux entreprises du Congo Démocratique. Ces deux approches sont à notre avis complémentaires, car elles nous permettent d'apprécier à sa juste valeur l'influence de la culture dans le management des organisations humaines. De plus, à partir de ces théories, nous pouvons

---

1. Evalde Mutabazi, « Le modèle circulatoire de management africain », *Business digest*, no 157, novembre 2005.
2. *Ibid.*

confirmer la théorie de la contingence qui évoque, outre la culture, d'autres facteurs de contingence pouvant influencer la direction d'une organisation comme l'environnement socio-économique et politique, la taille de l'entreprise, la technologie utilisée, les différences individuelles.

A. Brève présentation du management africain

Evalde Mutabazi[3] postule que la conception managériale des peuples africains est bâtie autour des notions de clans et de familles. Pour lui, dès la naissance, chaque Africain est entraîné à reconnaître sa place dans son clan et à évoluer avec ses frères, aînés et parents dans ledit clan. Il s'agit d'une conception de la société en réseaux. Pour résumer cette conception, Evalde Mutabazi fournit le tableau sur la page qui suit.

Ce tableau résume bien l'approche circulatoire et nous permet de comprendre les sources de l'incompréhension entre les modèles importés de management et la culture africaine. En effet, on peut évoquer des différences fondamentales dans la conception managériale des organisations humaines :

- Dans le modèle occidental, en général, l'approche de la vie est en principe compartimentée ; on y fait par exemple une différence nette ou supposée entre vie privée et vie professionnelle. Cependant, dans le modèle africain, l'approche est plutôt intégrée ou corrélative, vie privée et vie professionnelle s'imbriquent, sans vraiment se mélanger mais sans être dissociée pour autant.
- Dans l'action, le modèle occidental privilégie la rationalité ; les actions sont réglées et formalisées sur l'atteinte d'objectifs et la production de résultats. Cependant, l'approche africaine accorde une grande place au relationnel. Les rapports avec les hommes et les femmes et la nature sont les éléments accompagnateurs de toutes actions.
- Dans le développement ou la prospérité, le modèle importé se préoccupe d'abord et surtout du développement individuel. Il est question de donner à l'Homme en tant qu'individu, un cadre de vie confortable. Par contre, le modèle africain privilégie le développement communautaire, car nul ne peut être heureux s'il est entouré de malheureux.

---

3. *Ibid.*

Tableau sur les principes et valeurs de la culture des peuples d'Afrique[4]

Principes	Valeurs
Parentalité : l'identité de chaque individu s'enracine dans le clan. On s'identifie par le fait d'être le fils « de » ; l'identité dépend ainsi du lien parental.	**Circulation des biens et des personnes :** au travers des dons et contre-dons et des visites aux autres pour bien les connaître et s'en faire connaître. La vie est faite de partage et d'entraide.
Relationalité : chaque membre de la communauté doit créer et développer un réseau de relations dans et à l'extérieur de son clan : **circulation de l'information.** Nul n'a le droit de vivre en vase-clos, et chacun est ce que sont ses relations.	**Circulation de l'énergie humaine :** au travers de la réciprocité des droits et des devoirs entre ceux qui se connaissent dans leurs clans et entre clans alliés. On Retrouve cette notion d'échange et de partage des responsabilités et des devoirs.
Verticalité et spiritualité : respect du « vieux » qui a l'expérience de la vie et est proche des ancêtres, et donc de Dieu. Les vieux sont ainsi vénérés car, ils peuvent transmettre bénédiction ou malédiction. Leur parole a une certaine puissance spirituelle.	**Circulation des informations et de l'énergie spirituelle :** le sage a le devoir de transmettre aux plus jeunes les enseignements qu'il a tirés de son expérience de la vie, tout au long de son histoire. Ici il y a la notion de transmission et même d'autorité. La légitimité revient à celui qui en sait plus que les autres.
Horizontalité : les « conscrits », ou groupes d'une même tranche d'âge, se retrouvent régulièrement pour s'informer mutuellement et apprendre les uns des autres : circulation des informations entre clans, mais aussi analyse critique qui peut déboucher sur la remise en cause du pouvoir vertical d'un ancien par les sages d'autres clans. On se fréquente plus facilement par tranche d'âge ou par position dans la lignée.	**Circulation des pouvoirs :** par les rites et célébrations au cours desquels les savoirs sont échangés entre clans alliés. Les rites et célébrations englobent aussi les relations entre le spirituel et le matériel.

---

4. *Ibid.*

- Enfin, la temporalité dans le modèle occidental est vécue avec une pression extrême, car elle est liée au profit qu'elle influence fortement. Cependant, dans le modèle africain, le temps se partage, il est investi dans les relations sociales qui sont les véritables sources de richesse.

Ce modèle a été testé dans plusieurs entreprises où il a fait ses preuves. Selon l'étude de Mutabazi, « dans le cas Soko, au Sénégal, un jeune cadre fraîchement issu d'une école occidentale de management s'est ainsi appuyé sur un vieil ouvrier modèle pour obtenir un niveau de productivité jamais atteint dans son entreprise, auparavant uniquement managée à l'occidentale (modèle bureaucratique)[5] ». Ce principe de management africain sera confirmé par Hernandez[6] qui mettra au point une théorie similaire qu'il a bâtie autour de ce qu'il appelle « la notion C », censée représenter le point focal de la vie des organisations humaines en Afrique : communauté, collaboration, coopération. Selon lui, toute organisation humaine qui évolue en Afrique doit tenir compte de cette notion si elle veut survivre et être productive. Il écrit :

> Ce modèle utilise la notion de facteur « C » introduite par L. Razeto (1991). Pour cet auteur, il n'y a pas que le capital et le travail à prendre en compte comme facteurs économiques, il existe aussi un « facteur C » (pour Coopération, Communauté, Collaboration) générateur de productivité et possédant une existence propre. Dans une entreprise classique, le but est de valoriser le capital, de le faire croître, de l'accumuler. Dans une entreprise organisée en fonction du facteur « C », le but est de le valoriser, en générant des revenus, mais aussi en intensifiant les relations au sein du groupe. […] L'accumulation de « facteur C », l'amélioration de la cohésion sociale ont une valeur en soi, indépendamment du fait qu'elles facilitent la bonne marche de l'organisation. Le management métis doit prendre en compte ce « facteur C » dont l'importance est indéniable dans les sociétés africaines[7].

---

5. *Ibid.*
6. Bakengela Shamba, « Existe-t-il un modèle de management spécifique à l'Afrique ? », p. 13.
7. Émile-Michel Hernandez et Emmanuel Kamdem, « Universalité ou contingence de l'enseignement de la gestion. Le cas de l'Afrique », *Revue française de gestion*, vol. 178-179, no. 9-10, 2007, p. 25-41, disponible sur : https://www.cairn.info/revue-francaise-de-gestion-2007-9-page-25.htm, consulté le 9 novembre 2021.

La présentation de ce modèle de management est problématique pour certains auteurs, car elle s'appuie sur des travaux faits par des Occidentaux et qui ne sont passés à travers un filtre ou un tamis empirique comme le dira d'ailleurs Patrick Bakengela Shamba :

> Il y a lieu de s'interroger sur la pertinence des concepts utilisés par Hernandez lorsqu'il élabore son « modèle implicite » en recourant à certaines constructions théoriques occidentales (Boltanski et Thévenot, 1989, 1991). Sa démarche est essentiellement déductive. Dans quelle mesure les constructions théoriques de Boltanski et Thévenot, eux-mêmes se basant sur des auteurs classiques occidentaux, sont-elles pertinentes pour l'Afrique : serait-ce parce qu'elles n'ont pas été vérifiées empiriquement bien qu'elles aient été tirés d'un rapprochement entre les études empiriques existantes en Afrique et les constructions de certaines théoriques occidentales ?[8]

De plus, il y a lieu de se demander si seul le facteur culturel est suffisant pour décider du choix d'une méthode en management des organisations humaines.

Notons que ce modèle est analogue à la théorie systémique, car la communauté ou l'entreprise sont conçues comme ayant des parties distinctes qui sont interdépendantes. L'individu lui-même ne peut s'isoler de sa communauté. C'est dans ce cadre qu'il a grandi en apprenant à compter sur ceux qui sont nés avant lui et en partageant ses expériences avec ceux de sa génération. Toutefois, la culture n'est pas le seul élément qui influence le vécu et le fonctionnement des organisations humaines. Il y en a d'autres et la théorie sur le management africain reste malheureusement focalisée sur la culture sans trop insister sur le contexte socio-politique qui oblige à considérer d'incontournables tensions comme par exemple la tension entre culture et société, pour ne citer que celle-là.

---

8. Bakengela Shamba, « Existe-t-il un modèle de management spécifique à l'Afrique ? », p. 14.

B. Critique empirique du management africain

Patrick Bakengela Shamba a mené une étude dans deux entreprises publiques en République Démocratique du Congo sur la base d'une enquête à partir d'entretiens sémi-directifs sur un échantillon de 54 employés de différents niveaux hiérarchiques (dirigeants, cadres et exécutants)[9]. Cette étude a été enrichie par les observations sur les lieux du travail, la tenue d'un journal d'enquête et l'analyse des documents et ce pendant 90 jours consécutifs.

Les entreprises à étudier ont été sélectionnées sur la base de trois critères[10] :

- Éléments d'homogénéisation du champ à observer : les entreprises visitées sont de même nature, elles sont publiques ;
- Éléments de différenciation ou de contraste : elles contrastent par leur statut et leur renommée ou encore leurs méthodes (bonne gestion pour l'une et gestion calamiteuse pour l'autre) ;
- Accessibilité de l'information qui doit être facilitée.

Les entreprises qui ont été retenues ont reçu les noms fictifs REGIDESO et ONATRA et sont toutes les deux classées comme entreprises à caractères industrielles et commerciales.

- ONATRA : crée en 1935, elle emploie 12 900 personnes et jouit d'une mauvaise réputation de gestion ;
- REGIDESO : crée en 1939, emploie 4 100 personnes et jouit d'une bonne réputation de gestion.

Les interlocuteurs ont été sélectionnés sur la base de deux critères[11] :

- L'approche multiacteurs qui tient compte de la diversité des positions hiérarchiques dans l'organisation ;
- L'approche multisites qui tient compte d'une variété de sites et d'activités dans l'organisation.

Le contexte externe des entreprises étudiées est le même :

Elles appartiennent totalement à l'État qui nomme et révoque les dirigeants et en assure le contrôle à travers le ministère de tutelle. Les travailleurs des deux entreprises sont soumis aux mêmes

---

9. *Ibid.*, p. 4-7.
10. *Ibid.*, p. 5.
11. *Ibid.*, p. 5-6.

contraintes culturelles et institutionnelles. Sans prétendre à l'exhaustivité et en suivant librement Kimona-Mbinga (2002) nous pouvons identifier trois variables du contexte externe pour les travailleurs dans les deux entreprises : le haut niveau de chômage, l'absence de mécanismes formels de sécurisation sociale et la primauté de la sphère politique dans la vie sociale[12].

Parti de l'hypothèse selon laquelle « le haut niveau du chômage, l'absence de politique de création d'emploi au niveau de l'État influencent les pratiques de recrutement[13] », Bakengela Shamba a posé le problème suivant : « est-ce que la nature du rapport des acteurs au contexte interne (dans les deux entreprises) affecte-elle la manière dont le contexte externe influence les pratiques de gestion dans l'entreprise ?[14] »

L'analyse a révélé un contraste dans le contexte interne des deux entreprises :

- L'état des lieux dans les deux entreprises : à l'ONATRA, le matériel est vétuste et les bâtiments mal entretenus ; à la REGIDESO, les bâtiments sont bien entretenus et le matériel de travail est adéquat ;
- Les conditions d'organisation du travail : à la REGIDESO, le travail est organisé autour de la direction participative par objectifs (DPO) ; les employés sont régulièrement payés avec un salaire supérieur à la moyenne. Les employés sont encadrés socialement par un certain nombre de mesure (aide pour les rentrées scolaires, construction, véhicule, etc.). À l'ONATRA, l'administration est manuelle. Il y a des retards de paiement des salaires pour les employés dus à certaines difficultés de gestion interne liées notamment à la taille de son personnel et à la diminution de son volume de production. Cet état de fait a créé chez les employés un esprit d'initiative privé au point où certains employés font du commerce à l'intérieur de l'entreprise.

Les politiques de recrutement à l'ONATRA et à la REGIDESO sont basées sur les mêmes types de règles[15] :

---

12. *Ibid.*, p. 8.
13. *Ibid.*, p. 8-9.
14. *Ibid.*, p. 9.
15. *Ibid.*, p. 10-11.

- La procédure : expression des besoins par les départements utilisateurs et campagnes publicitaires, réception des candidatures, présélection sur la base des critères requis, entretiens puis transmission au comité de gestion.
- Le contenu : le recrutement du personnel est lié au niveau d'études.
- Logique : à la base de différentes règles de recrutement se trouve le souci d'associer le niveau de qualification du candidat (formation) au niveau de responsabilité du poste à assumer par les postulants.

La réalité sur le terrain a permis de constater que[16] :

- À l'ONATRA, les offres d'emploi ne sont pas largement diffusées dans les médias de manière à atteindre un grand public. L'information à propos des offres d'emploi est limitée à une poignée d'acteurs de la direction ou du service utilisateur et est diffusée souvent de bouche à oreille. Le processus de recrutement est caractérisé par la prédominance des recommandations dites « politiques » avec de toute évidence l'abandon des critères objectifs de compétence dans l'organisation des tests d'embauche, et l'émergence de nouveaux critères liés à la nature des acteurs dans le système d'action dominant.
- À la REGIDESO, pendant la période de stabilité des dirigeants (de 1972 à 1997) on recourait à des organismes externes pour l'organisation des concours d'embauche, l'information était largement diffusée dans les médias et il existait aussi des recommandations politiques, mais elles n'étaient pas considérées comme importantes. La stabilité du dirigeant de la REGIDESO et le soutien obtenu auprès de la présidence de la République ne permettaient pas à un acteur politique (ministre de tutelle) de menacer de suspension ce dirigeant. L'instabilité des dirigeants à la REGIDESO a commencé à la suite du changement du régime politique. À l'implantation du nouveau régime politique en 1997, tous les anciens dirigeants ayant travaillé à l'époque de l'ancien régime de Mobutu ont été limogés et remplacés provisoirement par des équipes de direction provisoire pour une durée théorique de trois mois mais qui, en pratique, ont accompli de trois ans de gestion provisoire. Entre 1997 à 2007, la REGIDESO

---

16. *Ibid.*, p. 11-12.

a connu huit changements des équipes dirigeantes et sa situation est devenue comparable à celle de l'ONATRA qui avait toujours connu les instabilités de ses équipes dirigeantes.

Conclusion

Les données analysées par Bakengela Shamba ont permis de constater que deux entreprises publiques ayant la même tutelle politique et évoluant dans un même environnement culturel (externe) affichaient des pratiques de gestion différentes. Il explique cette différence à partir de trois éléments : « L'accessibilité des acteurs aux ressources internes et externes, la nature des jeux de pouvoir dans l'organisation et la nature des règles et des routines dominantes dans l'organisation[17]. »

---

17. *Ibid.*, p. 15.

Conclusion de la quatrième partie

Nous sommes partis à la recherche d'éléments culturels pouvant permettre l'élaboration d'un management adéquat pour une Église locale en Afrique. De nos recherches sur la manière dont la culture africaine envisage le management des communautés, nous avons retenu les éléments suivants :

- trois sources de légitimité pour tous ceux qui sont placés dans une position de responsabilité : la filiation spirituelle (être enfant de Dieu par la foi en Jésus-Christ), l'appel de Dieu ou la vocation et enfin l'approbation de l'Église peuple de Dieu.
- L'exercice du pouvoir qui doit être participatif, marqué par la recherche du consensus et un recours à la spiritualité.
- L'annonce de l'Évangile en fonction des besoins du milieu : prospérité, sécurité, harmonie, reconnaissance.

Le management africain se veut une relecture du management selon la culture africaine. Or, il se focalise sur la culture qui n'est pas la seule donnée existentielle des membres d'une organisation. Une organisation dépend à la fois de ses réalités internes comme ses objectifs, sa structure, ses conflits tout comme elle dépend aussi de la réalité externe qui concerne l'environnement socio-politique. Il a été établi de manière empirique que tous les hommes et les femmes d'une même culture n'ont pas le même rapport à la réalité. Leur capacité d'accès au bien-être peut être un facteur de différenciation des actions. Ainsi, nous pouvons dire que la culture doit être couplée avec la réalité environnante dans ses aspects politique, économique, social, technologique et même historique. Nous trouvons là une confirmation de la théorie de la contingence dans le management des organisations à appliquer à l'Église.

Pour proposer un management qui convienne à l'Église qui est au Cameroun, il ne suffira pas de présenter les aspects de la culture, il faudra en plus de la culture tenir compte de la spécificité de l'Église locale sur le plan économique, politique, social et même historique. La méthode SWOT préconisée par P.-A. Giffard sera de mise ici. Toutes ces théories seront inappropriées si elles ne tiennent pas compte de la théologie chrétienne. En effet, les Églises locales issues de la Réforme ont une particularité historique et doctrinale qu'il nous faut à présent re-découvrir.

Cinquième partie

Référentiel théologique

Les principes ecclésiologiques de la Réforme

Introduction

Selon l'*Encyclopédie du protestantisme* : « L'ecclésiologie thématise donc le lieu où Dieu est connu en tant que révélation et révélé [...] l'ecclésiologie traitera des charismes et des ministères, de son statut théologique et juridique, ainsi que du problème de l'unité de l'Église dans une chrétienté divisée[1]. »

Dans la grande famille chrétienne, il y a plusieurs courants de pensée qui se côtoient ou s'affrontent au sujet de la nature de l'Église, de sa mission, de son organisation et de son gouvernement entre autres. Dans le cadre de ce travail, nous voulons nous intéresser au mouvement de la Réforme, qui a modifié l'histoire de l'Église au XVIe siècle. En effet, lorsque, le 31 Octobre 1517, Martin Luther, un moine allemand, affiche sur les portes de l'Église du château de Wittenberg en Allemagne, les 95 thèses au sujet des indulgences, il déclenche une autre phase du vaste mouvement de remise en question et de reformulation de la dogmatique et de la praxis de l'Église qui a cours depuis le XIe siècle. Avant Martin Luther, il y avait en effet un mouvement de remise en question dans l'Église, comme le dira Geoffroy de Turckheim : « Ces différents mouvements de refondation religieuse qui ont perturbés la vie de l'Église, avant même l'apparition du protestantisme, ne sauraient faire l'objet d'un recensement exhaustif [...]. Les vaudois qui tiennent leur nom de leur leader Pierre Valdo, riche marchand lyonnais gagné à l'idéal de la pauvreté, les lollards, disciples de John Wyclif, prêtre et professeur à Oxford, ou encore les Hussites, partisans de Jean Hus...[2] » Le contexte de l'époque de Luther était marqué par l'autoritarisme et le matérialisme du clergé, qui ont entraîné un

---

1. Klauspeter Blaser, « Ecclésiologie », dans Pierre Gisèle, sous dir., *Encyclopédie du protestantisme*, Paris-Genève, Editions du Cerf, Editions Labor et Fides, 1995, p. 444.
2. Geoffroy de Turckheim, *Comprendre le protestantisme. De Luther aux évangéliques*, Paris, Éditions Eyrolles, 2006, p. 12.

recul de la piété, et la mise en place de pratiques non conformes à la parole de Dieu comme les indulgences : « Le reste de l'Église dirigeante ne comptait pas davantage pour la masse des fidèles, qui connaissaient peu leurs évêques, plus souvent à la cour des princes que dans les diocèses. Abandonnés à eux-mêmes, curés et religieux étaient dans un décri général[3]. » La démarche de Luther, qui vise à réformer l'Église, ne sera pas acceptée par la hiérarchie de l'Église entraînant une déchirure comme le dira l'historien Pierre Chaunu : « Si la Réformation est historiquement rupture, elle s'est voulue correction d'une dérive, appel à la continuité vraie contre une fausse continuité[4]. » On assista à la naissance de ceux que l'on appela alors « les protestants », c'est-à-dire ceux des chrétiens qui ont choisi d'adhérer au mouvement de la Réforme initié par Luther et d'autres. La Réforme de l'Église visait à ramener l'Église à la conformité à la Parole de Dieu dans tous les aspects de son « agir » comme le dit Jacques Blandenier : « Les réformateurs n'ont et ne veulent avoir aucune autre source normative que la Bible pour élaborer leur doctrine de l'Église[5]. » Le constat de l'époque était marquée par l'idée selon laquelle l'Église s'en était éloignée, comme le dira G. de Turckheim : « Ces caractéristiques communes concernent principalement la Bible, l'autorité du pape, le rôle des laïcs, la question du salut et d'une manière plus générale, l'état moral et spirituel de l'Église qui apparaît bien affaibli aux yeux d'une majorité de ses membres[6]. » Bien qu'il y ait eu une abondante production théologique réformée sur les questions concernant l'Église et son gouvernement, nous aborderons dans le cadre de ce travail l'ecclésiologie des réformateurs. Notre travail s'articulera principalement autour de la pensée de deux réformateurs : Martin Luther, l'initiateur, et Jean Calvin, l'organisateur.

Martin Luther et Jean Calvin sont souvent présentés comme les premiers à avoir pensé et mis en forme le protestantisme. Ils s'accordent sur la plupart des points théologiques, comme le dit Jacques Blandenier : « Il est évident que Martin Luther et Jean Calvin sont à l'unisson des thèmes théologiques les plus stratégiques, les plus décisifs sur le protestantisme[7]. » On peut remarquer

---

3. Émile G. Léonard, *Histoire générale du protestantisme*, Paris, Quadrige, PUF, 1988.
4. Jacques Blandenier, *Martin Luther et Jean Calvin, Contrastes et ressemblances*, Dossier vivre 29, Genève, Editions Je Sème, 2008, p. 175.
5. *Ibid*, p. 176.
6. De Turckheim, *Comprendre le protestantisme*, p. 13.
7. Blandenier, *Martin Luther et Jean Calvin, Contrastes et ressemblances*, p. 8.

quelquefois des nuances qui peuvent surtout être considérées, selon nous, comme l'évolution de la pensée théologique liée au contexte de chacun d'eux. Nous avons donc voulu étudier ce qu'ils ont dit et écrit au sujet de l'Église et des ministères qui doivent exister au sein d'une Église locale.

CHAPITRE 9

La pensée de Martin Luther

Introduction

Né en 1483 à Eisleben en Allemagne, Martin Luther entre au couvent des augustins à Erfurt en 1505. Selon son propre témoignage, il aurait traversé une grave crise intérieure dont il émerge en découvrant la justification par la foi[1]. En effet, c'est la lecture de l'Épître aux Romains qui lui fait changer complètement d'orientation théologique[2]. En 1512, il est docteur en théologie à Wittenberg. Le débat sur les indulgences en 1517 le fera connaître au grand public (en théologie catholique, les indulgences sont des actes de l'Église permettant de remettre une peine qui a été infligée à un fidèle à la suite d'une faute considérée comme un pêché ; elles pouvaient également remettre quelques années de purgatoire, temps nécessaire de purification préalable à l'entrée au paradis infligées aux défunts coupables de graves péchés durant leur vie terrestre)[3]. Marié en 1525, il va enseigner à l'université de Wittenberg jusqu'à la fin de sa vie en 1546. À travers ses œuvres écrites, nous allons faire ressortir l'essentiel de sa pensée sur l'Église et l'exercice des ministères.

---

1. De Turckheim, *Comprendre le protestantisme*.
2. *Ibid.*, p. 25.
3. *Ibid.*, p. 23.

A. L'Église selon Luther

La pensée de Luther sur l'Église selon nous pourrait être résumée en deux grands points : l'Église est le cadre idéal pour la prédication de la Parole de Dieu et une assemblée de chrétiens ou une sainte communauté.

1. Le cadre idéal pour la prédication de la Parole

La définition et les caractéristiques que Luther donne à l'Église accordent la première place à la prédication de la Parole, car pour lui une communauté chrétienne est reconnaissable au fait qu'on y prêche l'Évangile : « C'est à l'Évangile qu'on reconnaît d'une façon certaine où se trouve le Christ et son armée[4]. » Selon Raphaël Picon, « la nouveauté, l'apport, la singularité de la Réforme, du protestantisme dans cette conception de l'Église, sera de dire que c'est par la Parole de Dieu qu'il y a Église, et c'est cette Parole et cette Parole seule qui fait que Dieu se lie à l'humanité[5] ». Luther sera l'un des pionniers de cette conception de l'Église avec comme évènement central la prédication de la Parole de Dieu. Cette prédication de la parole de Dieu n'est pas le fait de l'action unique ou unilatérale des hommes, mais plutôt l'action de Dieu lui-même par le Saint-Esprit.

En effet, le rôle du Saint-Esprit est très important pour Luther, car « ni toi, ni moi, nous ne pourrions rien savoir du Christ ni croire en lui et le recevoir comme Seigneur, si, par la prédication de l'Évangile, le Saint-Esprit ne nous offrait ces choses et ne nous les plaçait dans le cœur comme un don[6] ». Dans le même sens, il pense que l'Église est un rassemblement de personnes ayant répondu à l'appel du Saint-Esprit par l'Évangile. C'est le Saint-Esprit qui éclaire, sanctifie et accorde des dons à toute la communauté chrétienne. Le rôle de l'Église est donc l'enseignement, l'entretien, la formation et le perfectionnement à partir de la Parole de Dieu.

Luther distingue aussi la vraie de la fausse Église et, pour lui, les marques de la vraie Église sont les suivantes : la Parole de Dieu, les deux sacrements,

---

4. Martin Luther, « Qu'une assemblée ou communauté chrétienne a le droit et le pouvoir de juger toutes les doctrines, d'appeler, d'installer et de destituer des prédicateurs », dans Œuvres, T4, Genève, Labor et Fides, 1956, p. 81.
5. Ibid., p. 488.
6. Martin Luther, Œuvres, T7, Genève, Labor et Fides, 1962, p. 94.

le pouvoir des clés, la vocation et l'ordination de pasteurs et d'évêques, la prière et la croix[7].

Selon Luther, « la Jérusalem d'en haut, la Jérusalem céleste est l'Église du temps présent et nullement le pays de la vie à venir[8] ». À partir de cette citation, on peut comprendre l'importance que Luther accorde à l'Église. Pour lui, en effet, « l'Église n'est pas née de la volonté ou de la décision des êtres humains qui la composent, elle est creatura verbi divini, elle est création de la parole de Dieu, de l'Évangile[9] ».

Nous comprenons que le principe de la justification par la foi a remis en cause chez Luther la conception et la pratique de la notion d'Église telles qu'admises à son époque. En effet, selon la tradition catholique de son époque, l'Église était médiatrice entre les hommes et Dieu comme le dira le Pr Picon :

> Ainsi, l'institution ecclésiale, l'Église, va donc être indispensable pour que se produise l'événement de la rencontre entre Dieu et l'homme. On peut dire que l'Église est médiatrice de la Parole de Dieu et qu'elle opère ce lien entre Dieu et le fidèle. On peut dire que dans le système catholique romain, le prêtre relève d'une nécessité d'ordre théologique. Il faut l'institution de l'évêque, il faut qu'il y ait évêque, et par là même, bien sûr, prêtre comme participant du ministère de l'évêque, pour qu'il y ait Église et qu'à travers cette Église, un lien puisse s'établir entre Dieu et l'humanité[10].

La Parole de Dieu révélée à travers la Bible régit, règlemente et coordonne la vie de l'Église. Il est donc important qu'il y ait des hommes capables de remplir le ministère dédié à l'annonce de la Parole de Dieu à travers l'enseignement de la Bible. Le rôle de l'Église sera de mettre les hommes en contact avec la Bible.

---

7. Matthieu Arnold, « Luther avant et après 1525 constances et évolutions dans la théologie du Réformateur », dans *Luther et la Réforme, 1525-1555 : le temps de la consolidation religieuse et politique*, coll. Questions de civilisation, Paris, Éditions du temps, 2001.
8. Léopold Shümmer, *L'ecclésiologie de Calvin à la lumière de l'ecclesia mater*, Berne, Éditions Peter Lang, 1980, p. 190.
9. Gisel, *Encyclopédie du protestantisme*, p. 484.
10. *Ibid.*

2. Une sainte communauté

Dans ses œuvres écrites, on constate que Luther s'adresse plus au chrétien qu'à l'Église comme institution. On lit en effet à travers ses écrits que pour lui, l'Église est un regroupement de chrétiens. L'Église est donc la communauté qui a la charge de répandre la Bible par le biais du Saint-Esprit ; l'Église est une communion de saints. Dans son grand catéchisme, Luther explique que le terme « ecclesia » signifie « assemblée ». Par contre, il pense que les gens de son époque se sont accoutumés à désigner l'Église par le terme « kirche » qui signifie le local consacré où l'assemblée se réunit ; pour parler d'Église, le terme le plus approprié est assemblée commune comme il le dit lui-même : « En bon allemand et dans notre langue maternelle, il faudrait dire : une communauté ou une assemblée chrétienne ou, ce qui serait le mieux et le plus clair : "une sainte chrétienté" […] pour s'exprimer en bon allemand, il faudrait dire : "communauté des saints"[11]. » Pour Luther, l'Église est une sainte communauté sur terre puisqu'il confesse : « Je crois qu'il y a sur la terre une sainte petite troupe, une sainte communauté, formée uniquement de saints sous un seul chef, le Christ, appelés et rassemblés par le Saint-Esprit, dotés d'une même foi, des mêmes sentiments et d'une même pensée, ayant reçu des dons différents, mais unis dans l'amour, sans sectes ni divisions[12]. »

Pour lui, l'Église forme un seul corps :

> …tous les chrétiens appartiennent vraiment à l'état ecclésiastique ; il n'existe entre eux aucune différence, si ce n'est celle de la fonction, comme le montre Paul en disant (1 Cor 12) que nous sommes tous un seul corps, mais que chaque membre a sa fonction propre, par laquelle, il sert les autres, ce qui provient de ce que nous avons un même baptême, un même évangile, et une même foi et nous sommes de la même manière chrétiens car ce sont le baptême, l'Évangile et la foi qui seuls forment l'état ecclésiastique et le peuple chrétien[13].

Pour Luther, la qualité de membre dans l'Église est conférée par ces trois éléments : foi, Évangile et baptême. Le chrétien, membre de l'Église est donc

---

11. Luther, Œuvres, T7, p. 96.
12. Ibid., p. 97.
13. Luther, Œuvres, T2, p. 84.

toute personne capable de réunir ces trois éléments à la fois. Il considère que le chrétien a deux natures : la nature spirituelle et la nature corporelle.

Pour sa nature spirituelle, seule la Parole de Dieu qu'il nomme encore « Évangile » est nécessaire et même indispensable : « Il est certain que l'âme peut se passer de tout, à l'exception de la Parole de Dieu, sans laquelle, rien ne lui est utile. Si elle a cette Parole, elle est riche, elle ne manque de rien…[14] » Luther assimile même l'âme humaine à l'Église lorsqu'il dit : « Ainsi, par les arrhes de la foi en Christ, son époux, l'âme fidèle est affranchie de tout péché, à l'abri de la mort et assurée contre l'enfer, gratifiée de la justice éternelle, de la vie et du salut en Christ son époux[15]. »

L'homme corporel, physique ou extérieur, est le prolongement de l'homme intérieur en ce sens que : « Il n'en demeure pas moins dans cette vie mortelle et terrestre : il faut qu'il y gouverne son propre corps et qu'il fréquente ses pareils… Il faut avoir soin d'exercer le corps par des veilles, des travaux et de le subordonner à l'esprit pour qu'il obéisse à l'homme intérieur et à la foi et qu'il leur soit conforme[16]. »

Cette idée de la double nature de l'homme fera distinguer à Luther deux sortes de chrétienté et même d'Églises : l'Église invisible et l'Église visible. Il les définit ainsi : « La première qui est naturelle, fondamentale, essentielle et authentique, nous la dirons une chrétienté spirituelle, intérieure ; la seconde qui est fabriquée et extérieure, nous la dirons une chrétienté corporelle » tout en précisant « non que nous entendions les séparer l'une de l'autre[17]. » Les deux formes de chrétienté étant liées : « Si la chrétienté corporelle et extérieure est à distinguer de cette chrétienté spirituelle et intérieure, les deux sont cependant liées car elles vivent de l'évangile[18]. »

Luther va s'attaquer ainsi à l'infaillibilité du pape et de manière implicite à celle de qui que ce soit au sein de l'Église : « de même le pape ne peut avoir seul toujours raison, si l'article "je crois en la Sainte Église chrétienne" est bien fondé ; ou alors, il nous faudra prier "je crois au Pape de Rome", et réduire ainsi l'Église chrétienne à un seul homme, ce qui n'est rien d'autre

---

14. *Ibid.*, p. 278.
15. *Ibid.*, p. 283.
16. *Ibid.*, p. 289.
17. *Ibid.*, p. 26.
18. Peter Eicher, sous dir., *Nouveau dictionnaire de théologie*, Paris, Éditions du cerf, 1996.

qu'une erreur diabolique et infernale[19]. » La position de Luther sur ce sujet le conduit à confier à la communauté chrétienne le « pouvoir d'apprécier et de juger le vrai et le faux dans le domaine de la foi[20] ». De cela découle le fait qu'il appartient à chaque chrétien de défendre la foi chrétienne par la « convocation d'un concile ». Luther cultive l'idée très forte de cette communauté qui regroupe les enfants d'un même Père, égaux et utiles au même titre.

Il y aura chez Luther la nécessité pour la communauté chrétienne de mettre en place des mécanismes pour avoir des docteurs et des prédicateurs dans la perspective d'un enseignement correct de la Parole. La communauté chrétienne doit discerner parmi ses membres celui, celle ou ceux qui ont reçu du Seigneur le don d'enseigner, les appeler, le leur proposer et les installer dans cet office : « De même, nous lisons en Actes 6 que pour un ministère de bien moindre importance, les apôtres eux-mêmes n'osaient pas établir quelqu'un comme diacre sans que la communauté le sache et le veuille ; mais c'est la communauté qui choisit et appela les sept diacres, et les apôtres le confirmèrent[21]. »

Notons que la pensée de Luther sur l'Église va connaître une nuance après 1525, car désormais il distingue le pouvoir spirituel du pouvoir temporel. En effet, pour Luther, l'Église ne doit plus confondre les sphères spirituelles et temporelles. Son autorité se limite à la sphère spirituelle tandis que la sphère temporelle appartient au pouvoir civil. Selon Pierre André Bois, cette réorientation intervient à la suite des incidents de 1525 marqués par la révolte des paysans de Souabe contre la noblesse. « Pour lui, la véritable Église est invisible, elle rassemble les chrétiens, il dit les bons. Mais, la révolte des paysans avait montré que la chrétienté terrestre était constituée de bons et de méchants. Or, la doctrine de l'Église n'avait de sens que si tous les baptisés étaient de bons chrétiens. C'était une utopie de moine, elle n'était pas applicable à la société réelle[22]. » Luther doit faire face au désordre provoqué par le peuple en rappelant un devoir de discipline qui incombe au chrétien quelle que soit la liberté que lui offre son statut d'enfant de Dieu : « Au lendemain de la guerre des paysans, Luther s'était convaincu que les réformes ne pouvaient pas se développer dans le cadre des communautés de foi et que le prince

---

19. *Ibid.*, p. 90-91.
20. *Ibid.*, p. 91.
21. *Ibid.*, p 88-89.
22. Pierre-André Bois, « De l'Église invisible aux Églises évangéliques territoriales », dans Luther, *Œuvres*, T4.

(Landesherr) devait reprendre à son compte [...] les responsabilités jusque-là dévolues aux évêques, remplissant ainsi la fonction de Notbischof[23]. » Le réformateur confronté au problème de la discipline au sein des communautés chrétiennes va choisir de confier l'autorité au prince au lieu d'instaurer un système de discipline propre à l'Église : « C'est pourquoi, il importe de bien distinguer ces deux formes de gouvernement et de les laisser subsister toutes les deux, l'une qui rend paisible et l'autre qui assure la paix par des moyens extérieurs et qui fait obstacle aux mauvaises actions. Aucune d'elle ne saurait suffire à elle seule dans le monde. Car en dehors du gouvernement spirituel du Christ, personne ne peut devenir juste devant Dieu par le moyen du gouvernement temporel[24]. » Il est vrai que dans son contexte plusieurs princes étaient acquis à sa cause et donc membres des Églises de la Réforme.

B. Les ministères au sein de l'Église locale

Pour Luther, la communauté chrétienne doit être le cadre d'expression des divers dons du Saint-Esprit et cela s'appuie sur deux grandes idées : le sacerdoce universel d'une part et l'ordre et la discipline d'autre part.

1. Le sacerdoce universel

Pour Luther, les ministères doivent exister selon le principe du sacerdoce universel qui selon lui stipule que « tous sont prêtres à égalité, la séparation entre clergé et laïcat tombe, avec toutes ses conséquences,... Le pasteur ne diffère donc des autres chrétiens que par la tâche de proclamation de la parole et d'administration des sacrements,...[25] ».

Selon Raphaël Picon, la pensée de Luther suggère que tous les chrétiens sont égaux et peuvent donc tous exercer un ministère dans l'Église :

> J'aimerais vous lire un texte polémique de Luther, qui est un texte pamphlétaire, car ses textes sont écrits pour susciter la discussion, ce sont des textes de rupture. C'est un texte adressé à la noblesse allemande en 1520, qui aura un retentissement énorme dans tout l'empire : « On a inventé que le pape, les évêques, les

---

23. *Ibid.*
24. Luther, *Œuvres*, T4, « De l'autorité temporelle », p. 29.
25. Gisel, *Encyclopédie du protestantisme*, p. 1127.

> prêtres, les gens des monastères seraient appelés l'état ecclésiastique ; les princes, les seigneurs, les artisans et les paysans, l'état laïc. Ce qui est certes une fine subtilité et une belle hypocrisie. Mais personne ne doit se laisser intimider par cette distinction, pour cette bonne raison que tous les chrétiens appartiennent véritablement à l'état ecclésiastique. Il n'existe entre eux aucune différence, si ce n'est celle de la fonction, car ce sont le baptême, l'Évangile et la foi qui seuls forment l'état ecclésiastique et le peuple chrétien. Ce que fait le peuple ou l'évêque, l'onction, la tonsure, la consécration, le costume différent de la tenue laïque, peut transformer un homme en cagot ou en idole barbouillée d'huile, mais ils ne font pas le moins du monde un membre du sacerdoce ou un chrétien. En conséquence, nous sommes absolument tous consacrés prêtres par le baptême[26].

L'Église selon lui est un peuple, une grande famille dans laquelle il n'y a pas de classes exclusives, mais plutôt des personnes égales remplissant des rôles différents. Il va plus loin en reconnaissant aux chrétiens qui occupent des fonctions dans la vie civile une autorité ecclésiastique : « Mais puisque le pouvoir temporel est baptisé tout comme nous et qu'il a la même foi et le même Évangile, nous devons les laisser être prêtres et évêques et tenir leurs fonctions pour légitime et utile à la communauté chrétienne[27]. »

Ainsi, Luther reconnaît au pouvoir temporel l'autorité pour corriger le clergé et tout le peuple chrétien : « Puisque l'autorité temporelle a été instituée par Dieu pour châtier les méchants et protéger les bons, on doit laisser son action s'exercer librement et sans entraves à travers tout le corps de la chrétienté sans considération de personne, qu'il s'agisse du pape…[28] »

Le ministère de la prédication est le ministère le plus élevé ou encore « celui dont les autres découlent et dépendent[29] ». Toutefois, pour Martin Luther, il ne peut y avoir d'autorité au milieu des chrétiens en tant qu'autorité supérieure : « Parmi les chrétiens, il ne doit et il ne peut y avoir aucune

---

26. *Ibid.*
27. Luther, *Œuvres*, T2, p. 86.
28. *Ibid.*, p. 87.
29. *Ibid.*, p. 89.

autorité, mais, tous sont soumis les uns aux autres[30]. » Ainsi, prêtres et évêques exercent plutôt un service et une fonction et « leur gouvernement consiste à mettre en œuvre la Parole de Dieu pour conduire, avec son aide les chrétiens et triompher de l'hérésie[31] ».

Les ministres sont d'ailleurs ordonnés et agiront en tant que tels au nom de la communauté et non du Christ. Dans la pensée de Luther, le pasteur n'est pas un médiateur entre Dieu et son peuple, il n'est qu'un ministre, un serviteur agissant selon l'autorisation de la communauté.

2. L'ordre et la discipline dans la gestion des ressources de l'Église

La pensée de Luther sur les ministères est influencée par sa découverte de l'épître de Paul aux Romains en ce qui concerne la justification par la foi d'une part, et d'autre part, les abus et dérives du clergé de son époque. Luther va ainsi dénoncer les abus de certaines pratiques de l'Église romaine au sujet de la gestion de l'argent de l'Église : « Qui pourra donc, à la longue supporter tout ceci en silence ? Presque tout ce que le pape possède est le fruit du vol et du pillage, il n'en est pas autrement, ainsi que le prouvent les témoignages de tous les historiens. Le pape n'a jamais acheté de biens d'une telle importance qu'il puisse percevoir de ses offices près de dix fois mille ducats, sans compter les trésors déjà nommés et ses terres[32]. » Pour remédier à cette situation où le pape oblige pratiquement le clergé à lui verser de l'argent sous diverses formes pour avoir des privilèges, Luther propose que le clergé soit déchargé des questions matérielles :

> Il faudrait de plus interdire encore dans tous les diocèses les affreuses vexations des officiaux et veiller à ce qu'ils ne s'occupent que des affaires relatives à la foi et aux bonnes mœurs et abandonnent aux juges temporels ce qui concernent l'argent, les biens, les personnes et l'honneur. Ainsi le pouvoir temporel ne doit-il autoriser aucune excommunication ni bannissement quand il n'est pas question de foi et de mœurs. Le pouvoir spirituel doit gouverner les biens spirituels, comme l'enseigne la

---

30. Luther, Œuvres, T4, p. 40.
31. Ibid.
32. Luther, Les grands écrits réformateurs, p. 135.

raison, mais les biens spirituels ne sont pas l'argent ni des objets matériels mais la foi et les bonnes œuvres[33].

Toutefois, il n'est pas question de laisser le clergé vivre dans la misère : « Nous voyons aussi comme le clergé est déchu et comment maint et pauvres prêtres, pour qui femme et enfants sont une trop lourde charge tourmente sa conscience, sans que nul fasse effort pour lui porter secours, bien qu'il en ait très grand besoin[34]. » Pour Luther, autant il est important que chaque ville ait son curé, autant il faudrait qu'il soit pourvu aux besoins du clergé : « Ainsi, l'Apôtre nous enseigne clairement que dans la Chrétienté chaque ville doit choisir au sein de la communauté un citoyen pieux et instruit, lui confier la fonction de curé, le nourrir aux frais de la commune et lui laisser entière liberté de se marier ou de ne pas se marier. Celui-ci doit avoir à ses côtés plusieurs prêtres qui l'aideraient à assurer la direction de la communauté, la prédication et les sacrements…[35] » Ainsi, Luther prévoit pour l'Église locale un poste de curé chargé de superviser les activités de l'Église dans une ville et ayant en plus des tâches traditionnelles (prédication et sacrements) celle de gouverner l'Église. Luther pense que chaque ville doit veiller aux besoins des pauvres de manière quasi-prioritaire parce que pour lui aucun chrétien ne devrait être mendiant :

> Une des tâches qui s'impose le plus impérieusement serait de supprimer toute mendicité dans la chrétienté. Nul parmi les chrétiens ne devrait aller mendier et il serait aussi facile d'établir à ce sujet un règlement si l'on avait le courage de s'y appliquer sérieusement : chaque ville devrait prendre soin de ses pauvres et ne tolérer aucun mendiant étranger, quel que soit son nom, qu'il s'agisse de pèlerin ou de moine mendiant. Chaque ville pourrait nourrir les siens et, dans le cas où la ville serait trop peu importante, on inviterait les gens des villages voisins à verser à cet effet,…[36].

---

33. *Ibid.*, p. 143.
34. *Ibid.*, p. 169.
35. *Ibid.*, p. 169.
36. *Ibid.*, p. 196.

Il va aussi militer en faveur de l'abolition du célibat des prêtres qu'il juge inapproprié : « On trouve maint bon prêtre auquel on ne saurait adresser aucun reproche si ce n'est que sa chair est faible et qu'il a failli avec une femme, alors que tous deux, au fond de leur cœur, seraient tout disposés à demeurer toujours l'un auprès de l'autre et à garder la véritable fidélité conjugale…[37] »

Luther semble tenir à éviter à tout prix que le peuple de Dieu assemblé en Église ne revive les abus de son temps. Il va donc particulièrement insister sur l'égalité de tous les croyants dans leur capacité à servir Dieu dans l'Église. Toutefois, il reconnaît que le ministère de la Parole est le plus important et le plus élevé dans l'Église. Le ministère de la Parole occupe une place importante dans la vie de l'Église, car « c'est au moyen de la Parole et des sacrements, comme au moyen d'instruments qu'est donné l'Esprit Saint qui opère où et quand Dieu l'a cru bon, en ceux qui écoutent l'évangile[38] ». Cependant, Luther milite en faveur d'une spécialisation. Le sacerdoce universel ne signifie pas sacerdoce uniformisé, en d'autres termes, tous les membres du corps ne remplissent pas les mêmes fonctions selon 1 Corinthiens 12 : « Car s'il est vrai que nous sommes tous également prêtres, nous ne pouvons cependant pas tous être chargés du service et de l'enseignement public. Et même si nous le pouvons, nous ne le devrions pas[39]. » Pour Luther, le ministère de la Parole est le plus important et le plus élevé, car de lui découlent et dépendent les autres ministères : « c'est pourquoi, celui auquel on confère le ministère de la prédication, reçoit le ministère le plus élevé qui soit dans la chrétienté[40]. »

En ce qui concerne l'exercice d'un ministère, Luther reconnaît le pouvoir de l'Église et non de l'évêque pour reconnaître la vocation : « En conséquence, nous devons nous comporter selon l'Écriture, appeler et établir nous-mêmes parmi nous ceux que nous trouvons aptes à cette tâche et que Dieu a doués d'intelligence et ornés de dons à cet effet[41]. »

Luther n'a pas particulièrement insisté sur les ministères et l'organisation de l'Église, puisqu'il souhaitait par exemple confier les questions de discipline

---

37. *Ibid.*, p. 173.
38. Cf. l'article V de la *Confession d'Augsbourg* (1530), trad. du latin par Pierre Jundt, Paris, Cerf, 1989, p. 56.
39. Luther, *Œuvres*, T2, p. 286.
40. *Ibid.*, p. 89.
41. *Ibid.*, p. 84-85.

aux magistrats, ce qui ne fut pas le cas de Calvin reconnu par beaucoup d'historiens comme le réformateur qui a organisé l'Église locale. Ainsi, pour Luther,

> le pasteur et le prince exercent deux formes différentes d'une fonction de service. Si le premier se voit cantonné dans le spirituel, le second a des devoirs à la fois politiques et spirituels. Il doit d'une part maintenir l'ordre public, mais il doit d'autre part permettre la transmission de la parole. Cette tâche relève de son devoir de chrétien. [...] Le prince doit veiller aussi à ce que le comportement des pasteurs ne soit pas source de scandale pour la communauté des chrétiens. Une tâche essentielle de la fonction politique sera donc de former le personnel pastoral[42].

La participation des laïcs au gouvernement de l'Église va donc si loin pour Luther et ce pour maintenir l'Église dans l'ordre et la discipline. Luther insiste sur la formation des pasteurs qui doit être pluridisciplinaire : « En 1536, il explique dans un discours sur la philosophie que les théologiens doivent cultiver l'étude de la philosophie et des sciences[43]. »

Pour Luther, la communauté est l'ensemble des paroissiens habitant à l'intérieur de certaines limites géographiques et administratives ; la communauté chrétienne n'est autre que la paroisse, un district ecclésiastique dans lequel le pasteur exerce son autorité[44]. Ainsi, dans la logique luthérienne, la notion de communauté telle que structure organisée, sujet de la vie ecclésiastique n'est pas importante. En fait, pour Luther, il faut distinguer pouvoir spirituel et temporel comme nous l'avons souligné plus haut. Melanchthon, un des disciples de Luther qui avait formulé la théorie ecclésiastique de Luther, va appuyer le fait que les princes doivent régler les problèmes ecclésiastiques : « En conséquence, ce sont les princes qui organisent et régissent l'Église par leurs consistoires, et, dès 1530, Melanchthon tranquillise à ce sujet l'électeur de Saxe. Il lui explique que « son très gracieux seigneur n'a ravi aux évêques ni juridiction ni autorité,... » mais qu'en face des abus intolérables « son très

---

42. Pierre-André Bois, « Luther trahi par Melanchthon ? de l'"Église invisible" aux "Églises évangéliques territoriales" », dans Jean-Paul Cahn et Gérard Schneilin, sous dir., *Luther et la Réforme, 1525-1555 : le temps de la consolidation religieuse et politique*, coll. Questions de civilisation, Paris, Éditions du temps, 2001, p. 79.
43. Ibid., p. 80.
44. Ibid., p. 55.

gracieux seigneur, en vertu de son autorité de prince […] devait écouter et recevoir les affaires qui arrivaient à sa grâce électorale…[45] ».

Un autre disciple de Luther, du nom de Brenz, en rédigeant un projet d'organisation de l'Église ecclésiastique pour la ville de Hall, va puiser dans l'Écriture ce qui se faisait dans l'Église primitive et propose ce qui suit : « Étaient élus quelques hommes âgés […] auxquels étaient confiés la charge de veiller sur les Églises. L'un d'eux qui avait à annoncer la parole de Dieu, était l'évêque, *episcopus*, surveillant. Les autres, appelés à cause de leur âge *presyterri* (anciens), étaient des conseillers (*senatores*). Et voilà le presbytère avec pasteur et anciens[46]. »

Toutefois, il est admis que les personnes devant présider aux destinées de l'Église soient choisies par l'autorité civile. Zwingli, un autre réformateur, va reconnaître la communauté, mais, comme Luther, préfère laisser le pouvoir civil y exercer la discipline : « On ne devrait pas au nom de l'Écriture, permettre que les pasteurs aient une autorité quelconque […] distincte du gouvernement commun, car cela amène la division[47]. »

Il existe d'autres réformateurs qui ont cependant réfléchi à une véritable organisation ecclésiastique avant Calvin, comme François Lambert qui a proposé au synode de Homberg en 1526, une organisation ecclésiastique dont la base est l'assemblée des fidèles : « Cette assemblée a l'autorité la plus grande. Dans son sein est-il dit que toutes le affaires de chaque Église soient traitées ; que les pasteurs, les diacres soient nommés, que les coupables soient excommuniés[48]. » Pour relier les Églises entre elles, il y a des synodes régionaux et le grand synode réunit pasteurs et un délégué par Église. Cette proposition ne fut jamais adoptée à cause de l'avis défavorable que Luther avait émis à son sujet au Prince.

Bucer et Capiton vont eux aussi proposer des modèles d'organisation ecclésiastique, mais en y introduisant la notion de représentants du peuple de fidèles siégeant avec les pasteurs pour la discipline dans l'Église : « Tout ce qui concerne les ordonnances ecclésiastiques et les règles communes ou les lois, doit être délibéré, dans la crainte de Dieu, dans cette réunion (des pasteurs et des anciens) et porté ensuite à l'honorable magistrat[49]. » L'œuvre de Calvin

---

45. *Ibid.*, p. 143.
46. *Ibid.*
47. *Ibid.*, p. 348.
48. *Ibid.*, p. 146.
49. *Ibid.*, p. 164.

fait suite à toute cette philosophie de la suprématie du pouvoir temporel dans les affaires de la cité et de l'Église. Ce principe de gouvernement va donner naissance à des Églises évangéliques territoriales, car Melanchthon avait fini par convaincre Luther de la dépendance nécessaire entre pouvoir civil et pouvoir temporel.

Conclusion

Nous sommes partis à la quête de la pensée de Luther sur l'organisation d'une Église locale. Ainsi, au terme de cette quête, nous pouvons dire que selon Luther, la Parole de Dieu est l'élément central pour l'Église. Elle justifie sa présence, lui donne son sens et favorise son existence. L'Église doit donc avoir pour principale activité la proclamation de la Parole de Dieu à travers l'enseignement de la Bible. Cette activité ne sera rendue possible que par l'action du Saint-Esprit. L'Église doit veiller à respecter le pouvoir temporel qui a la mission de lui permettre de remplir sa mission qui est, l'annonce de l'Évangile. Tout chrétien a la capacité de servir Dieu dans l'Église, mais cela doit se faire de manière ordonnée. Le ministère de la Parole est élevé car c'est de lui que découlent les autres ministères dans l'Église. Non pas qu'il soit supérieur aux autres, mais plutôt parce qu'il est leur dénominateur commun. La pensée de Luther nous permet de spécifier le cadre dans lequel doit évoluer une Église locale : la Parole de Dieu. Elle doit guider les actions et les relations entre les membres puisqu'elle fonde leur présence dans la communauté. Toutefois, reste posé le problème du comment vivre ensemble ? Faut-il confier la discipline interne au magistrat ou l'Église ne doit-elle pas disposer de mécanisme de régulation interne ?

La pensée de Luther met en exergue une approche systémique de l'Église locale, car tous les membres participent à sa vie autour du pasteur et de la Parole de Dieu. Or, vivre la Parole autour du pasteur qui en est le ministre n'est pas sans soucis et repose le problème de l'autorité et de la discipline dans un contexte de sacerdoce universel. Nous l'avons déjà dit, bien que dans la pensée de Luther sacerdoce universel ne signifie pas sacerdoce uniforme, il faut définir le « comment » de l'effectivité du vivre ensemble au sein d'une Église locale. Et à ce niveau, le management vient à point nommé comme un outil dans la gestion oïkodomique de l'Église locale. Qu'en est-il de Calvin ?

CHAPITRE 10

La pensée de Jean Calvin

Introduction

Jean Calvin, né à Noyon en France en 1509[1] appartient à la deuxième génération de réformateurs, Luther étant de la première. Fils d'homme d'affaires et bourgeois de naissance, il est envoyé par son père à Paris en 1523 pour continuer ses études et, en 1524, il rejoint le collège de Montaigu. En 1528, il obtient le grade de Maître ès arts et en 1530 celui de licencié ès lettres. Il rejoint les rangs de la Réforme vers 1533 à la suite d'une crise : son père, chargé des intérêts financiers de l'évêque s'est brouillé avec l'Église et a été excommunié. Début 1535, il quitte la France pour Bâle où il fait imprimer la première édition de son *Institution chrétienne* qui paraît en latin en 1536. Puis, on retrouvera ses traces de manière plus marquée :

- D'abord à Genève où il est invité par Farel pour l'aider à organiser l'Église évangélique. De ce séjour, on a une discipline, un catéchisme et une confession de foi. Il va refuser aux autorités civiles le droit de dicter des lois à l'Église et sera chassé de la ville en 1537.
- Puis à Strasbourg où il est invité par les réformateurs de la ville, Capiton et Bucer, « aux fonctions de pasteur des réfugiés français et professeur de théologie[2] ». Il va s'y marier avec Idelette de Bure, organiser l'Église et défendre les intérêts de la Réforme.

---

1. Léonard, *Histoire Générale du protestantisme*.
2. *Ibid.*, p. 260.

- En 1541, il est de retour à Genève à cause des querelles de la ville. Il fait adopter d'importants textes pour l'organisation de la ville. Il va y mourir le 27 mai 1564.
- Dans toute l'œuvre de Jean Calvin, nous porterons notre attention sur sa pensée au sujet de l'Église et de l'exercice des ministères en son sein.

A. L'Église selon Calvin

L'organisation de l'Église figure en bonne place dans toute l'œuvre du réformateur, tant il semble en avoir presque fait son point focal, dans ses écrits aussi bien que dans ses actes. Il a mis beaucoup d'énergie à donner une forme cohérente à l'Église visible, tout en précisant le sens véritable de l'Église invisible.

1. Mère nourricière de croyants

Pour Jean Calvin, l'Église a une mission essentielle dans l'évangélisation et l'édification des chrétiens :

> Mais parce que notre rudesse et paresse, j'ajoute aussi la vanité de nos esprits, ont besoin d'aides extérieures par lesquelles la foi soit engendrée en nous y croisse et s'y avance de degré en degré, Dieu n'a point oublié de nous en pourvoir pour soutenir notre faiblesse. Et, afin que la prédication de l'Évangile eût son cours, il a confié comme en dépôt ce trésor à son Église, il a institué des pasteurs et des docteurs par la bouche desquels il nous enseignât (Eph 4.11)[3].

Jean Calvin présente donc l'Église comme l'instrument privilégié de la réalisation du plan de Dieu qui a pour finalité le salut de toute l'humanité.

Dans son ouvrage *L'institution chrétienne*, Calvin va aussi énoncer le concept de l'Église Mère des fidèles. Ce concept découle en fait de celui de la Paternité de Dieu. En effet, selon Léopold Shümmer, pour Calvin, Dieu est le Dieu qui s'est révélé au peuple élu : « Dieu de l'histoire, unique créateur des êtres et des choses invisibles et visibles, toujours en action ; s'est fait

---

3. Jean Calvin, *L'institution Chrétienne, Tome 4*, Genève, Labor et Fides, 1958, p. 10.

connaître avant tout comme le Père qui n'est pas un anthropomorphisme, mais la manifestation réelle de Dieu au commencement de la création[4]. » Pour Calvin, « Père », exprime mieux que « Seigneur » la clémence de Dieu manifestée par la présence de son fils unique Jésus-Christ. Ainsi, Calvin présente l'Église comme nécessaire pour l'accomplissement du plan de Dieu : « C'est que l'Église soit Mère de tous ceux desquels il est Père [...] quiconque refuse d'être enfant de l'Église, refuse d'avoir Dieu pour Père, car ce n'est sinon par le ministère de l'Église que Dieu engendre ses enfants et les nourrit[5]. »

Il dira plus loin :

> Mais parce que maintenant mon intention est de parler de l'Église visible, apprenons du seul titre de mère, combien la connaissance nous en est utile, voire nécessaire, d'autant qu'il n'y a nulle entrée en la vie permanente, sinon que nous soyons conçus au ventre de cette mère, qu'elle nous enfante, qu'elle nous allaite de ses mamelles, finalement qu'elle nous tienne et garde sous sa conduite et son gouvernement jusqu'à ce qu'étant dépouillés de cette chair mortelle, nous soyons semblables aux anges (Math 22.30)[6].

Jean Calvin considère l'Église comme le seul cadre de régénération de l'homme : « Par ces mots, la faveur paternelle de Dieu, et le témoignage spécial de la vie spirituelle est restreint au troupeau de Dieu, afin que nous soyons avertis et que c'est une chose pernicieuse et mortelle de se distraire et séparer de l'Église[7]. » Pour cela, il considère le fait de quitter l'Église comme une grave erreur.

Son explication de l'article du symbole des apôtres sur le fait de croire à l'Église universelle lui permet d'expliquer qu'il y a à la fois l'Église visible et l'Église invisible : « Cet article ne se rapporte pas seulement à l'Église visible [...] mais aussi à tous les élus de Dieu au nombre desquels sont compris ceux qui sont déjà trépassés[8]. »

---

4. Shümmer, *L'ecclésiologie de Calvin à la lumière de l'ecclesia mater*, p. 26.
5. *Ibid.*, p. 27.
6. Calvin, *L'institution Chrétienne*, p. 14.
7. *Ibid.*, p. 14.
8. *Ibid.*, p. 11.

La distinction qu'il fait entre Église visible et invisible est la suivante :

- L'Église visible, qui peut être représentée par toutes les représentations visibles de l'Église dans la société : « l'Église telle qu'elle est en vérité, et en laquelle ne sont compris que ceux qui par la grâce d'adoption sont enfants de Dieu, et par la Sanctification de son Esprit, sont vrais membres de Jésus-Christ[9]. »
- L'Église invisible, qui est en fait plus spirituelle car allant au-delà des différentes représentations visibles et regroupant tous ceux qui partagent la même foi en Jésus-Christ :

> La multitude des hommes étant éparses en divers régions du monde fait une même profession d'honorer Dieu et Jésus-Christ, a le baptême pour témoignage de sa foi, en participant à la Cène affirme avoir unité en doctrine et en charité, est consentante à la parole de Dieu, dont elle veut garder la prédication suivant le commandement de Jésus-Christ. En cette Église il y a plusieurs hypocrites mêlés avec les bons qui n'ont rien de Jésus-Christ hors le titre et l'apparence : les uns ambitieux, les autres avaricieux, etc.[10].

L'Église a pour mission de faire connaître la Parole de Dieu, car elle en est la gardienne sûre et fidèle. L'Église est donc « le lieu que Dieu choisit pour déployer son action salvatrice. C'est là qu'il rassemble ses enfants, qu'il engendre, que, par l'Esprit, il reforme les hommes à son image, qu'il dépose la semence incorruptible – sa parole – comme un dépôt et un trésor inestimable du salut[11] ». Pour Calvin, l'Église, épouse du Christ est la collaboratrice élue de Dieu. Elle est considérée par le réformateur comme l'instrument que Dieu utilise à sa guise pour son œuvre.

Selon E. Doumergue[12], Calvin définit ainsi l'Église dans son institution de 1536 :

---

9. *Ibid.*, p. 20.
10. *Ibid.*, p. 20.
11. Shümmer, *L'ecclésiologie de Calvin à la lumière de l'ecclesia mater*, p. 51.
12. Émile Doumergue, *Jean Calvin : Les hommes et les choses de son temps*, Tome V : « la pensée ecclésiastique et la pensée politique de Calvin », Lausanne, G Bridel et Cie Editeurs, 1917.

> D'abord, nous croyons la Sainte Église Catholique, c'est-à-dire le nombre universel des élus (*universum electorum numerum*), qu'ils soient des anges, qu'ils soient des hommes (Eph1 ; Col 1), parmi les hommes, qu'ils soient morts ou qu'ils vivent encore ; parmi les vivants, dans quelques pays qu'ils se trouvent… Et cette Église ou société, ce peuple élu, a le Christ pour chef et prince. Calvin établit donc comme fondement de l'Église la christocratie : le Christ ou le pape, lequel doit être tenu pour chef suprême de l'Église ? […] Ainsi, il n'y aura de difficultés ni au sujet de la doctrine, ni au sujet du véritable usage des sacrements, et des autres cérémonies, ni au sujet de la discipline…, partout où l'on sera persuadé que Christ seul doit être révéré et adoré pour le chef suprême, le prince, le gouverneur et le conservateur de l'Église[13].

La plupart des historiens ont décelé ce principe comme le moteur de l'action théologique de Calvin comme l'affirme par exemple le Rév. Johnson : « Le premier caractère du gouvernement ecclésiastique selon Calvin, a été le gouvernement de l'Église par elle-même (*self governement*) sous la royauté (*the headship*) de Christ[14]. » Le prof B. B. Warfield ajoute à ce sujet : « L'application de ce principe mena Calvin très loin, et finalement donna au monde le principe de l'Église libre dans l'État libre[15]. »

L'Église est donc une et indivisible, ayant à sa tête Jésus-Christ dont elle est le corps.

2. L'indispensable discipline

Jean Calvin mettra un point d'honneur à régler l'épineux problème de la discipline qui pour lui est en rapport direct avec la prédication de l'Évangile et le témoignage chrétien : « Comme la doctrine de notre Seigneur Jésus est l'âme de l'Église, aussi la discipline est en elle comme les nerfs sont en un corps, pour unir les membres et les tenir chacun en son lieu et en ordre[16]. »

---

13. Ibid.
14. Ibid., p. 7.
15. Ibid.
16. Calvin, *L'institution chrétienne*, Tome 4, p. 216.

L'Église et les chrétiens doivent refléter aux yeux du monde ce qu'ils sont censés être.

La discipline pour lui a trois principaux objectifs :

- Ne pas profaner l'Église et la Cène : « car puisque l'Église est le corps de Christ, elle ne peut pas être contaminée par des membres pourris, qu'une partie de la honte n'en revienne au chef. Afin donc qu'il n'y ait rien en Église dont le nom de Dieu reçoive quelque ignominie, il faut en chasser tous ceux qui par leur turpitude diffament et déshonorent la chrétienté[17]. »
- Éviter la corruption des bons : « la seconde fin, c'est que les bons ne soient pas corrompus par la fréquentation des mauvais, comme il advient souvent[18]. »
- Produire la repentance : « La troisième est que ceux qu'on châtie par l'excommunication étant confus de leur honte se repentent, et par cette repentance viennent à amendement[19]. »

En effet, pour Calvin, Dieu seul connaît vraiment ceux qui lui sont fidèles : « Ceux qui semblaient totalement perdus et qu'on tenait pour désespérés sont réduits au droit chemin ; d'un autre côté, ceux qui semblaient bien fermes trébuchent [...] Il y a beaucoup de brebis hors de l'Église et de loups dedans[20]. » Toutefois, pour permettre à l'homme de l'adorer avec ses frères, Dieu a doté la vraie Église de certaines marques : « Voilà d'où nous avons la vraie Église. Car partout où nous voyons la parole de Dieu être purement prêchée et écoutée, les sacrements être administrés selon l'institution de Christ, là il ne faut nullement douter qu'il y ait Église (Eph 2.20)[21]. »

Calvin considère l'Église universelle comme la multitude de tous ceux qui confessent Jésus-Christ et il considère les Églises locales comme des composantes de cette Église universelle. Pour lui, la qualité de membre de l'Église est liée à la confession individuelle et la communauté a le pouvoir de rejeter et d'exclure après examen des personnes indignes.

---

17. *Ibid.*, p. 219.
18. *Ibid.*
19. *Ibid.*, p. 220.
20. *Ibid.*, p. 20.
21. *Ibid.*, p. 21.

Jean Calvin évoque ainsi la présence dans l'Église de ceux qu'il appelle les enfants d'un autre père ou encore ceux qui appartiennent à la voie déviée.

Les chrétiens sont engendrés en Christ par le Saint-Esprit et la Parole de Dieu !

Satan ne peut qu'agir sur ceux qui transmettent et sur ceux qui écoutent.

Ainsi, pour lui, tous les ministères concourent avec celui de la Parole à faire appliquer la discipline.

Jean Calvin accorde donc à l'Église un rôle utilitariste et fonctionnel, dans l'accomplissement du plan de Dieu par la transmission et la mise en application de la Parole de Dieu. Cette mission de l'Église nécessite des personnes pour l'assumer.

B. Les ministères au sein de l'Église locale selon Jean Calvin

Pour Calvin, l'Église qui est à la fois visible et invisible devrait être gouvernée sur le principe du respect de la Parole de Dieu : « L'ordre de gouverner l'Église nous est laissé par la seule parole de Dieu[22]. »

1. Les différents ministères et leur utilité

Pour Calvin, les Églises locales sont « des communautés et non des paroisses[23] ». En effet, il estime qu'il est plus utile de rassembler les croyants en communautés que de se baser sur une répartition territoriale pour permettre que pasteur et fidèles soient en relation plus intime : « C'est pourquoi est ajoutée la communion des saints. Ce membre de phrase, bien qu'il ait été omis des anciens, n'est pas à mépriser, d'autant qu'il exprime très bien la qualité de l'Église[24]. » La paroisse à l'époque était « une conception du Moyen Âge qui passa dans le droit ecclésiastique luthérien. La paroisse embrasse tous ceux qui, en un même lieu sont groupés autour de la même confession et sont l'objet des soins du pasteur…c'est le district géographique que le pasteur administre[25] ». Selon Léopold Shümmer, le triple office de prophète qui réca-

---

22. Doumergue, *Jean Calvin*, p. 48.
23. *Ibid.*, p. 59.
24. Calvin, *L'institution chrétienne Tome 4*, p. 13.
25. Shümmer, *L'ecclésiologie de Calvin à la lumière de l'ecclesia mater*, p. 60.

pitule toute l'œuvre de Christ est attribué par Calvin à toute l'Église et donc à tous les chrétiens. Ainsi, « tous les ministères de l'Église sont fondés sur le sacerdoce universel dans lequel chacun entre par le baptême[26] ». Pour Calvin, la paroisse est une communauté à part entière qui se suffit : « Religieusement, ecclésiastiquement, se suffit socialement, c'est-à-dire qu'elle est un moyen suffisant d'éducation sociale, morale et religieuse[27]. »

Pour Calvin, le gouvernement de l'Église est à la fois une nécessité et une grâce de Dieu :

> Maintenant, il nous faut traiter de l'ordre selon lequel Dieu a voulu que son Église fût gouvernée. Car bien que lui seul doive gouverner et régir son Église, et y avoir toute prééminence, et que son gouvernement et son empire se doive exercer par sa seule parole, toutefois parce qu'il n'habite point avec nous par présence visible, en sorte que nous puissions ouïr sa volonté de sa propre bouche, il use en cela des hommes, les faisant comme ses lieutenants, non point pour leur transférer son honneur et sa supériorité, mais seulement pour faire son œuvre par eux en paix, ainsi qu'un ouvrier s'aide d'un instrument[28].

Dieu se sert des Hommes pour son œuvre afin de les rendre utiles les uns aux autres, de raffermir en eux ce sentiment d'appartenir à une même communauté : « Par ces paroles, il signifie premièrement que le ministère des hommes, dont Dieu se sert pour gouverner son Église est comme la jointure des nerfs pour unir les fidèles en un corps[29]. »

Calvin distingue plusieurs ministères de la Parole qu'il répartit en deux groupes :

- D'une part, les ministères dits de l' « Église Apostolique » : apôtres, prophètes, et évangélistes qui ont été institués pour la propagation de l'Évangile et l'implantation de l'Église au temps de l'Église primitive : « ces trois offices n'ont pas été ordonnés pour être perpétuels à l'Église, mais seulement pour le temps qu'il fallait dresser des Églises

---

26. Doumergue, *Jean Calvin*, p. 68.
27. *Ibid.*, p. 61.
28. Calvin, *L'institution chrétienne Tome 4*, p. 53-54.
29. *Ibid.*, p. 55.

où il n'y en avait point ou bien qu'il fallait annoncer Jésus-Christ aux juifs afin de les amener à lui comme à leur Rédempteur[30]. »
- D'autre part, les ministères nécessaires en tout temps à l'Église : pasteurs et docteurs, anciens et diacres.

Jean Calvin va dans un premier temps distinguer quatre ordres d'offices pour le gouvernement de l'Église : pasteurs, docteurs, anciens et diacres. Calvin considère ces ordres comme indispensables à l'unité et à l'harmonie de l'Église. Chaque chrétien peut avoir accès à ces offices car, par le baptême, tous sont prêtres, rois, et prophètes. Tous ces ordres doivent travailler en collégialité, ce qui est le nerf moteur de la structure de l'Église. L'altération de la collégialité selon Calvin est le cléricalisme qui devient alors la réduction de tous les ministères en un seul. La mission de l'Église mère, ne peut être réalisée ni par le pasteur seul, encore moins les quatre offices seuls ou l'Église seule.

Pour Calvin, il existe deux présences dans l'Église : père et mère ou encore, deux fonctions paternelle et maternelle qui permettent à l'Église de réaliser pleinement sa mission. La fonction paternelle se définit par le fait que le Christ qui manifeste le Père se fait représenter par les pasteurs, successeurs des apôtres et ambassadeurs du Christ. La fonction maternelle, quant à elle, est accomplie par tous les chrétiens et en particulier le docteur quand il n'est pas pasteur, les presbytres et les diacres. « C'est Dieu lui seul qui gouverne son Église par sa seule parole. Toutefois, la présence de Dieu est invisible, il use donc du service des hommes, lesquels il constitue ses lieutenants (*vicaria opera*), non point qu'il leur abandonne son honneur, sa supériorité, mais il veut faire son œuvre par eux, ainsi qu'un ouvrier s'aide d'un instrument[31]. »

Ainsi, chaque office a sa fonction dans la vie de l'Église :
- Les pasteurs : pour Calvin, c'est le plus important de tous les ministères. « Dans le langage calviniste, le pasteur est appelé le ministre tout court, c'est-à-dire, le ministre par excellence[32]. » Le rôle des pasteurs est de « présider en l'Église qu'ils n'aient point une dignité oisive, mais qu'ils instruisent le peuple à la vraie piété, qu'ils administrent les sacrements, et qu'ils corrigent les fautes par

---

30. *Ibid.*, p. 57.
31. Doumergue, *Jean Calvin*, p. 96.
32. *Ibid.*, p. 98.

bonnes admonitions, usant de la discipline paternelle que Jésus-Christ a ordonnée[33] ». Ainsi, tout pasteur doit être rattaché à une Église locale :

> quiconque aura pris la charge d'une Église, qu'il sache qu'il est obligé à la servir selon la vocation de Dieu : non pas qu'il soit tellement attaché qu'il ne puisse jamais bouger, quand la nécessité publique le requerroit, moyennant que cela se fasse par bon ordre ; mais j'entends que celui qui est appelé en un lieu ne doit plus penser de changer et prendre de jour en jour nouvelle délibération, selon que sa commodité se portera[34].

On peut ainsi définir leurs attributions : « L'office des pasteurs contient ces deux parties : à savoir, d'annoncer l'Évangile et d'administrer les sacrements. Or la façon d'enseigner n'est pas seulement de prêcher en public, mais appartient aussi aux admonitions particulières[35]. » Trois points importants[36] entourent ou règlementent le ministère pastoral : la vocation, bien qu'elle soit personnelle et vécue intérieurement, doit être éprouvée par l'Église qui doit examiner la conduite du postulant ; la nomination ou l'élection qui se fera par la délibération de l'Église sur proposition des ministres, principalement, mais, il faudra tenir compte des circonstances et des mœurs du peuple ; une fois élu, le ministre doit signer la confession de foi de l'Église (Calvin ne voit aucune objection à ce que l'élection d'un ministre soit confirmée par le pouvoir civil) ; et la consécration ou installation par la prière et l'imposition des mains des seuls ministres.

Ensemble, les pasteurs qui sont égaux entre eux forment une compagnie, un corps qui a pour mission de « corriger les différents de la doctrine et les scandales de vie[37] ». Les ministres doivent prendre eux-mêmes leur discipline en main et se réunir au moins tous les trimestres.

---

33. Calvin, *L'institution chrétienne Tome 4*, p. 59.
34. *Ibid.*
35. *Ibid.*, p. 59.
36. Doumergue, *Jean Calvin*, p. 99-106.
37. *Ibid.*, p. 109.

- les docteurs : ils ont pour fonction d'exposer les Écritures en vue de faire connaître la doctrine chrétienne et de jouer le rôle prophétique du sacerdoce universel. « Les docteurs n'ont point la charge de la discipline, ni d'administrer les sacrements, ni de faire les exhortations et remontrances, mais seulement d'exposer l'Écriture, afin qu'il y ait toujours saine doctrine et pure conservée en l'Église[38]. » Les docteurs sont comparables aux prophètes, autant que les pasteurs sont comparables aux apôtres : « L'office des Prophètes a été plus excellent, à cause du don singulier de révélation qui leur était fait ; mais l'office des docteurs a exactement la même fin, et s'exerce quasi par un même moyen[39]. » On peut être docteur sans être pasteur, et les docteurs devaient venir de toutes les couches de la société.
- Les anciens : Calvin, dans son étude sur la juridiction, distingue deux formes de prêtres, ceux qui enseignent la parole et ceux qui gouvernent l'Église :

> Par les gouvernements, j'entends les anciens (*gubernationes, interpretor seniores*) qui étaient commis pour la discipline ecclésiastique. Car la primitive Église avait comme son sénat ou consistoire pour entretenir le peuple en mœurs honnêtes que saint Paul montre ailleurs, quand il met deux ordres de prêtres c'est-à-dire d'anciens[40].

L'office d'ancien tient de la nécessité d'exercer la discipline au sein de l'Église. Il est important de souligner qu'avant Calvin, il y a eu une forte polémique sur le rôle et la place des anciens de L'Église. Calvin va aller dans le sens de la nécessité de penser à une organisation propre à la communauté. Pour lui, prêtre ou anciens sont des termes similaires dans l'Écriture et n'ont aucun lien avec l'âge, mais plutôt avec la fonction. Il distingue deux espèces de prêtres : les uns ayant l'office d'enseigner et les autres délégués pour surveiller la vie de tous[41]. Pour Calvin, « le magistrat n'a pas succédé à l'Église[42] ». L'Église doit absolument avoir : des pasteurs pour enseigner la Parole de

---

38. *Ibid.*, p. 111.
39. Calvin, *L'institution chrétienne Tome 4*, p. 58.
40. Ibid., p. 61.
41. Ibid.
42. Ibid., p. 206.

Dieu et des anciens pour la gouverner, surveiller les mœurs et appliquer la discipline conformément à l'Écriture. Selon l'idée communément admise, les anciens selon Calvin représentent l'Église qui les choisit et les nomme pour exercer la discipline en son sein. « Au commencement, chaque Église a donc eu comme un conseil ou consistoire de bons prud'hommes, graves et de sainte vie qui avait l'autorité de corriger les vices[43]. »

- Les diacres qui ont pour rôle de gérer et d'organiser les fruits visibles du sacrifice des chrétiens. Calvin va réorganiser l'office des diacres qu'il considère comme des ministres : « Or les diacres ne sont point seulement en office terrien, mais ils ont une charge spirituelle, qui sert à l'Église de Dieu…Ils sont en état public, mais ils appartiennent au régime spirituel de l'Église, et ils sont là comme officiers de Dieu[44]. »

Calvin considère que les ministères de pasteurs et de docteurs ont été ordonnés par Dieu lui-même. Par contre, il pense que la compagnie des anciens a été ordonnée par les Églises et que les diacres ont été institués par les apôtres et la décision du peuple à partir d'un examen de la situation de l'Église[45]. Les diacres ont donc pour mission de veiller aux soins de ceux qui sont dans le besoin sans attendre uniquement les demandes d'aides et les appels au secours mais en allant au-devant de ceux qui souffrent : « de pourvoir aux nécessitez devant même qu'elles cognues[46]. » Les diacres forment un corps et sont élus comme les anciens. On distingue deux espèces de diacres : ceux qui « administrent les aumônes, gouvernent et dispensent les biens des pauvres appelés procurateurs et ceux qui exercent miséricorde, prodiguent des soins aux pauvres appelés hospitaliers[47] ». Calvin ira jusqu'à fustiger l'attitude de ceux qui veulent utiliser les biens destinés aux pauvres à d'autres fins et même à condamner l'avarice. Il faut dire que la Réforme aura profondément bouleversé la notion d'aumônes qui jadis étaient considérées comme des indulgences. L'aumône est donc un sacrifice, la manifestation de la reconnaissance du croyant. Il existait donc une caisse des pauvres qui devait

---

43. Ibid., p. 61.
44. Doumergue, *Jean Calvin*.
45. Calvin, *L'institution chrétienne Tome 4*, p. 93-94.
46. Ibid., p. 296-297.
47. Ibid., p. 62.

être gérée par les diacres. Cette caisse était pourvue par une participation du pouvoir civil et les dons volontaires de fidèles.

2. L'Église et la gestion des biens matériels

Jean Calvin s'est également intéressé aux questions liées à la gestion des biens matériels dans l'Église. Tout d'abord, il a tenu à rappeler que c'est une attribution du ministère des diacres que de collecter et de distribuer aux pauvres l'argent de l'Église :

> Que viennent maintenant les diacres et la sainte distribution des ecclésiastiques qu'ils observent. Mais, ils ne créent pas leurs diacres pour cela, car ils ne leur enjoignent autre chose que de servir à l'autel, de chanter l'Évangile, et je ne sais quels autres fatras. Des aumônes, du soin des pauvres, et de toute l'administration qu'ils avaient au temps passé, il n'en est point de nouvelles[48].

Pour Jean Calvin, en se référant à l'Église ancienne, une bonne part de l'argent collecté par l'Église doit servir au soin des pauvres et des nécessiteux. « Or la façon ancienne était que les fidèles, avant de communiquer à la Cène, s'entrebaisaient, et puis offraient leurs aumônes à l'autel. Ainsi, ils rendaient témoignage de leur charité, premièrement par signe, et puis par effet. Le diacre qui était procurateur des pauvres, recevait ce qui était offert pour le distribuer[49]. »

Calvin va se montrer particulièrement virulent sur la manière dont étaient gérés les biens de l'Église à cette époque. Une gestion qu'il jugeait scandaleuse :

> Quant à l'administration des biens, ils l'ont transférée complètement à un autre usage, et ordonnée de telle sorte, qu'on ne saurait rien imaginer de plus désordonné. Car, comme les brigands après avoir égorgé les pauvres passants, se partagent le butin entre eux, ainsi ces bons prud'hommes, après avoir éteint la clarté de la Parole de Dieu, comme ayant coupé la gorge à l'Église, ont pensés que tout ce qui était dédié à de saints usages, leur était exposé en proie et en rapine[50].

---

48. *Ibid.*, p. 97.
49. *Ibid.*, p. 96.
50. *Ibid.*, p. 97.

En effet, il pense qu'il est souhaitable de respecter l'usage de l'Église ancienne qui divisait l'argent collecté en Église en quatre pôles de dépenses : l'évêque, les prêtres, les pauvres, la réparation des temples et les autres dépenses de fonctionnement[51]. Pour ce qui concerne les dépenses de fonctionnement et d'investissement, il suggère la modestie et insiste sur l'assistance aux pauvres : « Par la suite, afin de s'épargner, ils induisent le peuple à cette superstition de lui faire convertir ce qu'ils devaient donner en aumônes aux pauvres, à bâtir des temples, faire des images, donner des calices ou reliquaires, à acheter des chasubles et autres parements[52]. » Il reconnaît cependant que les ministres doivent être entretenus par l'Église, mais sans excès : « Or, d'autant que c'est chose équitable, et que Dieu l'a ainsi ordonné en Loi, que ceux qui s'emploient entièrement au service de l'Église soient entretenus du public… La distribution était telle, qu'on pourvoyait à la nourriture des ministres, et qu'on ne laissait point les pauvres en arrière[53]. »

Conclusion

Parti avec comme objectif la recherche de la pensée de Calvin sur l'organisation d'une Église locale et l'exercice du ministère pastoral, nous pouvons dire au terme de notre recherche que Jean Calvin abonde dans le même sens que Luther au sujet de sa vision de l'Église, mais il va plus loin en organisant l'Église locale. Il disserte sur le concept de l'Église mère nourricière des croyants, mettant ainsi en évidence le caractère essentiel de la Parole de Dieu dans la vie et l'agir de l'Église. L'Église a donc le rôle de faire connaître la Parole de Dieu aux Hommes afin qu'ils vivent la grâce de Dieu. Partant de ce fait, la dimension communautaire de l'Église doit être prise au sérieux, car c'est le cadre pour répandre et vivre la Parole de Dieu. Calvin va donc insister sur la discipline tant à l'intérieur de la communauté qu'à l'extérieur. Pour répandre la Parole et exercer la discipline, Dieu se sert des Hommes qui l'ont accepté de se soumettre à sa volonté. Pour que ces Hommes puissent remplir leur mission en harmonie, il faut de l'ordre, raison pour laquelle Calvin établit des ministères dans l'Église.

---

51. *Ibid.*, p. 97.
52. *Ibid.*, p. 100.
53. *Ibid.*, p. 73.

Conclusion de la cinquième partie

Sur les principes théologiques au sujet de l'Église et des ministères, nous pouvons retenir à partir de la pensée de Martin Luther et celle de Jean Calvin ce qui suit :

1. L'Église est créé par la Parole de Dieu qui en est à la fois le fondement et la matière principale ou l'essence. L'Église vit de la parole de Dieu et elle a pour mission de la faire connaître au monde.
2. La notion d'Église implique deux réalités : Église visible et Église invisible.
3. Le Christ est le chef de l'Église.
4. Dieu gouverne lui-même son Église en utilisant des hommes à qui il confie des dons ou charismes.
5. Le sacerdoce universel est la règle pour l'exercice des ministères dans et hors de l'Église.
6. Le ministère de pasteur est essentiel pour l'enseignement de la Parole de Dieu. Cependant, il existe d'autres ministères pour la discipline et la charité notamment.
7. Les différents ministères de l'Église doivent travailler en collégialité.
8. Les ressources matérielles et plus particulièrement financières doivent être utilisées pour le fonctionnement de l'Église et le soutien aux démunis.

Puisque l'Église est créée par la Parole de Dieu, après avoir investigué dans les travaux des réformateurs, il convient d'interroger la Parole de Dieu afin d'y déceler les pistes de réflexion au sujet de l'organisation d'une Église locale et l'exercice du ministère pastoral.

Sixième partie

Référentiel biblique

Étude de quelques textes bibliques

Introduction

Pour le chrétien de tradition réformée, la Bible est la seule norme pour la foi et même pour « penser » l'Église : « L'Église n'a pas son fondement en elle-même... Elle est *creatura verbi divini*, création de la Parole de Dieu (cf. Luther). [...] Comme fondement de l'Église, la Parole de Dieu précède l'Église. Elle n'est pas elle-même l'Église, mais elle est la réalité qui fait de l'Église ce qu'elle est : communauté des croyants[1]. » Ainsi, pour qu'une étude sur le ministère pastoral et même sur le management dans une Église locale soit valable en contexte ecclésial dans la tradition réformée, elle devrait être confrontée à la Parole de Dieu. L'un des principes de la Réforme est d'ailleurs Sola Scriptura ou l'Écriture seule[2].

Parvenu à ce stade de notre recherche, il nous paraît important de faire un bref état des lieux. En effet, nous sommes partis de l'hypothèse selon laquelle le pasteur peut concilier animation de la vie spirituelle et gestion des ressources matérielles (humaines, financières, infrastructurelles, etc.) au sein d'une Église locale. Notre problème de départ étant de savoir si cela est possible au regard de toutes les crises de leadership et les défaillances observées sur les questions de gestion dans l'Église en Afrique depuis les années 2000[3]. Pour répondre à cette question, nous avons interrogé le management qui est une branche à la fois de la sociologie des organisations et de l'économie des organisations. Notre étude nous a permis de constater que l'Église peut être considérée comme une organisation humaine et qu'à ce titre les théories et méthodes de management peuvent y être appliquée pour lui permettre

---

1. Gisel, *Encyclopédie du protestantisme*, p. 417-418.
2. *Ibid.*, p. 117.
3. Cf. introduction générale.

d'atteindre ses objectifs. Par la suite, parmi un certain nombre de théorie de management, il nous a été possible de choisir :

- La théorie systémique qui conçoit l'organisation comme un ensemble avec des structures distinctes et interdépendantes ;
- La théorie de la contingence qui postule que, pour gérer une organisation, il faille tenir compte d'un certain nombre de facteurs de contingence comme la taille, la technologie, l'environnement et la structure.

Parti de ce point, nous avons interrogé la culture africaine qui nous a permis de constater qu'en Afrique, et plus particulièrement au Cameroun, il y a une notion forte de pouvoir et d'autorité partagés mêlée à la notion de service pour le bien-être de tout le peuple dans le management des communautés. En d'autres termes, le chef ne peut pas diriger seul, encore moins ne pas se soucier du bien-être de son peuple. En clair, le bon chef est celui qui dirige avec les représentants des familles pour le bien de tous.

L'étude des écrits des réformateurs comme Calvin et Luther nous a permis de comprendre que autorité et pouvoir doivent se faire de manière collégiale, en impliquant tous les membres du peuple de Dieu rassemblés au sein d'une Église locale, le plus important étant qu'il y ait de l'ordre. Ce souci d'ordre fera en sorte qu'il y ait une répartition des tâches au sein de l'Église locale par l'institution de différents ministères :

- Pasteur pour enseigner la parole, administrer les sacrements et veiller sur le troupeau ;
- Anciens de l'Église pour le gouvernement ;
- Diacres pour l'entraide et le service ;
- Et d'autres ministères utiles à l'Église locale.

Ainsi, il ne nous reste plus qu'à interroger la Bible, Parole de Dieu, pour savoir ce qui y est dit sur le management d'une communauté chrétienne au sein de l'Église locale. Quel doit être selon la Bible la méthode adéquate pour conduire une communauté chrétienne ? De quelle manière celui ou ceux qui sont à la tête d'une communauté chrétienne doivent-ils gérer les ressources qui sont à leur disposition ? Existe-t-il dans la Bible une notion de management des communautés chrétiennes (au sens de sociologie des

Introduction

organisations) ? Comment peut-on, selon la Bible, concilier animation de la vie spirituelle et gestion des ressources au sein d'un Église locale ?

Plusieurs textes de la Bible sont très souvent cités par divers auteurs pour traiter de ces questions pastorales et ecclésiologiques. Dans notre étude, nous voulons partir :

- D'un texte de l'Ancien Testament, Exode 18.13-26, qui est régulièrement cité dans les liturgies des Églises membres du CEPCA pour l'installation de responsables dans les Églises locales[4] d'une part et d'autre part c'est un texte biblique qui parle de la répartition des tâches au sein d'un groupe de croyants.
- D'un texte du Nouveau Testament, 1 Corinthiens 12 à 14, qui revient le plus souvent dans les études qui sont faites sur les questions que nous nous sommes posées plus haut. Par ailleurs, une simple lecture de l'Épître aux Corinthiens nous permet de dire que l'Église de Corinthe semblait traverser une crise dont l'une des causes et aussi l'une des manifestations peut être qualifiée de « querelle de leadership ». Dans le passage proposé pour notre étude, l'apôtre Paul traite d'un certain nombre de questions reliées entre elles par l'exercice des ministères dans l'Église locale dans la paix et l'unité.

La notion de communauté fraternelle de croyants, rendant un bon témoignage et vivant en paix apparaît fortement dans ces deux textes. Il nous a semblé opportun de les choisir comme sujet d'étude, tant ils conviennent à notre problématique.

Notre étude de ces textes bibliques aura deux aspects :

- Une approche socio-historique pour cerner le ou les contextes dans lequel ces textes ont été conçus ;
- La lecture de ce texte de manière comparative et analogique avec une approche managériale en tenant compte du processus du management pour voir quelle est la réponse que ces textes donnent à notre questionnement qui peut se résumer ainsi : quelle méthode de management propose ce passage de la Bible pour une communauté de croyants ?

---

4. Liturgies régulièrement utilisées pour la consécration des officiers de l'Église (pasteurs, anciens) EPC, EEC.

CHAPITRE 11

Étude d'Exode 18.13-26

Introduction

Moïse est à notre avis l'une des grandes figures du leadership dans les communautés de croyants présentées par la Bible. En effet, il fût le premier leader que Dieu utilisa pour conduire son peuple avec des attributions précises : enseigner, intercéder et juger. Avant lui, Dieu s'était servi des patriarches pour se révéler aux hommes et leur position « d'homme de Dieu » était confondue avec leur statut de chef de famille. Cette situation de Moïse au sein du peuple d'Israël semble très proche à la fois de celle :

- D'un leader, car ayant à faire marcher un groupe vers l'atteinte d'un objectif précis : la terre promise ;
- D'un chef traditionnel africain, car étant placé à la tête d'un peuple composé de descendants d'un même ancêtre (Jacob) et devant veiller à l'harmonie et à la paix en son sein ;
- D'un « berger » ou d'un pasteur au sein d'une communauté chrétienne aujourd'hui, car chargé par l'Éternel de veiller sur son peuple en lui transmettant sa volonté et en intercédant pour lui.

Le texte d'Exode que nous voulons étudier a le mérite d'être une proposition de management ou plus précisément d'organisation du travail au sein du peuple de Dieu après observation et analyse des procédures existantes. Tout ceci s'apparente à notre propre travail de recherche. En effet, dans ce texte, Jéthro donne des conseils pour permettre à Moïse d'être plus efficace dans sa mission. Pour bien comprendre ce passage nous allons évoquer le contexte des évènements qui y sont relatés puis nous en ferons une étude analogique avec l'approche par processus du management.

A. Le contexte

1. L'Égypte

Le contexte lointain de notre texte se situe dans les évènements qui ont entourés la sortie d'Égypte du peuple d'Israël. En effet, les enfants d'Israël sont arrivés en Égypte sous les auspices de Joseph, alors premier ministre de Pharaon : « Selon la chronologie de la Bible hébraïque, Jacob et les siens descendirent en Égypte vers l'an 1871 av. J.-C., sous la XIIe dynastie du moyen empire. [...] Joseph, élevé par Pharaon au deuxième rang du royaume pressa son père et sa famille de venir s'installer provisoirement auprès de lui (Gn 45.9-11 ; 47 ; 48...)[1]. » Joseph avait été élevé comme deuxième personnalité de l'empire sous le règne des Hyksos : « Joseph [...] aboutit en Égypte où il fut promu au rang suprême après Pharaon. Ce souverain appartenait très probablement à la dynastie asiatique des Hyksos qui régna en Égypte de 1710 à 1570 av. J.-C.[2]. » Les enfants d'Israël y passèrent près de 430 années marquées vers la fin de leur séjour par la persécution. En effet, lorsque les Hyksos perdirent le pouvoir, les Égyptiens perçurent la présence des Hébreux comme une menace pour leur stabilité : « Alors un roi qui n'avait pas connu Joseph (Ex 1.8) en conçut de la crainte et les réduisit en esclavage[3]. » Ainsi, le pouvoir égyptien engagea un processus d'élimination et de découragement du peuple juif : « Craignant qu'il ne fissent alliance avec les ennemis des Égyptiens, il prit des mesures destinées à les assujettir et à empêcher leur multiplication[4] » :

- Assassinat des premiers nés mâles : « il contrôla en outre, l'accroissement de la population israélite par les travaux forcés et le massacre des enfants[5]. »

---

1. A. Kuen, *Nouveau dictionnaire biblique, révisé et augmenté*, Saint-Légier, Éditions Emmaüs, 2002, p. 389-390.
2. Donald Guthrie et al, sous dir., *Nouveau commentaire biblique*, Saint-Légier, Éditions Emmaüs, 2007, p. 21.
3. *Ibid.*
4. Kuen, *Nouveau dictionnaire biblique*, p. 391.
5. *Ibid.*, p. 127.

- Travaux supplémentaires : « Il plaça au-dessus d'eux des chefs de corvée qui leur imposèrent de durs labeurs : travaux agricoles, fabrication des briques, construction (Ex 1.11 , 14 ; 5.6-8)[6]. »

Devant la dureté brusque de leur condition de vie, les enfants d'Israël crièrent à l'Éternel qui envoya Moïse pour les faire sortir d'Égypte et les conduire vers la terre promise. « L'oppression proprement dite dura 80 ans ou davantage (Ex 7.7, cf. 2.2). Leurs cris parvinrent à Dieu, qui leur envoya Moïse pour les libérer (2.23)[7]. » Moïse était d'ailleurs un survivant de cette période de persécution. Il a été élevé par une des filles de Pharaon : « Mais Dieu permet que la fille de Pharaon se promène le long du fleuve et se baigne où se trouve la caisse de jonc. Intriguée, elle s'en approche, elle l'ouvre et elle a le cœur tout remué devant ce bébé israélite... Et quand viendra le moment où Jokebed amènera son fils à la princesse, la fille du roi le traitera comme son propre fils, permettant qu'il accède aux plus hautes études et aux classes les plus privilégiés de la société...[8] » À la suite d'un incident, il a dû s'enfuir dans le désert, où il a eu la révélation de la mission que Dieu lui a confié à savoir : faire sortir Israël d'Égypte. Le chemin de la terre promise passera alors par la traversée du désert, période rude et dramatique de la vie d'Israël.

2. Le désert

Le désert était marqué par des conditions de vie difficiles : forte température, rareté de l'eau et donc difficulté de mener une quelconque activité de subsistance. Ce désert a été pourtant le cadre de préparation de Moïse après sa fuite de l'Égypte : « Après 40 ans passés à la cour du pharaon, Moïse s'est réfugié au pays de Madian, dans le nord de l'Arabie. [...] Son programme est désormais réglé par le soleil et les soins du troupeau, et il est devenu un vrai citoyen du désert[9]. » C'est aussi dans ce désert que Moïse fera la connaissance de Jéthro qui deviendra son beau-père : « Avoir défendu les filles de Jéthro face aux attaques de bergers hostiles lui vaudra d'être introduit dans

---

6. *Ibid.*
7. *Ibid.*, p. 391.
8. J. H. Alexander, *Moïse : prince, berger et prophète*, Genève-Paris, La maison de la Bible, 1999, p.14-15.
9. *Ibid.*, p. 27.

la famille du sacrificateur [...] Moïse se met au service de celui qui deviendra son beau-père et qui lui donnera sa fille Séphora pour femme[10]. »

Le désert que Moïse connaissait bien fut donc le cadre du voyage du peuple d'Israël à destination de la terre promise : « Le plateau calcaire avec ses ramifications montagneuses au nord-est, s'appelait désert de Parân. Les Israélites y errèrent pendant 38 ans... Les documents hébreux déclarent à maintes reprises qu'il y avait 600 000 hommes israélites de 20 ans et au-dessus, ce qui devait faire un peuple d'environ 2 millions de personnes[11]. » Ainsi, le fait que le peuple fut si nombreux et la réalité de la vie dans le désert ont rendu cette traversée du désert encore plus pénible qu'elle ne devait l'être : « Le peuple souffrit beaucoup dans le désert surtout à cause de ses murmures et de sa résistance à Dieu[12]. » Le quotidien fut donc difficile et les conflits étaient si récurrents que Moïse croulait sous le poids du travail, car il avait fort à faire surtout en ce qui concernait la résolution des conflits. Jéthro, son beau-père, l'ayant observé pendant qu'il travaillait, lui proposa une autre méthode de travail comportant une autre organisation du peuple d'Israël et de son travail de berger.

B. Lecture managériale[13]

Une lecture comparative et analogique de ce texte avec le processus du management nous permet d'y entrevoir les étapes du management par processus.

1. Planification

Jéthro indique par sa proposition à Moïse qu'il est préoccupé par un objectif principal : permettre que Moïse fasse parvenir le peuple en terre promise dans de bonnes conditions. Cette proposition d'une autre méthode de travail et d'organisation du peuple partait de l'observation de ce qui se faisait : l'utilisation de *vayareh* וַיַּרְא (qal imparfait, 3m.s du verbe *rahat*) qui signifie : voir, avoir des visions, examiner, observer, regarder, reconnaître

---

10. *Ibid.*, p. 28.
11. Kuen, *Nouveau dictionnaire biblique*, p. 336-337.
12. *Ibid.*
13. Les mots hébreux sont traduits à partir de ce dictionnaire : N.Ph Sander et I. Trenel, *Dictionnaire hébreu-français*, Genève, Slatkine reprints, 1979, p. 661.

par les sens ou l'intelligence ; et *osheh* עֹשֶׂה (qal act.ptc) qui signifie faire agir, travailler, fabriquer, produire, accomplir, exécuter. Ainsi, selon A. Kuen[14], Jéthro procède par *l'observation de l'état des faits* au verset 13-14 et par un *questionnement sur cette manière de procéder*. C'est après avoir obtenu les réponses de Moïse que Jéthro lui fit ses propositions. Il a utilisé une méthode proche de la méthode emprico-herméneutique puisque, au verset 17, il donne sa conclusion de l'analyse de la méthode utilisée par Moïse : « Ce que tu fais n'est pas bien. Tu t'épuiseras toi-même et tu épuiseras ce peuple qui est avec toi » (Ex 18.17-18a). Ainsi, comme le dit Dr Shu : « La vision naît d'un fardeau. […] Une connaissance excellente d'un besoin, d'un problème ou des crises est également un préalable[15]. » La vision ou objectif principal que Jéthro proposa à Moïse fut motivée par le désir d'améliorer le vécu et le travail de Moïse ainsi que le quotidien du peuple : « La naissance d'une vision est généralement précédée de faits, de la connaissance ou des informations au sujet d'une situation […] la vision peut venir directement de Dieu au travers de la prière et du fardeau mais, elle peut également passer par d'autres à partir de la base ou des leaders[16]. »

Notre vision ou objectif principal peut être ainsi divisé en deux objectifs secondaires reflétant les préoccupations sous-jacentes à la proposition de management de Jéthro :

- Décharger Moïse du poids du travail qui est le sien afin de le rendre plus efficace : « car la tâche est trop lourde pour toi, tu ne saurais l'accomplir seul » (Ex 18.18b). L'usage de כִּי־כָבֵד *ki cabed*, qui insiste sur la lourdeur de la charge et sur le poids des responsabilités supérieurs aux capacités réelles de Moïse. On a ici une construction qui comporte une conjonction כִּי qui est le caph de l'intensité qui exprime une espèce de superlatif : très, le plus, au plus haut degré ; puis, lui est associé *cabed* כָּבֵד un nom masculin singulier, utilisé ici comme adjectif avec le sens de lourd, pesant, insupportable, difficile, fardeau insupportable pour qualifier la chose ou la charge *adabar* (qui signifie : cause, motif, chose, événement, fait, action).

---

14. Kuen, *L'organisation de l'Église*, p. 12-13.
15. Shu, *Le leadership efficace*, p. 228.
16. *Ibid.*, p. 230-231.

- Permettre une bonne entente au sein du peuple en y facilitant la résolution des conflits et en évitant l'épuisement collectif ; cette préoccupation est exprimée par l'usage de *nabol* (qui signifie se faner, tomber, flétrir, tomber en défaillance, se consumer, s'épuiser).

Les stratégies mises en place consistaient à :
- Prévoir un plan de délégation de certaines responsabilités de Moïse ;
- Faciliter l'enseignement de la volonté de Dieu et la résolution des conflits.

Ainsi, on peut constater que la proposition de management du peuple d'Israël faite par Jéthro à Moïse comporte bien une phase de planification, car « la planification [...] concerne tout autant les fins (ce qu'il faut faire) que les moyens (la façon de procéder)[17] ». À partir de cette proposition, du moins à cette étape, nous comprenons qu'il est important pour les leaders des communautés chrétiennes de penser leur manière de faire en recherchant l'efficacité et l'harmonie au sein du groupe. Cette recherche d'efficacité se situe au niveau du travail du leader qui est le pasteur : comment faire en sorte qu'il soit efficace, c'est-à-dire qu'il puisse remplir convenablement sa mission sans s'épuiser ou sombrer dans la lassitude, le découragement ou autre ? Ce passage nous pousse à envisager la recherche de l'efficacité dans le ministère pastoral par la mise en place d'une méthode de travail appropriée à la situation de la communauté dans laquelle le pasteur se trouve. Moïse travaillait bien, mais il n'avait pas pris en compte l'épuisement auquel il s'exposait par sa méthode de travail. De plus, il n'avait pas tenu compte de la participation des autres membres du peuple dans l'œuvre de Dieu, dans la mission qui lui avait été confiée par l'Éternel. Cette suggestion de Jéthro est proche du mode de fonctionnement des chefferies traditionnelles que nous avons étudié, car le roi ou le chef ne dirige pas tout seul. Il a avec lui son conseil de notables pour l'aider dans la prise des décisions. Ainsi, nous comprenons que pour un pasteur, il est important de ne pas porter tout seul le poids de l'œuvre de Dieu au sein d'une Église locale. Comment un pasteur doit-il faire pour associer les autres membres de la communauté à sa mission ? Comment organiser le travail au sein d'une communauté chrétienne ? Quelle est l'organisation que Jéthro propose à Moïse ?

---

17. Robbins et De Cenzo, *Management*, p. 88.

2. Organisation

L'organisation consiste en une bonne répartition des tâches en tenant compte de l'objectif principal et de la stratégie.

Ainsi, dans cette proposition managériale de Jéthro, les tâches sont réparties selon un cahier de charge qui se présente de la manière suivante :

- Moïse s'occupera désormais d'être médiateur entre Dieu et son peuple (v. 19-20) ;
- Pour le règlement des conflits, il s'occupera des affaires majeures et celles mineures seront traitées par des Hommes choisis au sein du peuple et placés à la tête de groupes de 1000 ; 100 ; 50 ; 10. Leur cahier de charge est contenu dans le verset 22.

Le cahier de charge ainsi précisé, Jéthro y ajoute même le profil des Hommes devant assumer ces responsabilités au sein du peuple (v. 21).

a) Attributions du leader

> v. 19 Maintenant écoute ma voix ; je vais te donner un conseil, et que Dieu soit avec toi ! Sois l'interprète du peuple auprès de Dieu, et porte les affaires devant Dieu.
>
> v. 20 Enseigne-leur les ordonnances et les lois ; et fais-leur connaître le chemin qu'ils doivent suivre, et ce qu'ils doivent faire.

Les versets 19 et 20 précisent les attributions que Moïse doit conserver :

- Être le représentant du peuple devant Dieu et donc un intercesseur :

> Moïse est devenu un homme de prière : quand Jéthro est allé voir Moïse, ce dernier assumait les fonctions de juge, d'« encourageur », de guide, et de tout ce dont le peuple pouvait avoir besoin. Jéthro expliqua alors à Moïse qu'il devait changer ses priorités. Moïse devait se concentrer sur son rôle principal. « Tu dois être le représentant du peuple devant Dieu et lui amener leurs disputes », lui dit Jéthro en substance dans Exode 18.19. Parce que Moïse s'était laissé accaparer par toutes sortes de choses, il ne pouvait plus se

concentrer sur l'essentiel qui était d'être un lien entre Dieu et le peuple[18].

L'intercession doit être l'élément central du ministère pastoral, car elle permet de recevoir la lumière divine pour toutes les situations auxquelles le pasteur sera confronté.

- Être celui qui enseigne au peuple la volonté de Dieu en lui montrant le chemin à suivre :

    Moïse avait la responsabilité de partager avec le peuple ce que Dieu lui avait confié, et d'être un modèle à imiter. Il aurait pu se contenter de leur inculquer les commandements, mais lorsqu'on se contente d'écouter, on a tendance à rester passif. Mais quand on montre ce qui doit être fait et comment le faire, les gens comprennent d'autant mieux nos directives[19].

Le pasteur selon la tradition de la Réforme est ministre de la Parole. Il a pour fonction principale l'enseignement de la Parole de Dieu aux Hommes. La Parole de Dieu contient l'essentiel de la volonté de Dieu d'une part et d'autre part ce que les Hommes doivent savoir sur Dieu.

- Être celui qui juge les causes majeures ou encore les cas compliqués, dépassant la compétence des chefs de groupes :

    Moïse ne faisait *que* ce que les autres *ne pouvaient pas* faire : Exode 18.26 nous décrit cette dernière étape. Il est dit de ceux que Moïse a équipés pour leur tâche : « Ils devaient siéger chaque jour pour juger les querelles du peuple, et ils soumettaient à Moïse les affaires difficiles, mais réglaient eux-mêmes les causes mineures. » En tant que leader, Moïse devait rester prêt et disponible pour assumer les situations

---

18. John C. Maxwell, « Comment équiper les autres en vue de leur confier des ministères ? », article publié dans *Ressources Spirituelles*, no. 6, printemps 2003, disponible sur : http://croissancedeseglisesoutils.blogspot.com/2009/01/appels-quiper-les-autres.html, consulté le 10 novembre 2021.

19. *Ibid.*

les plus ardues que les autres membres de l'équipe n'étaient pas capables de régler[20].

Les attributions de Moïse se rapprochent un peu plus de celles des pasteurs qui ont pour mission : « …de présider en l'Église de telle sorte qu'ils n'aient point une dignité oisive, mais qu'ils instruisent le peuple en la doctrine chrétienne, qu'ils administrent les sacrements, et qu'ils corrigent les fautes par de bonnes admonitions, usant de la discipline paternelle que Jésus-Christ a ordonnée[21]. » Le travail du pasteur consiste en effet à enseigner la volonté de Dieu aux Hommes telle qu'elle est contenue dans sa Parole puis à accompagner les gens dans la prière (et donc à les présenter à Dieu), administrer les sacrements et conduire la communauté chrétienne. Un groupe d'attributions similaire à celles de Moïse. Moïse peut donc être une figure utile pour l'exercice du ministère pastoral. De plus, cette répartition nous permet de comprendre que le pasteur doit cerner clairement quelles sont ses attributions au sein de l'Église locale puis, quelles sont celles de ses collaborateurs.

b) Attributions des collaborateurs du leader

> Qu'ils jugent le peuple en tout temps ; qu'ils portent devant toi toutes les affaires importantes, et qu'ils prononcent eux-mêmes sur les petites causes. Allège ta charge, et qu'ils la portent avec toi. (Ex 18.22.)

Les anciens du peuple reçoivent comme attribution la capacité de juger les conflits entre les membres de leur région ou groupe et de référer les cas importants à Moïse. On note l'usage de *agadol* הַגָּדֹל qui désigne les cas ou affaires graves. Ces Hommes seront des chefs avec le rôle de juge : שָׂרֵי עֲלֵהֶם וְשָׁמְתָּ

- שָׂרֵי *sharé* qui vient d'une racine *shar* qui signifie capitaine, maître, chef, gouverneur, intendant, grand, prince, être placé au-dessus du peuple ;
- וְשָׁפְטוּ *shafetou* qui signifie jugement, peine vient de la racine *shafat* qui signifie juger, décider, rendre justice, faire droit, condamner, punir, exercer une magistrature, gouverner.

---

20. *Ibid.*, italiques dans l'original.
21. Calvin, *L'institution chrétienne*, Tome 4, p. 59.

Ces chefs ayant des attributions de juges sont comparables aux anciens de l'Église qui participent à la discipline : « Mais la façon commune en usage était que la discipline commune fût exercée par la compagnie des prêtres, dont, comme j'ai dit, il y avait deux espèces : les uns avaient l'office d'enseigner, les autres n'étaient que des députés pour avoir un regard sur la vie de tous[22]. »

On assiste ici à une répartition du travail qui est fait d'une part par Moïse l'intercesseur, l'enseignant et le prophète, mais aussi le juge des causes difficiles et d'autre part par les anciens qui jugent les causes mineures. On pourrait dire que Moïse est un ancien qui a en plus la capacité d'enseigner, d'annoncer la volonté de Dieu (prophétiser) et d'intercéder pour le peuple. Ce schéma nous fait penser à celui qui sera en vigueur dans quelques Églises du Nouveau Testament et dans les Églises issues de la Réforme où l'on retrouve la distinction entre anciens qui enseignent et anciens qui gouvernent : « Les anciens qui enseignent sont les ministres de la congrégation, et les anciens qui dirigent, choisis par la congrégation, partagent le travail de pastorale, de surveillance et de leadership. Ensemble, ils forment le Conseil des anciens qui gère les affaires dans chaque Église locale[23]. » (« Que les anciens qui dirigent bien soient jugés dignes d'un double honneur, surtout ceux qui travaillent à la prédication et à l'enseignement », 1 Tm 5.17.)

De plus, Jéthro propose un profil pour le choix des collaborateurs de Moïse dans le jugement des conflits au sein du peuple :

- des hommes capables : אַנְשֵׁי־חַיִל *anese' ayil* des hommes de force, vaillants, riches, vertueux. Il est donc question de choisir à la fois des hommes ayant la volonté de bien faire, connu par la communauté comme ayant les aptitudes et l'habileté pour la tâche qui leur sera confiée.
- des hommes craignant Dieu : יִרְאֵי אֱלֹהִים *yirehé Elohim* c'est-à-dire, confesser, louer, rendre grâces à Dieu.
- amis de la vérité : אַנְשֵׁי אֱמֶת *anese' émet* qui signifie vérité, fidélité, probité, sûreté, intégrité.
- détestant le profit ou incorruptible : *bêtsa* qui signifie gain illicite, butin, profit, intérêt.

---

22. Calvin, *L'institution chrétienne*, Tome 4, p. 205.
23. « Qui sommes-nous ? », dans *The church of St Andrew and St Paul*, 2010, disponible sur : http://www.standrewstpaul.com/qui-sommes-nous/, consulté le 27 novembre 2010.

Ce profil peut être relié à celui établi lors du choix des diacres par les apôtres : « Choisissez parmi vous sept hommes, de qui l'on rende un bon témoignage, qui soient pleins d'Esprit-Saint et de sagesse, et que nous chargerons de cet emploi » (Ac 6.3).

Par cette phase de la proposition de Jéthro, nous comprenons l'importance de mettre au point un profil compatible avec le cahier de charge pour le choix des responsables dans l'Église. Comment faire donc pour conduire et coordonner le travail de tous ces responsables ?

3. Direction

Moïse apparaît clairement comme le leader du groupe, car il a à choisir les chefs de groupe et en plus il coordonne et supervise leur travail en recevant les cas qu'ils auront jugés graves ou difficiles. De plus, Moïse est celui qui se présente devant Dieu pour le peuple et qui se présente au peuple pour indiquer la direction à suivre selon la volonté et les préceptes du Seigneur. Il est donc celui à qui Dieu parle pour indiquer ses attentes et ses prescriptions mais aussi, celui qui fait part au Seigneur des difficultés rencontrées par le peuple au quotidien. Le rôle de Moïse ici ressemble à celui d'un pasteur ou du « berger » d'une communauté chrétienne. Le Pr Zokoué[24] pense qu'il faudrait réinventer le profil du pasteur en Afrique, encore tributaire de l'héritage missionnaire et de la théologie pastorale occidentale par une actualisation du concept biblique de berger. Zokoué insiste sur les notions de sacrifice, de dévouement et d'amour. Le pasteur est en effet celui qui porte la responsabilité de la conduite spirituelle d'une communauté chrétienne au travers de l'enseignement de la Parole de Dieu.

Le rôle de Moïse inclut le choix des chefs de groupe ce que l'on peut retrouver dans le Nouveau Testament :

> Paul fait nommer des anciens en sa qualité d'apôtre (Actes 14.23). Mais le verbe traduit « firent nommer » qui indiquerait une élection pourrait aussi être traduit par nommèrent qui indiquerait une désignation par Paul et Barnabas. En Crète, Tite, comme délégué apostolique, doit établir des anciens dans

---

24. Isaac Zokoué, « Le modèle biblique du pastorat et les pratiques actuelles dans les Églises africaines », dans *Revisiter la théologie en Afrique contemporaine*, Études théologiques d'Afrique francophone, Abidjan, 2016, p. 55-72.

chaque ville (Tite 1.5). Par ailleurs, Paul affirme que c'est le Saint-Esprit qui a établi les anciens d'Éphèse (Actes 20.28). Puisque le Saint-Esprit ne donne pas de directives précises ni uniformes, il faut conclure que la direction du Saint-Esprit était recherchée et que l'on tenait surtout compte des qualifications qui, elles, sont clairement énumérées[25].

Par cette nécessité de choisir en discernant au sein du peuple ceux qui l'accompagneront dans l'exercice de sa mission, Moïse est amené à comprendre que la mission que Dieu lui a confiée au sein du peuple ne doit pas se vivre ou se remplir en solitaire. Il doit associer ceux qu'il est appelé à conduire dans sa manière de les conduire. Il doit les impliquer dans ce que A. Kuen a appelé un leadership démocratique. En effet, on note dans ce leadership une délégation de certaines responsabilités. Moïse a été amené à déléguer les responsabilités qui concernaient le règlement des litiges tout en conservant celles qui avaient traits à la direction divine, car il avait été choisi et préparé par Dieu pour cela. Le pasteur dans l'Église locale devrait savoir dans ses attributions ce qu'il peut déléguer et ce qui ne peut l'être et aussi à qui déléguer en tenant compte des règlements de son Église, de la vocation qui est la sienne, mais aussi de la formation des membres de la communauté. Ainsi, le leader qu'a été Moïse, tout comme le pasteur aujourd'hui, est amené à gérer son ministère en relation à la fois avec Dieu et avec la communauté dans laquelle il est appelé à exercer : « Notre ministère prophétique nous place à côté de Dieu, face à l'Église. Notre ministère sacerdotal nous place plutôt du côté du peuple face à Dieu. Notre ministère pastoral nous oblige à maintenir la tension de cette double loyauté[26]. » Ce leadership démocratique nous semble similaire à celui en vigueur dans les communautés traditionnelles africaines que nous avons étudiées, car le roi ne doit et ne peut d'ailleurs gérer tout seul le peuple qui lui est soumis. Il doit toujours faire avec le conseil des notables composé des représentants des différents groupes et sous-groupes du peuple qu'il dirige.

---

25. Frédéric Buhler, « Ministères et autorité », *Le christianisme au 20ᵉ siècle, hebdomadaire protestant*, hors-série, no. 8, septembre 1993.
26. Jacques Mottu, « Quand la vocation est un métier », *Le christianisme au 20ᵉ siècle, hebdomadaire protestant*, hors-série, no. 8, septembre 1993, p. 15-16.

4. Évaluation

Elle consiste à comparer les résultats aux objectifs et à corriger les écarts éventuels. Ici, l'évaluation finale ou rétroactive se situera au niveau de l'arrivée à destination.

On retrouve d'autres critères d'évaluation au verset 23 : « Si tu fais cela, et que Dieu te donne des ordres, tu pourras y suffire, et tout ce peuple parviendra heureusement à sa destination. »

On note l'usage de *shalom* pour signifier que le peuple rentra en paix chez lui.

Ainsi, la paix au sein du peuple est un critère d'évaluation à mi-parcours. L'état d'esprit du peuple, c'est-à-dire l'atmosphère qui règnera au sein du peuple permettra d'évaluer de manière continuelle le bon fonctionnement du dispositif mis en place. En effet, si les membres du peuple sont en paix, ou repartent en paix après la résolution des litiges, ce sera le signe que Moïse a été éclairé par Dieu et que le système de management proposé fonctionne convenablement. Cette notion d'évaluation doit être intégrée dans le fonctionnement des Églises locales. En effet, en fonction de ses objectifs, chaque Église locale doit se fixer des critères d'évaluation continuels et rétroactifs. L'évaluation finale peut nous permettre de constater que si le peuple est parvenu en terre promise, Moïse lui s'est arrêté avant cette échéance, Dieu en ayant décidé ainsi. En effet, au cours d'un incident rapporté dans Nombres 20.1-12, Moïse fut disqualifié par Dieu à cause de sa colère devant l'incrédulité du peuple : « Il a suffi d'une fois ! Une fois où Moïse s'est énervé… Et à cause de ce moment de défaillance, Moïse fût privé du pays de la promesse[27]. » Cet incident regrettable interpelle les leaders sur leur personnalité. En effet, nous avons vu plus haut que la personnalité est l'un des éléments qui influencent le leadership. Un pasteur, fût-il serviteur de Dieu, a dans son caractère des éléments qui peuvent le gêner dans l'exercice de son ministère comme l'impatience, l'égoïsme, le manque de maîtrise de soi, etc. Il convient donc de se connaître et de se corriger là où le ministère peut être entamé par notre propre faute : « Tous les leaders ont des faiblesses, mais Dieu attend qu'ils deviennent de plus en plus matures dans leur caractère. Paul met l'emphase sur la maîtrise de soi, le respect et la sainteté. Si un leader ne peut contrôler ses émotions et

---

27. Alexander, *Moïse : prince, berger et prophète*, p. 245.

ses humeurs, il pourrait se retrouver dans de nombreux problèmes[28]. » De plus, ces critères de paix au sein du peuple et de communion avec Dieu sont compatibles avec nos recherches concernant l'apport de l'anthropologie, car dans les communautés traditionnelles africaines que nous avons étudié, le roi doit veiller au bien-être de tous. Il est le garant de la justice et de la paix.

Conclusion

Nous sommes partis à la recherche du processus du management dans le texte d'Exode 18.13-26. Notre lecture selon une approche managériale nous aura permis de découvrir que la proposition que Jéthro fait à Moïse pour améliorer son efficacité dans la mission que Dieu lui a confié comporte bien les étapes du management par processus à savoir :

- La planification dans laquelle le but principal est atteindre est la volonté de voir Moïse conduire Israël en terre promise dans de bonnes conditions.
- L'organisation qui a consisté en une répartition du travail : d'une part Moïse l'intercesseur, l'enseignant, le berger et le prophète, mais aussi le juge des causes difficiles et d'autres part des anciens, des juges pour les causes mineures. Cette répartition des tâches est complétée par un profil pour les collaborateurs de Moïse : capables, craignant Dieu et intègres.
- La direction dans laquelle Moïse est invité à utiliser un leadership démocratique. La figure biblique du berger se prêterait le mieux à cette fonction.
- Et enfin l'évaluation qui se fera de manière continuelle par la présence de paix au sein du peuple et à la fin du parcours par l'arrivée en terre promise. L'évaluation finale nous a permis de mettre en évidence l'influence de la personnalité du leader dans l'exercice de son ministère et d'insister sur la nécessité d'une autodiscipline pour la production de comportements compatibles avec le ministère à exercer.

---

28. Shu, *Le leadership efficace*, p. 100.

Dans cette proposition, on retrouve les théories :

- Systémique du management, car le peuple est conçu ici comme un ensemble avec des groupes interdépendants et une coordination ;
- De la contingence, car on se rend compte que le caractère du leader ainsi que les réalités du quotidien influencent son leadership.

Cette étude nous a permis de faire des ponts avec le Nouveau Testament et la réalité actuelle de l'Église. Les attributions de Moïse nous ont semblé similaires à celles des pasteurs : enseigner la Parole de Dieu, conduire les gens dans la prière, conduire la communauté dans la discipline, etc.

Après cette étude vétérotestamentaire, il importe de voir quel peut être l'apport du Nouveau Testament dans la recherche du point de vue de la Bible sur le management d'une Église locale. Peut-on, dans le Nouveau Testament, trouver une figure capable comme Moïse d'inspirer l'exercice du ministère pastoral ?

CHAPITRE 12

Étude de 1 Corinthiens 12.12–14.31

Introduction

Selon Robert Somerville, « le livre des Actes des apôtres et les épîtres pauliniennes nous font connaître la stratégie missionnaire de l'apôtre Paul : implanter une Église dans les principales villes du monde gréco-romain[1]. » L'apôtre Paul est en effet reconnu comme l'un des grands évangélistes et bâtisseurs d'Églises de l'histoire de la chrétienté primitive et rien qu'à ce titre, il peut servir d'archétype à bien de pasteurs. Ainsi, nous voulons, à la lumière d'écrits qui lui sont attribués, retrouver sa pensée sur le fonctionnement et l'organisation d'une Église locale. Le texte de 1 Corinthiens 12 à 14 nous a semblé convenir à cette quête, car il a été régulièrement cité par les réformateurs pour parler du gouvernement de l'Église. En effet, Jean Calvin le cite pour parler des questions de ministères dans l'Église lorsqu'il dit : « Par la suite, Saint Paul en la première épître aux Corinthiens voulant traiter des offices, commence par les dons que doivent avoir ceux qui sont appelés (1 Cor 12.7)[2]. » La première épître de Paul aux Corinthiens fait partie des treize épîtres attribuées à Paul par la tradition chrétienne. Bien plus, elle figure parmi les sept épîtres reconnues de manière consensuelle comme authentiques, c'est-à-dire comme étant conformes à la pensée de l'apôtre Paul. C'est également l'avis d'Elian Curvillier : « Les lettres aux Éphésiens et aux Colossiens, la seconde aux Thessaloniciens et les lettres dites pastorales (1 et

---

1. Robert Somerville, *La première épître de Paul aux Corinthiens*, Vaux-sur-Seine, Edifac, 2002.
2. Calvin, *L'institution chrétienne Tome 4*, p. 63.

2 Timothée et Tite) sont souvent attribuées à une tradition paulinienne. Cela signifie que leur authenticité est contestée. Un consensus existe sur l'authenticité de 7 des 13 lettres…[3] »

Notre intention est de comprendre la pensée de Paul pour la communauté de Corinthe au Ier siècle de notre ère et de chercher dans quelle mesure cette pensée pourrait être appliquée dans le contexte d'une Église locale de tradition réformée en général et au Cameroun en particulier.

A. Le contexte historique

1. Corinthe : la ville

L'ancienne Corinthe, siège de la résistance grecque contre Rome, a été détruite en 146 par L. Mummius et reconstruite un siècle plus tard sur ordre de César. Elle prit alors le nom de Laus Iulia Corinthus. Dans un premier temps, elle fut peuplée d'affranchis et de vétérans de l'armée puis elle se développa rapidement pour devenir une des villes les plus brillantes et les plus prospères de la Grèce[4]. Sur le plan géographique, elle se présentait comme le trait d'union entre les bassins occidental et oriental de la méditerranée, lieu de transit d'un intense trafic.

Au centre de la ville, on retrouvait une vaste place commerciale composée de boutiques, de magasins et le bêma, une large tribune où l'on rendait la justice ainsi qu'un marché couvert. On y notait la présence de nombreux temples dédiés à des divinités païennes signes d'une « vie religieuse bigarée, semblable à celle de toutes les villes importantes de l'empire. Dans sa description de la Grèce Pausanias (2e siècle après J.-C.) nomme à côté des temples consacrés aux divinités traditionnelles et de celui dédié à Jupiter Capitolin, les sanctuaires d'Isis, de Seraphis,…[5] ».

La ville qui était vouée au commerce et à l'industrie avait une population très mélangée :

- des esclaves ;
- des ouvriers industriels ;

---

3. Elian Curvillier, « Lire les lettres de Paul », dans Pierre Debergé et Jacques Nieuviaris, sous dir., *Guide de lecture du NT*, Paris, Bayard, 2004, p. 391 à 448.
4. Christophe Senft, *La première Epître de Paul aux Corinthiens*, Neuchâtel, Delachaux et Niestlé, 1979.
5. *Ibid.*, p. 15.

- des riches propriétaires et hommes d'affaires pour qui travaillaient les autres catégories cités plus haut (cf. 1 Co 1.26 ; 7.21 ; 11.21).

Cette réalité n'est pas très différente de nos villes africaines qui sont un mélange de :

- riches, soit hommes d'affaires, soit gestionnaires de crédits de l'État ou encore cadres des entreprises privées qui ont à leur service un personnel de maison ;
- des agents d'exécution ou des ouvriers dont le train de vie ne ressemble en rien à celui de la catégorie précédente ;
- des personnes qui travaillent dans l'informel et qui ont des revenus variables ;
- des cadres moyens encore appelés agents de maîtrise qui gagnent assez bien leur vie.

Au sujet de cette inégalité dans la répartition sociale une enquête socio-économique a récemment fait ressortir que :

> S'agissant des inégalités, les résultats de l'étude sur l'évolution de la pauvreté au Cameroun entre 1996 et 2003 révèlent que les inégalités dans la répartition des revenus entre les individus persistent. Il y a convergence des résultats montrant ainsi que, quel que soit l'indicateur d'inégalité retenu (coefficient de variation, indice de GINI et rapport du cinquième et du premier quintile), les inégalités se sont au mieux maintenues. Le cas de l'évolution des groupes extrêmes, à savoir les 20 % les plus pauvres et les 20 % les plus aisés est assez illustratif de cette aggravation des inégalités ; en 2001, les 20 % les plus aisés ont une dépense de consommation 8,3 fois supérieure à celle des 20 % les plus pauvres, contre 7,6 fois en 1996[6].

Sur le séjour de Paul à Corinthe, on sait qu'il a logé chez Aquilas et Priscille, mais aussi qu'il a travaillé dans leur atelier pour gagner sa vie. Il a commencé à annoncer l'Évangile dans la synagogue où il a pu toucher à la

---

6. Y. F. O. Ndongo, A. J. Ebene et J. Tegnerowics, « Religion, capital social et réduction de la pauvreté au Cameroun : le cas de la ville de Yaoundé », Munich, Personnal RePEC Archives, 2006, p. 4, disponible sur : http://mpra.ub.uni-muenchen.de/166/, consulté le 10 novembre 2021.

fois des Juifs, des Grecs, des prosélytes ou simplement des craignants Dieu. Après en avoir été expulsé, un craignant Dieu, Tistus Justus, lui a offert un local dans sa maison qui était attenante à la synagogue. La prédication de Paul rencontra du succès, car on assiste à plusieurs conversions chez les Juifs et même chez les païens (Ac 18.8).

Vers la fin de son séjour, les Juifs vont le traîner au tribunal, l'accusant d'entraîner les gens à un culte contraire à la loi.

2. Corinthe : l'Église locale

Paul va partir de Corinthe avec Aquilas et Priscille qui déplacèrent leur commerce vers Éphèse. Après son départ, quelques-uns des baptisés devenus ses collaborateurs prirent la direction de la communauté (1 Co 16.15-17). Parvenu à Éphèse, Paul recevra régulièrement des nouvelles alarmantes au sujet de l'Église de Corinthe.

La nécessité de cette lettre aux Corinthiens s'explique par :

- des difficultés exprimées par quelques responsables au sujet de la direction de la communauté (16.15) ; il semble que ce fut après cette rencontre que Paul ait envoyé une lettre.
- par la suite, Paul reçoit d'autres informations au travers d'une lettre envoyée par les chrétiens (7.1) dans laquelle sont soulevés plusieurs problèmes : un cas d'inceste, la question des viandes sacrifiées objet de polémique, une lettre d'un groupe de tendance ascétique qui ne souhaitent pas se marier, le problème des phénomènes extatiques abondant et cause de rivalités, de divisions et d'anarchie.

De plus, on note des divisions au sujet de la paternité et du leadership, les Corinthiens se réclamant de maîtres divers : Paul, Apollos, Céphas, ou directement du Christ. Dans la communauté, on retrouvait en effet des gens au savoir élevé fortement influencés par la gnose avant leur conversion qui reprochaient à l'apôtre de n'avoir enseigné que les rudiments de la foi. Selon C. Senft : « Il voit la cause des querelles partisanes dans la prétention à la sagesse, issue d'une méconnaissance totale de l'évangile...[7] » Pour Schmitals[8], la cause des divisions est aussi à rechercher dans l'individualisme et la vanité

---

7. Senft, *La première Épître de Paul aux Corinthiens*, p. 21.
8. *Ibid.*

spirituelle dans un climat enthousiaste qui sont les sources de surenchères et d'anarchie pneumatique dans les assemblées.

Au Cameroun, par exemple, on observe un phénomène similaire avec :

- Le fait que dans certaines Églises locales plusieurs conflits naissent du fait que les pasteurs semblent accorder plus d'intérêts aux chrétiens fortunés par rapport à ceux qui le sont moins ;
- L'émergence d'Églises dites de réveil, sous-entendu que les Églises traditionnelles sont des Églises de sommeil sous prétexte que l'on n'y retrouve pas la manifestation de certains dons de l'Esprit Saint comme le parler en langue ;
- La diversité spirituelle que nous avons relevé dans le contexte du Cameroun peut dans une certaine mesure être assimilée à celle de la ville de Corinthe ;
- La grande diversité culturelle et ethnique du Cameroun rapproche un peu plus son contexte social de celui de Corinthe ;

Le contexte de l'Église de Corinthe peut très bien servir de cadre de référence pour la prospection d'un modèle de management d'une Église locale pour les Églises protestantes du Cameroun.

B. Lecture managériale

Dans la deuxième partie de notre étude nous avons établi que la plupart des auteurs sérieux en management le présente comme un ensemble de techniques de gestion, d'organisation et de direction d'une organisation humaine ; techniques qui se résume en quatre étapes principales appelées le processus du management :

- planification ;
- organisation ;
- direction ;
- évaluation.

Dans 1 Corinthiens 12-14, peut-on retrouver le processus du management ? Si oui, quels sont les enseignements que l'on peut tirer sur le management d'une Église locale et en ce qui concerne l'exercice des ministères ?

1. Planification

Planifier consiste à se fixer un but ou un objectif principal avec des objectifs secondaires et une stratégie. Il est question d'avoir une vision et des objectifs secondaires.

Le but de cette partie de l'épître aux Corinthiens est de vivre sa foi ou faire de l'Église de Corinthe une véritable communauté fraternelle avec un bon témoignage chrétien et les objectifs secondaires peuvent être :

- Édifier le peuple de Dieu par l'usage des dons du Saint-Esprit ;
- Enrayer les inégalités et permettre à chacun d'avoir sa place ;
- Mettre de l'ordre lors des moments de rassemblement.

Il apparaît clairement que Paul a une vision pour l'Église de Corinthe. En effet, conscient de son contexte hétérogène, il a voulu en faire une communauté unie, capable d'avoir un bon témoignage auprès des gens du dehors. La stratégie que Paul met en place consiste à enseigner d'abord sur l'origine des dons, puis sur l'utilisation des dons et enfin sur la nécessité du maintien de l'unité par le lien de l'amour.

a) L'origine ou la source des dons : 12.1-6

La source des dons ou manifestations de l'Esprit est clairement précisée : Dieu (αυτο πνευμα : même esprit ; même Seigneur : αυτος κυριος ; même Dieu : αυτος θεος) par son Esprit Saint distribue des dons qui sont à la fois χαρισματων (dons gracieux) ; διακονιων (services) ; ενεργηματων (ministères ou mises en œuvres ou encore opérations). Paul répète à chaque fois l'expression « le même » pour insister sur les origines de ces manifestations. Cette réalité que Paul rappelle aux chrétiens de Corinthe est utile pour tous ceux qui exercent un ministère dans l'Église, car elle permet de se sentir intendant d'un bien dont nous ne sommes pas les propriétaires, mais qui nous a été confié par Dieu.

La Sainte Trinité est présente dans l'explication que Paul donne à la source des capacités spirituelles des membres de la communauté. Successivement, il utilise :

- πνευμα qui peut être traduit par le vent, l'esprit humain, les esprits mauvais et qui régulièrement dans les Évangiles de Matthieu, Luc et Jean, le livre des Actes des Apôtres, et les lettres de Paul désigne l'Esprit de Dieu[9]. Il s'agit d'un terme dérivé de πνέω qui désigne la puissance de la nature et de la vie : le vent, le souffle comme principe de vie ; il correspond à l'hébreux *ruah* qui désigne la force par laquelle Dieu agit, L'Esprit de Dieu présent à la création du monde ou encore la force par laquelle Dieu réalise des prodiges.

- θεος qui désigne Dieu au sens de Dieu le Père, créateur de l'univers, mais bien plus ce terme désigne la présence et la manifestation (ou l'épiphanie) de Dieu ; Il s'agit du Dieu qui se laisse rencontrer pendant le culte par l'homme sa créature.
- κυριος qui signifie Seigneur ou Maître et qui est l'appellation courante de Jésus-Christ par ses disciples et d'autres personnes lui demandant de l'aide dans les évangiles.
- Chacun de ces termes est précédé de αυτος qui reviendra ainsi trois fois pour attester qu'il n'y a qu'une seule source pour tous les phénomènes extatiques observés dans l'Église : Dieu le Père de Jésus-Christ opérant par l'action du Saint-Esprit, UN seul Dieu. Cette insistance peut être comprise comme la volonté pour l'apôtre de rappeler que personne dans la communauté n'a de mérite ou de capacités supérieures aux autres lui ayant permis de bénéficier de tel ou tel autre don, mais plutôt que ces dons sont l'effet de la grâce de Dieu comme le dira Jean Calvin : « Il prouve par leur propre expérience que les vertus desquelles ils s'enorgueillissent sont données aux hommes par la grâce de Dieu... Il apparaît donc qu'ils n'en n'ont pas été doués de nature mais par la bénignité gratuite de Dieu[10]. » En effet, les chrétiens de Corinthe étaient d'origines diverses et les manifestations spirituelles observées sont la conséquence de leur conversion et de leur baptême. De la même manière dans chaque Église locale aujourd'hui, le Seigneur gratifie chaque membre d'un don spirituel. Les capacités que manifestent les chrétiens pour l'avancement de l'œuvre de Dieu qu'elles soient spectaculaires ou

---

9. Horst Balz et Gerhard Schneider, sous dir., *Exegetical Dictionary of the New Testament*, Grand Rapids, Eerdmans, 1994, p. 117.
10. Jean Cavin, *Commentaire sur le Nouveau Testament*, Tome 3, « Sur la 1ère Epître aux Corinthiens », Paris, Librairie de Charles Meyrueis et Compagnie, 1855, p. 447.

plus modestes n'ont qu'une seule source : Dieu, le Père de Notre Seigneur Jésus-Christ agissant au travers de l'Esprit Saint.

Il y avait dans la communauté des riches et des pauvres et, selon certains auteurs, les riches étaient habituellement placés à des positions enviables. De plus, il semble qu'il y ait eu des discussions au sujet de la préséance de tel ou tel don par rapport aux autres. R. Somerville dira : « Certains Corinthiens sont convaincus d'être des chrétiens de niveau spirituel supérieur. Cette conviction s'appuie sur des manifestations spectaculaires suscitées par le Saint-Esprit et plus particulièrement sur la glossolalie ou parler en langues[11]. » Cette mise au point de Paul a le mérite de ramener à leur juste valeur les différentes manifestations extraordinaires observées au sein de la communauté : elles sont la main invisible de Dieu qui souhaite utiliser chacun de ses enfants pour son œuvre : « Maintenant il démontre à quelle fin Dieu a destiné ses dons. Car il ne nous les donne pas en vain, et ne veut pas qu'ils servent à l'ostentation et à la pompe[12]. »

Nous retrouvons aussi divers termes qui parlent de la même réalité :

- *charismaton* χαρισματων : dons grâcieux, faveur, manifestation visible de la grâce de Dieu.
- *diakonion* διακονιων vient du nom féminin διακονια qui signifie : service, ministère, de ceux qui répondent aux besoins des autres ; de ceux qui, appelés par Dieu, proclament la religion parmi les hommes : l'office de Moïse, l'office des apôtres et leur administration, l'office de prophètes, évangélistes, anciens etc. ; l'office du diacre dans l'église ; le service de ceux qui préparent et présentent la nourriture.
- *energematon* ενεργηματων : quelque chose de travaillé, réalisation, opération effectuée.

Tous ces termes sont précédés par *diareséis* διαιρεσεις qui signifie division, distribution, distinction, différence en particulier, distinction résultant d'une distribution différente à différentes personnes[13].

Il y là une belle construction antinomique : la diversité est associée aux dons et manifestations de l'Esprit quand l'unité est associée à Dieu. Les

---

11. Somerville, *La première épître de Paul aux Corinthiens*.
12. Calvin, *Commentaire sur le Nouveau Testament*, p. 449.
13. *Dictionnaire grec-français*, Logiciel Bible online, 2002.

chrétiens sont interpellés à considérer Dieu comme la source unique des dons et charismes, lui-même qui s'est manifesté de différentes manières à l'humanité tout en restant le même Dieu. Par-là, Paul développe l'idée selon laquelle l'Église de Corinthe doit rester unie malgré les différences visibles qui, par ailleurs, ne sont que les diverses manifestations de la présence, de la grâce et de l'action du même Dieu. Ainsi, au sein une Église locale les chrétiens se doivent mutuellement respect, car chacun a reçu de Dieu le don qui convient à l'avancement de son œuvre.

b) Le but des dons 12.7/14.12

Les dons ne sont pas présentés ici comme des privilèges, mais plutôt comme la volonté de Dieu d'utiliser chacun des membres de l'Église de Corinthe pour l'édification commune : « Si les dons spirituels, dit-il, vous plaisent, que la fin en soit l'édification[14] », et pour l'exprimer, nous notons que l'apôtre utilise :

- au chapitre 12 (προς το) *sumpheron* συμφερον qui signifie : apporter ou rassembler ; soutenir ensemble ou au même moment ; porter avec les autres ; collecter ou contribuer afin d'aider ; être utile, être profitable, être indiqué.
- au chapitre 14 (προς την) *oikodomen* οικοδομην (της εκκλησιας) qui signifie : édification, édifice, édifier, s'édifier, construction ; (l'action de) construction, édifiant, bâtissant ; métaphore édifier, édification ; l'action de celui qui aide la croissance de quelqu'un dans la sagesse chrétienne, la piété, le bonheur, la sainteté ; un bâtiment (c'est-à-dire la chose construite, l'édifice).

Par ces deux versets, Paul montre clairement que les dons doivent servir à la construction d'une Église comme une communauté où règnent l'harmonie, l'entente et la paix. Jean Calvin dira dans ce sens : « Toutefois, notre devoir est de n'avoir autre but devant les yeux que celui-là, c'est que le Seigneur soit exalté, et que son règne croisse de jour en jour[15]. » Ainsi, chaque membre de l'Église locale doit savoir que sa position, ou ses capacités doivent permettre l'édification d'une communauté et l'avancement de l'œuvre de Dieu. On

---

14. Calvin, *Commentaire sur le Nouveau Testament*, p. 469.
15. *Ibid.*

remarquera au passage que cette recommandation de l'apôtre Paul entre en droite ligne d'un management de type systémique et le pasteur d'une Église locale se trouve ainsi être interpellé à faire concourir les capacités des membres de la communauté y compris les siennes à l'atteinte d'objectifs communs adoptés par l'Église locale. Il est question ici de faire converger les intérêts personnels ou particuliers vers la satisfaction de préoccupations communes. Il est important que ces préoccupations communes soient clairement définies et connues de tous au sein de l'Église locale. Elles serviront alors de cadre de référence ou de balise pour la vie de l'Église locale dans tous ses aspects : « Les leaders ecclésiaux ont aussi la responsabilité de promouvoir une vision d'église qui a du sens à la lumière de l'Évangile. Une vision qui n'est pas seulement celle de faire croître numériquement l'église mais aussi et surtout celle de faire croître l'amour de Dieu et du prochain chez les membres et de les former pour les impliquer dans des ministères qui réaliseront la mission de l'église[16]. »

2. Organisation

Organiser, c'est répartir les tâches.

Notre passage insiste sur le fait que chaque membre de la communauté a un don spirituel qu'il doit mettre au service de l'ensemble. Cette vérité suppose que chacun respecte le don et les fonctions de l'autre. Les deux listes qui énumèrent dons et fonctions nous permettent de comprendre que Paul propose une répartition du travail en fonction des besoins de la communauté. L'image du corps qui est utilisée nous permet de dire que, pour Paul, il est important que chacun fasse sa part sans être complexé, l'Église de Corinthe ayant besoin de tous ses membres !

Paul propose une organisation de type systémique où il existe des entités distinctes devant agir en harmonie, en vue d'atteindre le même but : édifier la communauté. L'organisation que propose Paul semble être concentrée autour de l'enseignement de la Parole de Dieu, source d'édification. Dans ce passage, il va proposer des ministères qui :

---

16. Pierre-Alain Giffard, « Leadership et croissance des Églises », dans Pierre-Alain Giffard *La croissance de l'Église : outils et réflexions pour dynamiser nos paroisses*, Nouan-le-Fuselier, Éditions des Béatitudes, 2012. Article consulté sur : https://croissancedeseglisesoutils.blogspot.com/2008/10/leadership-et-croissance-des-glises.html.

- D'une part permettent que la parole de Dieu soit enseignée et manifestée de manière concrète et,
- D'autre part permettent qu'il y ait une gestion et une direction de la communauté. Le vivre ensemble implique un certain nombre d'exigences, il est nécessaire pour Paul, qu'en plus des dons tournés vers l'animation de la vie spirituelle, il y ait aussi des personnes chargées de veiller à la cohésion du groupe. Vivre ensemble pour adorer Dieu implique des aspects matériels, par exemple : des offrandes récoltées pendant les célébrations, des dépenses en ce qui concerne la célébration du culte comme l'achat des éléments pour la Sainte Cène, etc.

Nous notons que l'apôtre Paul ne présente pas une liste exhaustive et définitive des ministères, il se contente d'en citer quelques-uns avec la possibilité qu'il puisse y en avoir d'autres. Cela est conforme avec la théorie de la contingence qui stipule que le management d'une organisation doit tenir compte d'un certain nombre de facteurs de contingence. Ainsi, toutes les organisations ne doivent pas être gérées de la même manière. Paul se présente ici comme le principal responsable de l'Église de Corinthe quoique n'étant plus présent physiquement. Il a une certaine autorité puisque des gens partent de Corinthe pour lui poser des problèmes. Cette situation semble révéler l'absence d'une véritable organisation locale que Paul tente de mettre en place par ce texte. Paul propose un style de management fondé sur le travail en équipe qui repose sur le développement de la confiance et du respect entre les personnes.

a) *Inventaire non exhaustif : 12.8-11/28-30*

On constate une liste de dons qui est en quelque sorte une illustration de la diversité des dons qui ne semble pas exhaustive, mais qui soulève des interrogations entre le don (ou charisme ou capacité : χαρισματα) et le ministère (ou le rôle ou la fonction : ενεργηματα) exercées dans l'Église locale. Jean Calvin, dans son commentaire sur le N.T., dit ceci : « Au commencement du chapitre, il a parlé des facultés et dons distribués à chacun. Maintenant, il commence à traiter des offices. [...] Car le Seigneur n'ordonne point des ministres, que premièrement il ne les garnisse de dons nécessaires et les rende idoines pour exécuter leur charge[17]. » Selon R. Somerville, « l'exercice d'un ministère demande une compétence, mais celle-ci n'est donnée qu'en vue du service à remplir et non comme un bien dont celui qui l'a reçu pourrait disposer[18] ».

Nous avons en effet deux listes :

- la première (8-11) présente des dons ou charismes ou aptitudes : *logos sophias* λογος σοφιας (parole de sagesse) ; *logos gnoseos* λογος γνωσεως (parole de connaissance) ; *pistis* πιστις (la foi) ; *charismata iamaton* χαρισματα ιαματων (le don des guérisons) ; *enernemata dunameon* ενεργηματα δυναμεων (le ministère des miracles) ; *propheteia* προφητεια (la prophétie) ; *diakriseis pneumaton* διακρισεις πνευματων (discernement des esprits) ; γενη γλωσσων (sortes de langues) ; *ermeneia* ερμηνεια γλωσσων (interprétation de langues). Il s'agit en fait d'une liste de capacités personnelles qui sont accordées par Dieu aux membres de la communauté de Corinthe. Cette liste de dons implique que l'on puisse au sein d'une Église locale discerner les dons ou capacités spirituelles de chacun des membres de la communauté.
- la deuxième (28-30) présente des ministères ou fonctions pouvant être exercées dans la communauté de l'Église de Corinthe : *proton apostolous* πρωτον αποστολους (premièrement les apôtres) ; *deuteron prophetas* δευτερον προφητας (les prophètes) ; *triton didaskalous* τριτον διδασκαλους (les docteurs) ; *emeita dunameis* επειτα δυναμεις (ceux qui font des miracles) ; *eita charismata* ειτα χαρισματα ιαματων (ceux qui font des guérisons) ; *antilecheis* αντιληψεις (l'entraide) ; *kubernetes* κυβερνησεις (le gouvernement) ; *gene glosson* γενη γλωσσων (les langues diverses). Il s'agit des différents rôles qui peuvent permettre le bon fonctionnement de l'Église de Corinthe.

Ces deux listes présentent en fait la nécessité d'une spécialisation au niveau des dons et ministères à exercer au sein de l'Église locale. Il est important que les fonctions dans l'Église de Corinthe soient occupées par ceux qui en ont reçu les capacités de la part de Dieu. La qualification pour exercer une fonction dans l'Église de Corinthe doit être spirituelle. Ces deux listes nous

---

17. Calvin, *Commentaire sur le Nouveau Testament*, p. 456.
18. Somerville, *La première épître de Paul aux Corinthiens*, p. 117.

permettent de comprendre qu'il est important que chaque chrétien d'une part sache identifier le don que Dieu lui a confié et d'autre part qu'il soit placé par l'Église là où il peut le mieux être efficace selon les capacités reçues de Dieu.

La deuxième liste présente une graduation ; 1re, 2e, 3e, etc. Nous notons que l'apôtre semble accorder une place prépondérante aux dons et services qui ont pour objet l'annonce de la Parole de Dieu (apôtres, prophètes, docteurs, parole de sagesse, parole de connaissance, etc.) pour appuyer son idée selon laquelle les dons sont distribués en vue de l'édification ou de l'utilité commune. À ce sujet, Somerville dit ceci : « Il ne s'agit pas là d'un ordre d'autorité, d'une hiérarchie. Paul pense plutôt au rôle joué par ces serviteurs de Dieu dans la fondation et l'édification d'une Église. Les fonctions mentionnées en tête de liste sont les plus nécessaires pour qu'une Église soit implantée et solidement établies dans les villes de l'Empire Romain[19]. » Chaque fois qu'il cite une liste de dons, il place en avant ceux liés à la transmission ou à l'enseignement de la Parole. Ici, nous notons l'importance de l'enseignement de la Parole de Dieu et donc de sa volonté tout comme c'était le cas dans la suggestion de Jéthro à Moïse. L'enseignement de la Parole de Dieu joue donc un rôle capital et ici dans cette liste de dons et de ministères on s'aperçoit que contrairement au texte d'Exode, il y a plusieurs dons qui concernent la transmission ou l'enseignement de la Parole de Dieu.

Nous notons aussi d'une manière particulière parmi les dons ou ministères cités, le *kubernéséis* κυβερνησεις (vient de κυβερνάω qui signifie diriger, un vaisseau, des chars, diriger, conduire , guider) qui signifie : gouverner, gouvernant, gouvernement ou encore la capacité de diriger l'Église ou le leadership.

En mentionnant ce ministère, l'apôtre Paul exprime le besoin d'avoir au sein de la communauté chrétienne de Corinthe des membres qui soient appelés à diriger l'ensemble de la communauté, sans pour autant leur accorder une quelconque préséance. Pour Jean Calvin, ce ministère est celui des anciens : « Par les gouvernements, j'entends les anciens qui étaient commis pour la discipline ecclésiastique[20]. » Pour R. Sommerville, « il est naturel de voir dans ce terme le service des dirigeants de l'Église, bien que le reste du N.T. se serve d'autres mots pour les désigner. Le plus proche de ces termes est celui de conducteur (hègoumenos). [...] Les autres épîtres et le livre des

---

19. *Ibid.*, p. 126.
20. Calvin, *Commentaire sur le Nouveau Testament*, p. 457.

Actes emploient plutôt les termes d'ancien, d'évêque ou pasteur pour désigner les responsables ou dirigeants de l'Église. [...] Aucun de ces termes ne se rencontrent dans les épîtres aux Corinthiens qui donnent l'impression d'une Église peu structurée et sans conducteurs officiels agréés[21] ». Il y a de fortes chances que le terme de Romains 12.8 *proistemi* (qui signifie diriger, présider, pratiquer ; mettre ou placer devant, mettre au-dessus, être au-dessus, diriger, surveiller, présider, être un protecteur ou un gardien, donner de l'aide ; aux soins de, donner attention à faire, professer d'honnêtes occupations, celui qui préside) corresponde au même charisme.

3. Diriger

Il s'agit ici de mobiliser et de motiver. En d'autres termes, il est question de leadership. Paul apparaît comme le véritable leader de cette communauté puisque sa lettre n'est rien d'autre qu'un puissant moyen de mobiliser toutes les compétences de la communauté, en les sensibilisant à la nécessité et aux vertus de l'unité. Il bénéficie de la légitimité charismatique qui selon Weber se « justifie par les caractéristiques d'une personnalité dotée d'une aura exceptionnelle[22] ».

Paul utilise un style de leadership autoritaire pour instituer un management participatif dans lequel tout le monde doit se sentir utile.

a) Vie pratique au sein d'une assemblée : l'image du corps et le cas de la prophétie et du parler en langue : 12.12-31/14

Nous constatons ici que l'apôtre utilise des notions d'anatomie pour véhiculer son message : le corps humain *soma* σωμα avec tous ses membres est utilisé pour faire comprendre la nécessaire complémentarité qui doit maintenir l'unité souhaitable dans la diversité inaltérable de l'Église locale de Corinthe. Cette image du corps, il l'a déjà utilisée dans l'Epître aux Romains 12.4 à d'autres fins pour « que chacun soit content de son état et de sa vocation, sans entrer sur les limites d'autrui[23] ». Dans ce passage, il tient à ce que chacun se sente à sa place : les *atimotepa* ατιμοτερα : les moins honorables comme les *timen perissoteran* τιμην περισσοτεραν : ceux d'honneur

---

21. Somerville, *La première épître de Paul aux Corinthiens*, p. 129.
22. Cf. Charpentier, *Management et gestion des organisations*.
23. Calvin, *Commentaire sur le Nouveau Testament*, p. 451.

plus grands. Les chrétiens membres de l'Église de Corinthe sont en effet liés entre eux par le baptême.

L'image du corps est prise à dessein et elle convient bien pour la démonstration : aucun membre ne peut fonctionner en solitaire dans le corps humain même ceux dits plus honorables que d'autres. À fortiori, nul ne peut se passer des autres dans la communauté, même si il jouerait le rôle le plus important. À ce sujet, Jean Calvin reprend la fameuse fable d'Agrippa selon laquelle les autres membres du corps, ayant conspiré contre le ventre et voulant se séparer de lui, se trouvèrent mal les premiers[24]. L'illustration entre l'œil et la main est suffisamment éloquente : l'œil voit, repère, le cerveau analyse et donne l'ordre à la main de prendre, de saluer, etc. Dans cette chaîne, il est difficile de dire de l'œil, du cerveau ou de la main quel est l'organe le plus important ! Nous sommes ici dans une description qui convient à une illustration de la théorie systémique du management.

Le cas de la prophétie et du parler en langue vient à notre avis appuyer en second lieu après l'image du corps, l'idée selon laquelle les dons ne sont pas de simples éléments de prestiges ou indicateurs de forces ou de puissances individuelles, encore moins des moyens « d'orgueil personnel », mais plutôt le moyen par lequel Dieu veut se servir d'hommes et de femmes pour parler à son Église et au monde. En effet, dans cette longue démonstration du chapitre 14, nous pensons que Paul réaffirme le principe selon lequel le don spirituel ne sert véritablement que comme outil de construction d'une communauté chrétienne unie et ayant un bon témoignage. Les chrétiens de Corinthe semblaient avoir une préférence pour les dons à caractères ostentatoire et pompeux : « car, quand on voit parler un homme quelque langue étrange, on a cela en admiration. Il démontre donc par les principes qu'il a pris, combien cette façon de faire est mauvaise, vu que cela n'édifie pas[25] » ; « le parler en langue leur apparaissait comme le summum de la spiritualité[26] ».

L'apôtre Paul met l'accent sur l'ordre comme élément d'évangélisation, car pour lui l'Église ne doit pas être un lieu mystérieux où seuls les initiés peuvent se sentir chez eux. Il utilise en effet les termes : *idiotai* ιδιωται : non-initié et *apistoi* απιστοι non-croyants pour désigner ceux du dehors. Par ces propos,

---

24. *Ibid.*
25. *Ibid.*, p. 466.
26. Somerville, *La première épître de Paul aux Corinthiens*, p. 149.

il veut rappeler que l'Église est aussi un lieu où les non-croyants peuvent venir rencontrer Dieu : « Les discours inintelligibles, loin de convaincre les incroyants de la haute spiritualité des chrétiens de Corinthe et de les gagner à Jésus-Christ, constituent un obstacle pour la foi[27]. »

4. Évaluer

L'évaluation se fera par la réalité de la fraternité dont le ferment et l'aspect le plus visible est l'amour que Paul prendra la peine d'expliquer.

L'évaluation se fera aussi par les gens du dehors, les non-initiés auxquels Paul accorde de l'importance. Le regard qu'ils portent sur l'Église de Corinthe est important. Paul insiste en effet à la fois sur la nécessité de vivre l'amour dans les relations interpersonnelles et de veiller à ce que l'Église soit un cadre de rencontre avec la Parole de Dieu pour tout le monde chrétien et non chrétien. L'amour comme condition pour une utilisation efficace des dons.

Le terme *agapen* αγαπην (amour fraternel, affection, bonne volonté, bienveillance, fête d'amitié) sera utilisé pratiquement à tous les versets pour souligner son importance dans l'exercice des dons au sein d'une communauté locale. De plus, une description de l'amour sera faite pour qu'il n'y ait point de confusion sur son sens véritable. À ce sujet, Jean Calvin déclare : « Maintenant, il loue la charité par ses effets ou fruits : combien que ces titres ne tendent pas seulement à louer la charité mais afin que les Corinthiens entendent en quoi elle consiste et ce qu'elle est[28]. »

En effet, Paul définit l'amour par plusieurs critères que l'on peut résumer par le fait d'être animé de bonnes intentions pour autrui :

- *makrotumei* μακροθυμει : patient.
- *chresteuetai* χρηστευεται : serviable.
- *ou zeloi* ζηλοι : ne jalouse pas.
- *ou perpereutai* περπερευεται : ne se vante pas.
- *ou phousiutai* φυσιουται : ne gonfle pas.
- *ouk aschenomei* ουκ ασχημονει : ne manque pas aux convenances.
- *ou zetei ta eautes* ζητει τα εαυτης : ne recherche pas ses avantages.
- *ou parozunetai* παροξυνεται : ne s'irrite pas.
- *ou logizetai to kakon* λογιζεται το κακον : ne tient pas compte du mal.

---

27. *Ibid.*, p. 160.
28. Calvin, *Commentaire sur le Nouveau Testament*, p. 459.

- *ou kairei api te adikia* χαιρει επι τη αδικια : ne se réjouit pas de l'injustice.
- *sugkarei de te alepheia* συγχαιρει δε τη αληθεια : trouve sa joie avec la vérité.
- *panta stegei panta pisteuei panta alpiezei panta upomenei* παντα στεγει παντα πιστευει παντα ελπιζει παντα υπομενει : croit tout, couvre tout, protège tout.

Il s'agit là d'un traité d'éthique de vie pour les chrétiens. Ce traité d'éthique chrétienne est conçu pour marquer les relations interpersonnelles et la participation de chacun à la vie communautaire : « le principal but du propos est, de montrer combien elle est nécessaire pour conserver l'unité de l'Église[29]. » De plus, on peut considérer ces préceptes comme la règle par laquelle les uns et les autres devront utiliser leurs dons. Notons que la manière dont Paul s'exprime peut aussi signifier que le don ne peut pas être considéré comme le signe de la présence du Saint-Esprit, si l'amour est absent du vécu. En d'autres termes, « don spirituel » et « amour » manifestent mieux la présence du Saint-Esprit dans une vie.

Cette idée de Paul est une autre indication pour ceux qui sont appelés à servir Dieu à quelque niveau que ce soit à Corinthe : leur service doit être imprégné de l'amour du prochain. Cette notion d'amour, peut retrouver la notion de solidarité présente au chapitre 12 : si un membre souffre, les autres souffrent avec lui.

En définitive, en voulant dénouer la crise de leadership manifestée par toutes sortes de divisions au sujet des capacités spirituelles et matérielles des uns et des autres, Paul donne un enseignement : les capacités physiques, matérielles ou spirituelles ne sont utiles que pour le bien de tout le groupe. Pour que le groupe puisse profiter des ressources individuelles, il faut que chacun soit animé d'un esprit d'amour. Le bien du groupe passe par l'édification, c'est-à-dire enseigner et partager des connaissances et expériences sur la Parole de Dieu.

Dans cette phase du processus de management que propose pour l'Église de Corinthe, nous pouvons retenir que dans l'Église, il est important que l'on retrouve l'amour fraternel, ce qui va dans le sens des éléments qui favorisent

---

29. *Ibid.*, p. 459.

la croissance d'une Église. Cet amour devrait d'abord animer chaque chrétien vis-à-vis du ministère que Dieu lui a confié puis, vis-à-vis des autres frères dans la foi.

Conclusion

La première épître de Paul aux Corinthiens est une lettre que Paul a rédigée par étapes successives en vue de répondre aux problèmes qui se posaient dans la communauté chrétienne de Corinthe. Nous avons focalisé notre étude sur les chapitres 12 à 14 en cherchant à savoir si Paul propose un type de management à l'Église de Corinthe.

À travers cette étude, nous pouvons constater que dans ce texte se dessine la volonté de l'apôtre Paul de bâtir à Corinthe une Église unie, ayant un bon témoignage auprès des gens du dehors. Par sa lettre, Paul a cherché à convaincre que chaque membre de la communauté, quel que soit ses capacités, a sa place au sein de la communauté et que les dons et ministères doivent être tournés vers l'édification de tous. De l'énumération des différents ministères, on constate qu'ils concernent aussi bien l'animation de la vie spirituelle que la gestion des aspects matériels de la vie en communauté.

On se rend compte que Paul propose bien un processus de management à l'Église de Corinthe qui correspond à la théorie systémique et qui justifie aussi la théorie de la contingence. Ce processus de management a pour objectif principal ou vision la construction à Corinthe d'une Église locale unie ayant un bon témoignage. Son leadership est autoritaire, mais il souhaite que l'Église de Corinthe fonctionne selon un leadership démocratique (il y a là une ouverture vers un management de contingence). Ainsi, il milite en faveur d'une spécialisation des membres de la communauté, dans leur engagement à servir Dieu. En d'autres termes, le fait que Paul ne désigne pas de manière absolue les dons et les ministères qui doivent exister au sein de l'Église de Corinthe peut être compris comme si c'est le contexte qui doit influencer la structure de l'Église locale, rien ne doit être figé.

L'organisation de l'Église de Corinthe passe donc par une répartition des tâches, avec les différents ministères qui sont cités. Nous avons noté celui de gouvernement ou de présidence qui peut être considéré comme une volonté de voir une coordination au sein de la communauté. Cette coordination semble d'ailleurs nécessaire, au regard de la manière dont Paul, quoiqu'à distance, est sollicité pour résoudre des conflits qui sont en fait des problèmes liés au fonctionnement de la communauté. La notion d'amour fraternel présentée au chapitre 13 est importante, car elle doit servir à la fois comme élément de base de l'exercice d'un ministère mais aussi, de critère d'évaluation de la présence du Saint-Esprit d'une part et d'autre part du bon exercice des dons ou de la bonne coordination de l'exercice des dons de chaque membre de la communauté. L'amour est à la fois le point de départ, l'élément accompagnateur ou l'équipement indispensable et la finalité de la vie en communauté et de son management.

Au terme de cette étude, nous constatons qu'à travers ce texte, la Bible manifeste la préoccupation de l'Église primitive au sujet de la gestion des ressources diverses et donc du management d'une communauté. Le souci permanent de Paul dans ce passage de voir l'Église remplir sa mission et présenter une bonne image aux yeux des non-croyants en est l'illustration. Nous en avons tiré quelques enseignements que nous allons utiliser pour proposer un modèle de management aux Églises locales protestantes du Cameroun.

Conclusion de la sixième partie

Nous sommes partis de l'idée selon laquelle il nous fallait rechercher l'éclairage des Saintes Écritures sur les questions de management au sein d'une Église locale. Pour y parvenir, nous avions prévu d'étudier de manière comparative et analogique au processus de management deux péricopes des Saintes Écritures : Exode 18.13-26 et 1 Corinthiens 12-14. De cette étude, il ressort que nous retrouvons bien dans la Bible la notion de processus de management qui peut donc être appliquée à une Église locale selon le principe de la « Sola scriptura ».

Ainsi, toute Église locale devrait, en fonction de ses réalités propres :

- Planifier, c'est-à-dire se fixer une vision et des objectifs puis une stratégie pour les atteindre qui tiennent compte de ses réalités internes et de son environnement.
- Organiser en répartissant les tâches qui permettront d'atteindre les objectifs ainsi fixés tout en tenant compte des dons et capacités de chacun de ses membres. Nous avons noté une liste diversifiée de dons et de ministères pouvant exister au sein d'une Église locale tant au niveau des activités spirituelles que des besoins en gestion des ressources disponibles.
- Diriger en confiant la direction au pasteur qui, de préférence, utilisera un leadership de type démocratique ; les situations qui se présenteront permettront de modifier le leadership, on parlera alors de leadership situationnel. Par exemple, pour rappeler la volonté de Dieu, il n'est pas nécessaire de passer au vote ! Par contre pour mobiliser les membres, il faut requérir leur participation et avis. Nous avons pu constater que le leader ne doit pas porter sur lui tout seul la charge de l'œuvre de Dieu au sein de l'Église locale. Ainsi, il

convient de créer un cadre dans lequel le leader sera accompagné par d'autres membres pour prendre les décisions inhérentes au bon fonctionnement de l'Église locale. Ce cadre pourrait bien être le conseil paroissial dans lequel pasteur(s) et anciens de l'Église siègent pour légiférer sur les questions de gouvernement de l'Église locale.

- Évaluer ou contrôler en veillant à relever dans un délai précisé au moment de la fixation des objectifs, l'écart éventuel entre prévisions et réalisations pour faire les corrections qui s'imposent. Cette évaluation peut se faire de manière continuelle et en fin de parcours.

La théorie systémique, en ce qui concerne la gestion interne de l'Église (Église corps de Christ), couplée à la théorie de la contingence pour l'interaction avec le milieu environnant et la prise en compte des réalités de l'Église locale (taille, technologie, etc.) sont suggérées par la Bible. De tout ce qui précède, nous nous rendons compte qu'il y a une constante en ce qui concerne le leadership, que l'on soit dans le management occidental ou dans l'anthropologie africaine : la nécessité pour les leaders d'associer les membres de leur communauté par un système de représentativité ou de délégation, dans la gestion de leur organisation. Cette participation des membres doit se faire dans un ordre prédéfini, en tenant compte des compétences réelles de chacun. La compatibilité des théories de management avec la Parole de Dieu ayant été établie, avec Donald McGavran, nous pouvons dire : « Il est temps de se concentrer sur l'essentiel de la mission chrétienne et d'utiliser efficacement les sciences du management pour atteindre ce divin but[1]. » Mais comment procéder pour que, concrètement, l'Église intègre les théories de management dans son fonctionnement ?

---

1. Donald McGavran cité par Pierre-Alain Giffard, « Comment gérer l'Église locale pour favoriser sa croissance ? », mars 2020, disponible sur : https://croissancedesparoisses.wordpress.com/2020/03/29/comment-gerer-leglise-locale-pour-favoriser-sa-croissance-2/.

Septième partie

Proposition d'un modèle de management pour une Église locale

Cas des Églises Protestantes du Cameroun (CEPCA)

Introduction

Nous avons pu vérifier au cours de nos recherches dans les pages précédentes que le fait de concilier gestion matérielle et animation spirituelle des organisations humaines est une préoccupation qui date au moins de l'Église primitive. Cette préoccupation est d'ailleurs bien présente dans la Bible et cela dès l'Ancien Testament avec des figures de leadership comme Moïse, Josué, etc. Ils étaient à la fois animateurs de la vie spirituelle et responsables de la bonne gestion des ressources au sein du peuple d'Israël. En effet, lorsqu'il s'adresse aux chrétiens de Corinthe au sujet des dons spirituels, l'apôtre Paul n'a pas omis de citer celui qui concerne le gouvernement ou la présidence comme l'un des ministères que l'on devrait retrouver dans l'Église de Corinthe. Au sujet de ce ministère, certains auteurs, tel que nous l'avons montré, ont pensé qu'il s'agissait de la gestion des biens matériels et financiers. Quel que soit le cas, nous avons pu constater que dans la Bible (de l'Ancien au Nouveau Testament), l'animation spirituelle est en étroite relation avec la gestion des ressources matérielles ou physiques (humaines, financières, infrastructurelles, etc.) et la résolution des litiges au sein d'une communauté de croyants. Bien plus, il nous est apparu clairement qu'elle est présente dans toutes les stratégies d'organisation (des patriarches aux apôtres en passant par les leaders que sont : Moïse et Josué, les juges, les rois, etc.). Nous avons également mentionné le fait que, dans les communautés africaines, le chef a à la fois des attributions matérielles et des attributions spirituelles. Son action s'inscrit à la fois dans le monde matériel et dans le monde spirituel.

Notre hypothèse de départ (il est possible concilier gestion des ressources matérielles ou physiques et animation de la vie spirituelle) ayant pu être vérifiée, il ne nous reste plus qu'à voir de quelle manière gestion des ressources matérielles et animation de la vie spirituelle peuvent être conciliées en proposant concrètement un modèle de management qui permette le bon fonctionnement d'une Église locale et un exercice efficace et harmonieux des ministères en général et plus particulièrement, du ministère pastoral.

Pour concevoir notre modèle, il nous faut au préalable collecter les éléments qui peuvent nous être utiles dans chaque partie de notre travail. Par la suite, nous inscrivant dans la lignée du mouvement de la croissance de l'Église au travers duquel P.-A. Giffard a proposé un modèle de croissance intégral de l'Église, nous envisageons de faire une proposition d'un modèle de management applicable par toutes les Églises locales protestantes au Cameroun quelles que soient leurs caractéristiques.

CHAPITRE 13

Autres éléments utiles pour la conception d'un modèle de management d'une Église locale

Dans cette partie, nous nous proposons de faire un travail de synthèse de tout ce qui précède. Dans un premier temps, nous allons en effet recenser les quelques éléments qui sont apparus à travers nos recherches comme utiles pour la conception d'un modèle de management d'une Église locale. Cette première partie du travail se fera en deux étapes :

- Les éléments issus des sciences humaines à savoir le management et la sociologie des peuples africains, notamment la culture, et ceux issus du référentiel théologico-biblique : la pensée des réformateurs et le fruit de notre étude de quelques textes bibliques.
- Par la suite, nous explorerons quelques pistes utiles pour notre recherche dans le concept du mouvement de la croissance de l'Église.

A. Éléments issus des sciences humaines

1. Du management : théorie systémique et théorie de la contingence

Notre étude de quelques théories de management nous a permis de retenir :

- Dans un premier temps, la théorie systémique comme conforme à l'ecclésiologie protestante des Églises issues de la tradition réformée et dans un sens plus large à la notion d'Église comme corps du Christ.

- Puis la théorie de la contingence comme conforme à la réalité des Églises locales en ce sens qu'elle permet d'intégrer leurs variantes spécifiques.

Ainsi, nous avons pu établir que : la théorie systémique conçoit une organisation comme un ensemble constitué d'éléments distincts et interdépendants, le tout coordonné en vue de l'atteinte d'objectifs.

La théorie systémique est caractérisée par :

- *des composants interdépendants* et organisés de manière cohérente dans les activités, les structures et les fonctions chargées de conduire les activités de l'organisation. Dans une Église locale en milieu réformé, on retrouve une multiplicité de structures, d'organes et bien sûr d'activités. Nous avons pu établir clairement qu'une Église locale est un système, car en son sein on retrouve une grande diversité d'association et de structures sans pour autant qu'il y ait des divisions. L'illustration la plus éloquente de ce fait est la célébration du culte : chaque association, chorale, organe, tout comme chaque chrétien ont leurs activités propres dans la semaine, mais le dimanche tous se retrouvent pour adorer Dieu dans l'harmonie au cours du même culte.
- *des relations ou interactions avec l'extérieur du système* : les pouvoirs publics, le contexte socio-économique qui influence fortement l'organisation, les organisations concurrentes, etc. Il existe une interaction inaliénable entre l'Église locale et l'extérieur. L'extérieur influençant fortement l'Église composée de membres vivant dans une société sécularisée et qui ont besoin du soutien de l'Église pour les aider à gérer les contraintes de leur quotidien. De plus, les Églises locales sont solidaires et interdépendantes des autres Églises de leur confession (dans le cadre de juridiction comme les consistoires ou synode) ou obédience (les protestants se regroupent en fédération, cas du CEPCA au Cameroun).
- *une coordination* chargée de faire fonctionner tous les composants de l'organisation dans une cohérence permettant d'atteindre les buts fixés, en tenant compte non seulement de la réalité interne mais aussi de la complexité de l'influence externe sur l'organisation. La coordination est l'organe ou le cadre dans lequel l'Église locale

peut vivre comme une communauté chrétienne. Dans les Églises locales protestantes, le conseil paroissial ou presbytéral est chargé de coordonner les activités au sein d'une Église locale.

De la théorie de la contingence, nous avons retenu qu'elle postule qu'il existe au sein d'une organisation un lien étroit entre ses buts, sa structure, son environnement et la situation rencontrée dont devrait tenir compte le manager.

Selon la théorie de la contingence, les facteurs suivants influencent le management d'une organisation :

- *La taille de l'Église locale* : une Église de 1 000 membres ne peut être dirigée comme une Église de 100 membres ; La taille va induire une structure spécifique ; par exemple une Église de 1 000 membres aura besoin de plus d'un pasteur, ce qui aurait suffi pour une Église de 100 membres.
- *La technologie* : il est question des divers moyens de présenter au public le produit de l'entreprise et pour l'Église, il s'agit de la bonne nouvelle du salut en Jésus-Christ. Cette présentation peut prendre des formes diverses, car dans l'étude de 1 Corinthiens 12 à 14, nous avons vu que parmi les dons cités il y avait ceux qui concernaient la proclamation de la Parole et ceux qui contribuaient à rendre cette Parole plus concrète dans le vécu des chrétiens (par des guérisons et des miracles par exemple). La technologie est liée à l'environnement : l'Église doit utiliser les moyens technologiques de son temps pour proclamer l'Évangile.
- *L'environnement* : les divers éléments du contexte vont fortement influencer le type de management à proposer. En zone rurale, on ne saurait se comporter comme en zone urbaine ; En Europe, il y a des spécificités différentes de l'Afrique. En France, les réalités sont différentes de celles de l'Allemagne.
- *Les différences individuelles* : selon la terminologie de Career Pathways, le Dr Choubeu a identifié quatre types de tempéraments qui vont influencer le leader dans son leadership[1] : dominant

---

1. Dr André Choubeu, « Piliers, qualités et types du leadership », 24 juin 2012, http://dr-choubeu.over-blog.com/article-piliers-qualites-et-types-du-leadership-107382342.html, consulté le 16 novembre 2021.

(autoritaire, concentré sur son travail, beaucoup d'idées mais pas proactif, mauvais gestionnaire), influent (émotionnel, bon orateur, charismatique capable de travailler en équipe, stable, consciencieux, visionnaire), consciencieux (planificateur, bonne perception analytique, perfectionniste, tendance dépressive), stable ou flegmatique (diplomate, équilibré, humain, conservateur, entêté). Le caractère de chaque individu influence son leadership. Il est important de connaître la personnalité du leader et de lui proposer les compensations à ses points faibles pour un leadership adéquat.

2. La culture africaine du management

L'étude de quelques royaumes au Cameroun nous a permis de retenir les éléments suivants :

- Les sources de légitimité du responsable d'une communauté : la lignée (être enfant de Dieu selon Jean 1.12), l'accord ou l'appel de Dieu (la vocation intérieure), le peuple (reconnaissance publique de la vocation par l'Église). Il doit y avoir une importante conjonction entre physique et spirituel dans l'exercice d'un ministère au sein de l'Église qui est le peuple de Dieu. Celui qui exerce un ministère doit avoir cette double légitimité : spirituelle, car ayant un don du Saint-Esprit et physique ou matérielle, car ayant été reconnu par l'Église.
- L'exercice du pouvoir qui se fait de manière collégiale par la recherche du consensus au sein d'un cadre réunissant les représentants de toutes les composantes de l'organisation.
- La promotion du bien-être de l'homme : il est question de rechercher tout ce qui peut contribuer à un mieux-être des membres de la communauté, mais aussi de protéger les acquis. En clair, une Église locale dans sa proclamation de l'Évangile doit contribuer à l'amélioration des conditions de vie de ses membres par un enseignement qui correspond aux questions existentielles actualisées mais aussi par des actions diaconales appropriées.

B. Éléments issus du référentiel biblico-théologique
1. Des réformateurs

L'étude des réformateurs comme Calvin et Luther nous a permis de retenir les éléments suivants à intégrer dans le management d'une Église locale :

- L'Église est créée par la Parole de Dieu qui en est à la fois le fondement et la matière principale ou l'essence. L'Église vit de la Parole de Dieu et elle a pour mission de la faire connaître au monde. La Parole de Dieu est l'évènement et l'élément central de l'Église locale. C'est autour de la Parole que doivent graviter les activités. Il doit y avoir un dialogue permanent entre la Parole et le vécu.
- La notion d'Église implique deux réalités : Église visible qui est d'essence physique, matérielle et identifiable par ses bâtiments, ses communautés et autres actions visibles ; et Église invisible que nous pouvons considérer comme le lien spirituel qui unit les croyants à Christ et entre eux.
- Le Christ est le chef de l'Église qui en est le corps. Dieu gouverne lui-même son Église, en utilisant des hommes à qui il confie des dons ou charismes pour exercer des ministères dans l'Église.
- Le sacerdoce universel est la règle pour la théologie des ministères dans l'Église, car par leur baptême tous les chrétiens ont accès à tous les ministères. Cependant, chacun doit exercer le ministère qui lui a été confié par le Seigneur et respecter le ministère de l'autre.
- Le ministère de pasteur est essentiel pour l'enseignement de la Parole de Dieu et l'animation de la vie communautaire. Cependant, il existe d'autres ministères pour la discipline, le gouvernement et la charité entre autres ; les ministères d'une Église locale sont fonction de ses besoins.
- Les différents ministères de l'Église doivent travailler en collégialité dans l'ordre et la discipline.
- Les ressources matérielles et plus particulièrement financières doivent être utilisées pour le fonctionnement de l'Église et le soutien aux démunis.

2. De la Bible

Notre étude de la Bible avait pour objectif d'y trouver les éléments compatibles avec le processus du management tel que nous l'avons défini plus haut. Deux textes ont été étudiés : Exode 18.13-26 et 1 Corinthiens 12-14.

Du texte d'Exode 18.13-26, nous avons retenu les éléments suivants, à partir de la proposition que Jéthro a fait à Moïse en vue de l'amélioration de son efficacité dans la mission que Dieu lui avait confié :

- La planification dans laquelle le but principal à atteindre est la volonté de voir Moïse conduire Israël en terre promise dans de bonnes conditions. Cette planification a eu pour point de départ l'observation de la pratique existante et a été motivée par un souci de l'améliorer.
- L'organisation qui a consisté en une répartition du travail : d'une part Moïse l'intercesseur, l'enseignant et le prophète, mais aussi le juge des causes difficiles et d'autre part des anciens, juges pour les causes mineures. Cette répartition des tâches est complétée par un profil pour les collaborateurs de Moïse : capables, craignant Dieu et intègres ; De cette phase de la proposition de Jéthro, nous retenons que le leader doit discerner ce qui est à déléguer et le profil des collaborateurs si cela n'est pas prévu dans l'organisation de l'Église.
- La direction dans laquelle Moïse est invité à utiliser un leadership démocratique. Ce leadership démocratique implique la participation des membres du groupe en tenant compte de leurs capacités et compétences.
- Et enfin, l'évaluation qui se fera de manière continuelle par la présence de paix au sein du peuple et à la fin du parcours par l'arrivée en terre promise. L'évaluation finale nous a permis de mettre en évidence l'influence de la personnalité du leader dans l'exercice de son ministère et d'insister sur la nécessité d'une autodiscipline pour la production de comportements compatibles avec le ministère à exercer.

Du texte de 1 Corinthiens 12-14, nous avons noté dans ce passage une forte dimension éthique qui concerne la vie en communauté, cadre d'expression de la diversité des dons que le Saint-Esprit accorde à ceux qui ont confessé Jésus comme Seigneur et Sauveur. Cette forte dimension éthique nous permet de déceler un autre souci qui est celui du management et donc de la conduite harmonieuse et efficace de l'Église de Corinthe. L'approche managériale de l'étude de ce texte nous a permis d'avoir un éclairage sur ce que Paul propose comme processus de management :

- **Planification**

Le but avoué de cette partie de la première épître aux Corinthiens est de faire de l'Église de Corinthe une véritable communauté fraternelle avec un bon témoignage chrétien. Compte-tenu du caractère hétérogène de la communauté de Corinthe, la vision de Paul est l'unité dans la diversité. Les objectifs secondaires peuvent être : édifier le peuple de Dieu par l'usage des dons du Saint-Esprit ; enrayer les inégalités et permettre à chacun d'avoir sa place ; mettre de l'ordre lors des moments de rassemblement.

- **Organisation**

Chaque membre de la communauté a un don spirituel qu'il doit mettre au service de l'ensemble. Cette vérité suppose que chacun respecte le don et le ministère de l'autre ; les deux listes qui énumèrent dons et fonctions nous permettent de comprendre que Paul propose une répartition du travail en fonctions des besoins de la communauté.

Paul propose une organisation de type systémique où il existe des entités distinctes devant agir en harmonie, en vue d'atteindre le même but : édifier la communauté. L'organisation que propose Paul semble être concentrée autour de l'enseignement de la Parole de Dieu, source d'édification, car il cite régulièrement les dons liés à la transmission de la Parole de Dieu en premier d'une part et comme plus utile à l'édification de la communauté (en comparaison avec le don de prophétie par exemple) d'autre part. Dans ce passage, il va proposer des ministères qui, d'une part permettent que la parole de Dieu soit enseignée et manifestée de manière concrète par des miracles par exemple, et d'autre part permettent qu'il y ait une gestion et une direction de la communauté par le gouvernement ou la présidence.

- **Diriger**

Le texte étudié nous a permis de comprendre que Paul, comme l'ont souligné plusieurs des auteurs que nous avons étudiés dans la deuxième partie, a estimé que la meilleure structure n'est rien si les membres de l'organisation ne sont pas motivés pour y adhérer. Il va donc exercer son leadership en utilisant cet enseignement sur l'amour comme le ferment indispensable de l'exercice des dons et des relations interpersonnelles. De cette manière, il nous permet de comprendre ce qui doit animer le chrétien qui exerce un ministère dans l'Église : le bien et le mieux-être de son prochain.

- **Évaluer**

Paul accorde une grande place à l'évaluation, car il la situe à deux niveaux : l'effectivité de liens fraternels au sein de la communauté, mais aussi le bon témoignage que les gens du dehors donneront à la communauté. Il est clair que pour lui l'amour est le critère d'évaluation de la communauté chrétienne.

C. Le mouvement de la croissance de l'Église

1. Quelques généralités sur le mouvement de la croissance de l'Église

Selon P.-A. Giffard, Donald McGavran est le pionnier du mouvement de la croissance de l'Église. Missionnaire en Inde, « il fut tracassé par la lente croissance des églises. Pendant dix-sept ans, il chercha à comprendre pourquoi certaines églises croissent numériquement alors que d'autres connaissent la décroissance. Il observa cent quarante-cinq missions et publia en 1955, les résultats de ses recherches dans un livre intitulé *The Bridges of God*[2] ».

Dans cet ouvrage, McGavran a essayé de faire une synthèse des différents facteurs qui seraient source de croissance pour les Églises locales. Les voici :

- Des clercs ou laïcs ont commencé par consacrer leur vie à implanter des Églises : la priorité à l'évangélisation dans les activités de l'Église locale.
- La prière occupe une place importante : des mois de prières d'intercession ont précédé l'évangélisation et une structure de petits groupes de maison a été mise sur pied.
- Tous les chrétiens étaient invités à transmettre leur foi en témoignant auprès de leurs proches cette méthode d'évangélisation est appelée en anglais *befriending*[3].

---

2. Pierre-Alain Giffard, « La croissance des Églises selon Donald McGavran », 1er juin 2009, disponible sur : https://croissancedeseglisesoutils.blogspot.com/2009/06/la-croissance-des-eglises-selon-donald.html.
3. « Cette approche d'évangélisation invite les chrétiens d'une communauté donnée à jeter des ponts avec les personnes qu'ils fréquentent habituellement. On les encourage à créer des liens avec des personnes non chrétiennes ou non célébrantes. À travers ces liens d'amitié

- Un effort important a été fait pour créer et multiplier des Églises adaptées à la population que l'on cherche à rejoindre.
- Ce sont les personnes converties issues du tissu social local qui ont été choisies comme responsables dans l'Église[4].

Pour McGavran, le but premier de la mission chrétienne est de réconcilier l'humanité avec Dieu par le Christ. Dieu demande à son Église de faire des disciples. Obéir à ce commandement est le but suprême de l'Église. McGavran estime donc que les chrétiens devraient avoir comme priorité de travailler pour la croissance de la communauté chrétienne locale et ne pas avoir peur de se fixer des objectifs numériques. D'après lui, les efforts pour annoncer l'Évangile aux non-chrétiens seront plus efficaces s'ils sont précédés et accompagnés de prières et s'ils sont faits auprès des sociétés et des groupes qui se montrent réceptifs à l'Évangile[5].

En l'absence de McGavran des États-Unis dans les années 70, d'autres auteurs ont poursuivi la réflexion sur le mouvement de la croissance des Églises comme Peter Wagner, Win Arn, Lyle Schaller, George Barna, Kennon Callahan, Robert Logan et Robert Schuller[6]. Dans leurs travaux, ils mettent au point les facteurs qui favorisent ou qui freinent la croissance des Églises en parvenant aux mêmes conclusions que McGavran. Toutefois, ils ont mis l'accent sur la connaissance du milieu à évangéliser qui est un facteur déterminant dans l'issue de l'évangélisation. Si la Parole qui est annoncée rencontre les préoccupations des populations cibles, il y a de fortes chances d'implanter des Églises, car les gens se convertissent plus facilement lorsqu'ils relient l'Évangile à leur vécu.

---

et de service, des occasions se présentent pour échanger de manière naturelle sur des questions concernant la foi, l'Église et le personnage de Jésus » (Giffard, « La croissance des Églises selon Donald McGavran »).
4. Giffard, « La croissance des Églises selon Donald McGavran ».
5. *Ibid.*
6. *Ibid.*

2. L'approche originale de Christian Schwarz

La croissance d'une Église est reliée de façon naturelle à sa qualité. Une Église en bonne santé va croître. Christian Schwarz met l'accent sur des critères de qualité au lieu de se focaliser sur la quantité. Il part de l'application des principes naturels qu'il applique à l'Église, ce qu'il appelle le potentiel biotique, c'est-à-dire la « capacité inhérente d'un organisme ou d'une espèce à se multiplier et à se reproduire[7] ».

La pensée de Schwarz sur la santé de l'Église s'articule autour de la parabole de la semence : « Il en est du royaume de Dieu comme quand un homme jette de la semence en terre ; qu'il dorme ou qu'il veille, nuit et jour, la semence germe et croît sans qu'il sache comment. La terre produit d'elle-même, d'abord l'herbe, puis l'épi ; puis le grain tout formé dans l'épi ; et, dès que le fruit est mûr, on y met la faucille, car la moisson est là (Mc 4.26-29). L'auteur insiste sur l'expression d'elle-même : dans la pensée hébraïque, cela voulait dire « sans cause apparente », et pour les Juifs, « accompli par Dieu[8] ». Ainsi, l'Église aurait par nature, comme toutes les autres plantes, la vocation de croître :

> Nous ne devons pas produire la croissance de l'Église, mais plutôt libérer le potentiel biotique que Dieu a déjà mis dans l'Église. Notre rôle consiste à diminuer les obstacles à la croissance (la résistance de l'environnement) que ce soit à l'intérieur de l'Église ou à l'extérieur. Comme nous avons peu d'influence sur les éléments extérieurs, nous devons nous concentrer sur les obstacles à l'intérieur de l'Église. Alors, elle pourra grandir d'elle-même. Dieu tiendra ses promesses. Il la fera croître (1 Cor 3.6)[9].

À partir d'une étude mondiale, les éléments communs qu'il a trouvés dans les Églises en croissance sont ce qu'il appelle des critères de qualité. Leur présence assure la santé de l'Église et par voie de conséquence, sa croissance :

---

7. Christian A. Schwarz, *Le développement de l'Église. Une approche originale et réaliste*, Tharaux, Editions empreinte temps présent, 2005, p. 10.
8. *Ibid.*, p. 12.
9. *Ibid.*, p. 10.

- Les responsabilités déléguées : l'art de travailler avec les laïcs par la délégation des tâches et de l'autorité serait celui qui aurait le plus grand impact sur le développement de l'Église.
- Le service selon les dons : Dieu accorde à chaque chrétien un don et l'Église devrait permettre que chacun de ses membres soit associé à l'œuvre de Dieu selon son don. Il s'agit aussi de la première source de satisfaction des chrétiens dans l'Église.
- L'enthousiasme de la foi : la manière dont les chrétiens vivent les différents moments spirituels de l'Église influence sa santé « la manière de vivre ces moments comme des expériences édifiantes a un rapport significatif avec le développement de l'Église[10] ».
- La qualité des structures organisationnelles : « L'un des 15 éléments composant le critère de structures efficaces est le principe des responsables de secteur. [...] le développement de structures permettant la multiplication de services ; les responsables ne sont pas seulement là pour diriger mais aussi pour en former d'autres[11]. »
- La qualité des célébrations. L'important c'est qu'elles soient ressenties comme des expériences édifiantes : « L'opposition à cette idée est prévisible. Elle vient de la part des chrétiens qui vont à l'Église pour accomplir un devoir. Ils n'assistent pas au culte comme une expérience joyeuse et édifiante mais pour faire plaisir à Dieu et au pasteur[12]. »
- Les groupes de maison : il s'agit de petits groupes qui se rencontrent « avec un programme complet qui ne se contente pas d'étudier des passages de la Bible mais qui donne des applications spirituelles pour la vie quotidienne[13] ».
- L'évangélisation adaptée : « La clé du développement est l'adaptation des efforts d'évangélisation aux problèmes et aux besoins des non-chrétiens[14] ».

---

10. *Ibid.*, p. 26.
11. *Ibid.*, p. 28.
12. *Ibid.*, p. 31.
13. *Ibid.*, p. 32.
14. *Ibid.*, p. 35.

- Les relations humaines dans la communauté chrétienne. Là où l'amour fait défaut, le développement de l'Église est compromis.

Schwarz conseille de se concentrer sur un seul critère de qualité à la fois, celui qui manque le plus. En dessinant le profil de sa communauté on arrivera à découvrir ses forces et les faiblesses et le critère qui est le plus faible. C'est sur celui-là qu'il faut travailler en premier.

Le rôle des pasteurs est de découvrir et d'enlever les maladies et les barrières qui freinent la croissance pour que le développement naturel de l'Église ait lieu.

Ainsi, des principes de gestion favorisant la croissance ont été mis sur pied :

- **La gestion par objectifs**

La gestion par objectifs est une méthode qui invite les responsables des organisations à se fixer des objectifs mesurables, clairement définis et à évaluer les résultats. « C'est l'un des préceptes les plus fondamentaux du management classique et moderne, car sans des objectifs clairs, précis et connus, il est impossible de gérer[15]. »

Selon Peter Drucker, l'initiateur du concept, « une organisation obtiendra des résultats si la Direction *dirige en fonction d'objectifs* et utilise à la fois les ressources humaines et les ressources matérielles qui sont à sa disposition[16] ».

- **Planification et connaissance du milieu**

Selon Giffard, la planification « consiste à mettre en place une action systématique en fonction de l'objectif général de l'organisation et de sa politique d'ensemble[17] ».

> Il existe dans le monde de la gestion un modèle, appelé communément SWOT (Strengths-Weaknesses-Opportunities-Threats) qui invite les dirigeants à élaborer leurs plans en observant à la fois les forces et les faiblesses de leur

---

15. J. Duncan, *Les grandes idées du management. Des classiques aux modernes*, Paris, AFNOR, 1990, p. 101.
16. Giffard, « De la croissance numérique à la croissance intégrale » (italiques dans l'original).
17. *Ibid.*

organisation et les menaces et les opportunités de l'environnement interne et externe de l'organisation[18].

- **Structure de l'Église et les groupes de maison**

    Un des éléments clés qui assure la croissance des Églises d'après les auteurs et les pasteurs du *Mouvement de la croissance des Églises* est la mise sur pied des groupes de maisons. McGavran estime qu'elles permettent aux petites Églises locales de se développer considérablement. [...] Les sciences de la gestion disent aussi que la croissance d'une organisation dépend de sa structure organisationnelle[19].

- **Leadership, délégation de pouvoir et motivation des membres de la communauté chrétienne**

Toujours selon Giffard,

    Un des freins à la croissance des Églises, d'après les auteurs du MCE est le manque de leadership de la part des responsables et l'absence de leaders laïcs dans la communauté. [...] Exercer le pouvoir signifie faire réaliser des choses, être l'agent du changement. Toutefois, les dirigeants ne devraient pas raisonner en termes de « pouvoir sur », mais de « pouvoir avec ». Le pouvoir est partagé plutôt qu'imposé d'où l'émergence d'un facteur clé en gestion : la délégation[20].

- **La quête d'excellence dans l'Église**

Pour faire face aux changements de la société et à la nécessité de s'adapter, le monde de la gestion propose ce que l'on appelle projets d'entreprise[21]. « Le projet d'entreprise est une méthode d'intervention comprenant à la fois une approche participative dans l'organisation du changement et une politique de gestion s'appuyant sur une vision commune pour mobiliser les membres[22]. »

---

18. *Ibid.*
19. *Ibid.*
20. *Ibid.*
21. *Ibid.*
22. *Ibid.*

Conclusion

Nous pouvons conclure cette synthèse en remarquant qu'il y a des points communs à toutes les parties que nous avons présentées :

- L'exercice d'un ministère dans l'Église doit reposer sur une double légitimité à la fois spirituelle et matérielle : la vocation intérieure reconnue par l'Église. Pour exercer un ministère dans l'Église, il faudrait être « enfant de Dieu » et se sentir appelé au fond de son cœur. Cet appel doit être confirmé par l'Église.
- Le pouvoir doit être exercé de manière collégiale et non autocratique ; les décisions doivent être prises dans un cadre de concertation où l'on retrouve les représentants des différentes sensibilités de la communauté. Ce cadre doit privilégier le consensus.
- Chaque Église locale doit avoir une vision qu'elle déclinera en objectifs secondaires, stratégies et plan d'action qui doivent tenir compte des besoins et du contexte dans lequel vivent les membres de la communauté.
- Les membres de la communauté doivent être associés aux activités avec la nécessité d'une coordination-animation des dons individuels. Le travail doit être clairement réparti et les fonctions spécifiées.
- Une évaluation doit être envisagée et elle doit comporter des éléments qualitatifs.

L'étude du mouvement de la croissance de l'Église vient nous conforter dans nos découvertes puisqu'il aboutit aux mêmes conclusions en ce qui concerne le management d'une Église appelée à croître. La philosophie du mouvement de la croissance de l'Église est utile pour notre étude, car elle montre comment une communauté chrétienne doit être gérée pour atteindre efficacement les objectifs qui lui sont assignés par le Seigneur. Ces objectifs sont : évangéliser en se fixant des objectifs, inciter à la prière et à la fois former et déléguer pouvoir et autorité à des responsables laïcs, être à l'écoute des besoins du milieu pour apporter l'éclairage de l'Évangile.

CHAPITRE 14

Proposition d'un modèle de management pour une Église locale

Cas des Églises du CEPCA

Introduction

Le moment est venu de faire des propositions qui tiennent compte des résultats de nos diverses recherches. En effet, nous avons exploré divers champs scientifiques pour voir dans quelle mesure nous pourrions proposer aux Églises protestantes en général et en particulier à celles du Cameroun, un modèle de management qui permette à l'Église et à ses ministres de travailler dans l'harmonie tout en étant le plus efficace possible.

Notre modèle sera une série de principes reposant sur les conceptions des théories systémique et contingente en management des organisations. Nous avons choisi l'approche par processus. Notre proposition opte pour une ecclésiologie inspirée de la Réforme du XVIe siècle avec comme caractéristiques principales les notions d'Église corps du Christ et du sacerdoce universel des croyants comme fondement ou base pour l'exercice des ministères. Notre champ d'action socio-culturel est celui de l'Afrique en général et du Cameroun en particulier avec comme terrain d'application les Églises du CEPCA.

A. Processus de management pour une Église locale

Pour mettre en marche le processus de management d'une Église locale, il faut suivre de manière chronologique les étapes suivantes qui sont liées les unes aux autres.

1. La planification

Selon P.-A. Giffard,

> La planification est la définition d'objectifs dans le temps en précisant les moyens, la durée et les coûts pour les atteindre. La planification cible certaines personnes que l'on souhaite rejoindre (groupe cible), définit les principaux services et activités à offrir, délimite un domaine géographique, identifie les technologies nécessaires, classe par ordre de priorité les valeurs ou les objectifs, et donne un aperçu de la philosophie que l'on souhaite vivre dans l'organisation[1].

Pierre-Alain Giffard pense que la planification est un processus de réflexion qui amène à répondre à quatre questions de base :

- Où en sommes-nous?
- Où voulons-nous nous rendre?
- Comment pouvons-nous nous y rendre?
- Comment pouvons-nous mesurer la progression ?[2]

> La planification amène à mettre sur papier un document appelé *plan stratégique*. *Celui-ci* comprend : 1) l'énoncé de mission de l'église 2) la vision de l'église ; 3) l'énoncé des buts, des objectifs et des stratégies qui doivent permettre de réaliser la vision ; 4) la description des mesures qui seront utilisées pour évaluer la mise en œuvre du plan[3].

---

1. P.-A. Giffard, « Comment gérer l'Église locale pour favoriser sa croissance ? », 29 mars 2020, https://croissancedesparoisses.wordpress.com/2020/03/29/comment-gerer-leglise-locale-pour-favoriser-sa-croissance-2/.
2. P.-A. Giffard, « Guide de planification destiné aux Églises locales », disponible sur : https://croissancedeseglisesoutils.blogspot.com/search?q=planification+cible+.
3. *Ibid.*

Ces deux interventions suffisent pour confirmer l'importance et la nécessité de la planification dans les milieux ecclésiaux. En effet, la planification qui de nos jours est de plus en plus utilisée par les entreprises et les gouvernements en quête de croissance, est pourtant un élément de gestion aussi vieux que les évènements relatés dans la Bible. En effet, dès le livre de la Genèse et ce jusqu'au livre de l'Apocalypse, on trouve des méthodes et illustrations pratiques de planification.

Dans la Bible, en effet, Dieu se révèle comme le premier planificateur : il ne fait rien au hasard et le récit de la création de Genèse 1 en est l'illustration. À chaque jour sa créature et cela dans un ordre logique ; rien ne semble fait au hasard ou en désordre. « Car Dieu n'est pas un Dieu de désordre, mais de paix » (1 Co 14.33), nous dit la Bible !

Dans Actes 1.8, le Seigneur Jésus donne à ses disciples un ordre précis pour leur progression dans l'évangélisation :

- Jérusalem, leur lieu de résidence et surtout d'attente du Saint-Esprit ;
- La Judée, la province dont dépendait administrativement Jérusalem ;
- La Samarie, province voisine de la Judée considérée comme terre de païens ;
- Puis les extrémités de la terre, espace plus large désignant les quatre coins du monde.

Dans le N.T., nous trouvons aussi cette invitation à la planification avec Dieu :

> « À vous maintenant qui dites : Aujourd'hui ou demain nous irons dans telle ville, nous y passerons une année, nous y ferons des affaires et nous réaliserons des gains » – vous qui ne savez pas ce que votre vie sera demain ! [...] Vous devriez dire, au contraire : « Si le Seigneur le veut, nous vivrons et nous ferons ceci ou cela » (Jc 4.13-15).

Ainsi, la planification dans les organisations chrétiennes doit être associée à la prière, fondée sur le principe selon lequel c'est Dieu qui fait parvenir tout projet à son terme. Il est important de coupler l'étape de la planification avec la prière, car comme le dit si bien le psalmiste : « Si l'Éternel ne bâtit la maison, ceux qui la bâtissent travaillent en vain » (Ps 127.1).

Néhémie, le bâtisseur, nous en donne l'illustration (Né 1.4) :

« Quand j'entendis ces mots, je m'assis et je pleurais ; Je me mis en deuil pendant plusieurs jours jeûnant et priant devant le Dieu des cieux ». Les nouvelles sont tellement tristes que Néhémie prend le deuil pendant plusieurs jours, montrant ainsi son attachement, son amour pour son peuple et sa ville sainte. Ainsi, Néhémie va entamer le jeûne et la prière… Néhémie jeûne pour pouvoir attirer la pitié de Dieu, c'est pourquoi ce jeûne est associé à la prière. וּמִתְפַּלֵּל (*Umitepalel*), forme hithpaèl au participe du verbe פָּלַל (*palal*) qui signifie intercéder, prier, supplier ; précédé de la conjonction ו (ou) pour préciser que צָם (*tsam* qui signifie : jeûnant) et וּמִתְפַּלֵּל (*oumitepalel* qui veut dire : priant) sont exécutés en même temps ; notons aussi que l'intensité marquée dans l'action de la prière avec l'usage du hithpaèl indique une fervente dévotion de Néhémie. Néhémie se tourne donc vers son Dieu, l'invoque, lui présente sa détresse montrant ainsi qu'il est convaincu que seul le Dieu des cieux est capable de changer cette situation désastreuse[4].

Dans la planification, l'élément clé est la vision c'est-à-dire l'objectif principal, le but principal à atteindre. Chaque Église locale doit avoir une vision spécifique, car elle évolue dans un contexte qui lui est propre. Avant de planifier, il importe donc de connaître à la fois les réalités du milieu environnant et les besoins des personnes qui y vivent.

Nous aborderons cette partie sur la planification en deux points : l'état des lieux et l'élaboration d'une vision avec la mise sur pied d'une stratégie.

a) L'état des lieux

Selon P.-A. Giffard, l'évaluation des forces et des faiblesses de l'organisation, ainsi qu'une recherche des attentes du milieu environnant sont des préalables indispensables à l'élaboration d'une planification : « Il existe dans le monde de la gestion un modèle, appelé communément SWOT (Strengths-Weaknesses-Opportunities-Threats) qui invite les dirigeants à élaborer leur planification en observant à la fois les forces et les faiblesses de leur organisation et les menaces et les opportunités de l'environnement interne et externe

---

4. Nkolo Fanga, « Leadership et reconstruction ».

de l'organisation. Le dirigeant doit choisir une planification qui tienne compte de ce que l'entreprise peut faire et de ce qu'elle devrait faire en fonction de son environnement[5]. »

L'utilisation du modèle SWOT dans la planification a été très utile au ministère du pasteur Rick Warren, pasteur d'une des plus importantes Églises aux États-Unis :

> Le choix de ses objectifs et la planification qu'il a élaborée tiennent compte de son environnement. Au début de son ministère, il a eu le souci de bien connaître le milieu dans lequel il est implanté en faisant un sondage pour connaître les besoins des sans-églises (les personnes qui ne sont pas intégrées à une église particulière) qui s'y trouvaient. Les résultats de ce sondage lui ont permis d'élaborer sa stratégie pastorale et d'attirer à son église des personnes qui ne fréquentaient aucune autre communauté chrétienne. Cette démarche de planification a été systématique parce qu'il souhaitait s'organiser de manière à faire de son église une réponse aux attentes de son milieu[6].

Par exemple, au sujet de la paroisse Tohi étudiée plus haut, avant d'envisager un projet ou une action quelconque, il faudrait faire un état des lieux et déterminer quels sont à la fois le climat et les besoins réels de la communauté. Cette communauté étant passée par une série de crises ayant opposée certains de ses membres, ce travail préalable permettra d'identifier ce qui peut être un frein à la bonne marche de la paroisse. Ce travail peut se faire par sondage anonyme ou par des entretiens avec les groupes identifiés comme ayant participés aux évènements conflictuels précédents. Dans tous les cas, dans une paroisse comme celle-là, planifier avant d'avoir fait l'état des lieux peut s'avérer catastrophique ; c'est d'ailleurs ce qui semble avoir été la cause de ces conflits récurrents.

La paroisse EPC Galilée de Rue Manguier a, par exemple, réalisé un sondage anonyme auprès de ses chrétiens en 2008 qui a donné les résultats suivants, en ce qui concerne la typologie sociale des chrétiens :

---

5. Giffard, « De la croissance numérique à la croissance intégrale », p. 81-82.
6. Giffard, « Comment gérer l'Église locale pour favoriser sa croissance ? »

TRANCHES D'ÂGE					SEXE		PROFESSION			
< 20	20-30	30-40	> 40	Non précisé	M	F	Sans emploi	Élèves étudiants	Secteur informel	Salariés
12 %	32 %	20 %	31 %	5 %	39 %	61 %	26 %	30 %	12 %	32 %

Cet état des lieux partiel, donne une indication de ce que peuvent être les priorités de cette Église locale en matière d'encadrement spirituel, car on constate d'emblée que :

- Il y a une majorité de personnes ayant moins de trente ans (44 %), ou ayant moins de 40 ans (64 %). La composante majeure de cette paroisse est donc la jeunesse.
- De plus, on remarque qu'il y a une majorité de personnes sans revenus (les sans emploi et les élèves et étudiants) : 56 %. De plus, il y a des personnes aux revenus variables car travaillant dans le secteur informel (12 %). En majorité, les membres de cette paroisse n'ont pas une situation sociale qui leur apporte un revenu stable. On peut donc supposer que l'une des préoccupations majeures des membres de cette communauté sera la recherche d'un emploi ou d'une situation sociale stable.

Cet état des lieux nécessite une approche spécifique, différente d'une communauté où l'on aurait par exemple une majorité de salariés. Cet état des lieux nous est aussi suggéré dans la Bible par l'inspection nocturne de Néhémie, avant d'entreprendre la reconstruction des murailles de Jérusalem[7] :

> (Né 2.16) « Les chefs ne savaient pas où j'étais parti et ce que je préparai. Jusqu'ici, je n'avais rien déclaré aux juifs, aux chefs, aux sacrificateurs, aux nobles, ni au reste qui s'occupaient de l'ouvrage ». Néhémie tient vraiment à ce que l'on sache que personne ne l'a influencé dans ses décisions et dans sa manière de travailler. D'où l'usage de plusieurs termes qui désignent tout ce que Juda pouvait avoir comme responsables dans toutes les sphères d'activités :

---

7. Nkolo Fanga, « Leadership et reconstruction ».

a) סיגנסהו (vehasegani'm) qui est le pluriel de זגס (sagan) et qui désigne le pouvoir exécutif et juridique : préfet, gouverneur, magistrat, etc.
b) סינהכלו (velakohani'm) qui vient de זהכ (kohen) qui signifie :
    - sacrificateurs, prêtres, sacerdoce, sacerdotal, ministre d'état ;
    - Prêtres que ce soit de l'Éternel ou païens, ou de Tsadoq, etc. ;
    - Sacrificateur d'Aaron ;
    - Souverain sacrificateur ;
    - Chefs, princes.
    Bref, זהכ (kohen) veut désigner toute la prêtrise.
c) סירחלו (velachori'm) qui vient de רח (chor) qui signifie noble, magistrat, grand, illustre, celui qui est né libre.
d) רתילו (ouleyèther) qui vient de רתי (yether) qui signifie : reste, restant, ce qui reste, les autres, race, etc.

Ces mots précisent que toutes les couches de la société juive y compris les anonymes étaient ignorantes des actions et intentions de Néhémie.

D'après cette analyse, nous notons que l'état des lieux doit être fait de la manière la plus objective possible. Il faut en effet éviter que les résultats soient corrompus par une personne ou un groupe de personnes. Le choix de la méthode appropriée pour faire l'état des lieux tiendra compte de ce principe : sondage anonyme ou non, interview, séances de travail, entretien avec des groupes ou des individus, lecture des documents et registres officiels, etc.

L'état des lieux permet d'établir une vision et des objectifs, compatibles avec les capacités réelles de la communauté et les besoins du milieu.

b) La vision et les stratégies

La vision est l'élément central de la gestion par objectifs, qui comme son nom l'indique est une méthode qui invite les responsables des organisations à se fixer des objectifs mesurables, clairement définis et à évaluer les résultats.

> La plupart des spécialistes du management attribuent la paternité de la gestion par objectifs à Peter Drucker. Né en Autriche en 1909, Drucker a enseigné le management à l'université de New York ainsi que dans plusieurs collèges et universités. Il a écrit un livre considéré comme un classique en gestion : *The Practice of*

Management. On peut y lire qu'une organisation obtiendra des résultats si la Direction *dirige en fonction d'objectifs* et utilise à la fois les ressources humaines et les ressources matérielles qui sont à sa disposition[8].

La vision est le point de départ du développement, qu'il soit individuel ou collectif, car la vision permet de formaliser des rêves ou un projet. Selon P.-A. Giffard, « dans la mise en place d'un projet de développement pour l'Église locale, une des premières tâches des responsables est de définir la vision. La connaissance de l'environnement est essentielle pour définir la vision car celle-ci est une image projetée dans le futur de la place et du rôle que l'on souhaite voir occupé par la communauté dans son milieu[9] ».

Pour le pasteur Dale Galloway, la vision est comparable à la foi : « Il la définit comme *la capacité de voir les choses alors qu'elles n'ont pas encore été réalisées*[10]. » Cela rappelle la définition dans Hébreux 11.1. De plus, « d'une certaine façon, elle (la vision) agit un peu comme le phare qui, de loin, guide un bateau vers le port recherché en indiquant à son capitaine et aux autres membres de l'équipage la direction à suivre[11]. » Enfin, « c'est quelque chose qui guide les individus et les organisations dans leur travail, et est le point de départ de tout cadre stratégique[12] ».

Selon Dr Shu[13], la vision est un sens de direction bien claire, avec le désir d'un avenir meilleur ; un avenir souhaité dans lequel on investit aujourd'hui de son temps, de ses talents, de son énergie et de ses ressources.

Pour nous, la vision est une image projetée dans le futur pour améliorer le présent et qui sert de guide à l'action des individus ou des organisations.

Une vision c'est donc : le but principal que l'on se fixe, c'est également l'objectif principal à atteindre.

La vision doit remplir les critères SMART :

- **Spécifique** ou propre à la communauté et tenir compte de son contexte ;

---

8. Giffard, « De la croissance numérique à la croissance intégrale », p. 79.
9. Giffard, « Équipés pour la mission », p. 156.
10. *Ibid.*, italiques dans l'original.
11. Coté, cité dans Giffard, « De la croissance numérique à la croissance intégrale », p. 268.
12. Janet Shapiro, *Boîte à outils sur la planification stratégique*, Johannesburg, Civicus, 2001.
13. Shu, *Le leadership efficace*.

- **Mesurable** ou quantifiable, estimable.
- **Attaquable** ou, ce que nous voulons faire est-il à notre portée ?
- **Réalisable** ou, sommes-nous réalistes ?
- **Temps précis** ou, en combien de temps pouvons-nous atteindre notre objectif ?

Il existe des facteurs générateurs d'une vision que nous pouvons appeler le fardeau. Il s'agit de ce qui est une préoccupation majeure pour les personnes qui vivent dans un contexte donné et qui peut contribuer à améliorer leurs conditions de vie, permettant ainsi une compréhension plus facile de la volonté de Dieu pour les Hommes. Par exemple, le tableau de répartition sociale des membres de la paroisse EPC Galilée de Rue Manguier que nous avons présenté plus haut, peut nous permettre d'envisager au moins deux champs de préoccupations majeures :

- Les problèmes communs aux jeunes du Cameroun : chômage, perte de repères, besoin de réussite sociale, etc.
- Le problème de l'emploi ou de l'accès à un revenu stable permettant de subvenir à ses besoins.

En reprenant le cas de la Paroisse Tohi que nous avons étudié au début de notre travail, il apparaît clairement que ses préoccupations tourneraient autour de :

- La paix et la stabilité,
- L'utilisation de la langue bassa pour l'adoration et le service de Dieu.

En fait, avant de proposer quelque plan que ce soit à cette paroisse, il serait utile de réunir les chrétiens et de leur demander ce qui les préoccupe le plus et voir avec eux comment y apporter des réponses avec l'Évangile et l'agir de l'Église.

En lisant le premier chapitre du livre de Néhémie par exemple, nous avons pu faire les constats suivants :

- Néhémie vivait hors de son pays mais prenait des nouvelles de sa ville d'origine ;
- Ce sont les nouvelles alarmantes de la situation honteuse de Jérusalem et de ses habitants qui vont inspirer Néhémie ;
- Avant d'entreprendre quoique ce soit, il prie.

En effet, on peut faire l'analyse exégétique suivante de Néhémie 1.3[14] :

« Ils me dirent : Ceux qui ont survécu (ou qui sont restés) sont dans la province dans la misère et la honte ; et la muraille de Jérusalem est en ruine et ses portes détruites par le feu. »

Les informations sont inquiétantes :

- ceux qui sont restés, sont dans la misère et la honte. L'usage de הָרָעְבּ (bera'ah) composé de la préposition בּ (be) qui signifie dans, sur, parmi et du mot רַע (ra'ah) qui signifie malheur, sinistre, affliction, douleur, souffrance, mal, méchanceté nous montre clairement que les Juifs restés à Jérusalem souffraient.
- Jérusalem est en ruine et ses portes sont détruites. La ville sainte n'est plus que l'ombre d'elle-même, gardant l'image d'une ville saccagée par un peuple païen, et non reconstruite. Les portes qui sont l'élément principal en terme de sécurité et d'accueil, sont détruites. Tout ceci semble être la description d'une ville abandonnée, sans habitants ou alors les Juifs devaient vraiment être découragés et abattus pour ne pas reconstruire la ville. Ce récit est accablant d'autant plus que cent ans plutôt vers 538 av. J.-C., un contingent de Juifs est parti de Babylone sur un décret de Cyrus roi des perses pour reconstruire Jérusalem. Ces ruines peuvent dater de l'époque de l'invasion de Nébucanetsar ou alors du temps où la muraille en voie de reconstruction sous Esdras a une fois de plus été détruite, cette fois-là par Rehoum et Chimchaï qui avaient obtenu l'arrêt des travaux. Toujours est-il que l'état de dégradation et de découragement à Jérusalem est inquiétant. La muraille symbolise en effet la sécurité d'une ville comme le dit R. Stedman : « Une muraille évoque généralement la puissance et la protection. Dans l'antiquité, les murs d'enceinte d'une ville étaient le premier, le dernier et le seul système défensif[15] » ; laisser la muraille d'une ville en ruine, c'est être à la merci des brigands et autres envahisseurs. Les Israélites

---

14. Nkolo Fanga, « Leadership et reconstruction ».
15. R. Stedman, *Introduction aux livres de la Bible*, Marne-la-Vallée, Éditions Farel, 2000, p. 242.

devaient vraiment être découragés et abattus au point de penser qu'ils n'avaient plus rien à protéger.

Un fardeau « est une charge pesante, c'est ce qui pèse. Une charge pesante est un poids difficile à porter[16] ». De manière figurée, il s'agit de situations ou d'évènements désagréables comme : la perte d'un emploi ou le chômage, les dettes ou le manque de ressources financières, le célibat ou la solitude, l'immoralité, l'idolâtrie, l'ivrognerie, la perte de repères, le besoin de donner un sens à sa vie, les questions philosophiques, etc. Chaque société et chaque communauté ont des préoccupations majeures. Annoncer l'Évangile en dehors de ces préoccupations est une erreur grave. Le Seigneur Jésus lui-même associait à l'enseignement de la Parole des actes concrets de réponse aux besoins des Hommes qui venaient à lui comme la guérison, la délivrance, la multiplication des pains, l'utilisation d'une pièce de monnaie, etc.

Nous pouvons retenir les possibilités suivantes pour la mise en place d'une vision personnelle ou collective :

L'élaboration d'une vision équivaut à répondre aux questions suivantes :

1/ Qu'est-ce qui dérange (ou perturbe) le plus les hommes et les femmes de mon milieu ou de la communauté, de ma société en ce moment ?

Énoncer tout ce qui nous vient en tête puis, classer par ordre d'importance ou d'urgence.

2/ Qu'est-ce que nous pouvons faire pour améliorer la situation de la société ? Proposer une solution qui soit SMART en deux ou trois phrases et qui pourra ainsi constituer l'énoncé de votre vision.

Ce travail doit se faire individuellement pour le pasteur et en groupe au niveau du conseil paroissial et de toute la communauté avec l'impérieux devoir de prier le Seigneur pour qu'il aide à définir correctement et à réaliser notre vision[17].

---

16. *Dictionnaire Larousse*.
17. Shu, *Le leadership efficace*.

P.-A. Giffard[18] suggère que l'énoncé de vision réponde généralement aux questions suivantes :
- Que souhaite l'Église locale et à quoi aspire-t-elle ?
- Quelle image veut-elle véhiculer auprès de ses membres, de ses employés et de la communauté ?
- Comment améliorera-t-elle la qualité des services offerts ?

Le processus est le même que précédemment et nous remarquons simplement qu'il y a des constantes dans l'élaboration d'une vision qui tournent autour des réponses évangéliques au mieux-être des membres de l'Église locale.

L'établissement d'une vision pour l'Église locale doit toujours se faire en collaboration avec les membres de l'Église locale. La formulation de la vision peut partir du pasteur ou du conseil paroissial, mais l'auteur doit communiquer sa vision et recueillir les avis des membres de l'Église dans un cadre approprié comme par exemple une assemblée générale d'Église. Le plus important consiste à faire participer l'ensemble de la communauté et recueillir des réponses de manière consensuelles. L'objectif d'une telle opération, quelle que soit la méthode utilisée, consiste à rechercher le fardeau principal ou le point commun des divers fardeaux au sein de la communauté et à formuler un projet d'amélioration de la situation en question.

L'élaboration d'une vision permettra d'éviter de naviguer à vue ou au gré des humeurs soit du pasteur, soit des membres du conseil ou de toute autre entité de la paroisse. En effet, lorsqu'un pasteur est nouvellement installé dans une paroisse, s'il y trouve une vision claire, il aura un moyen de cadrer son action. Il lui suffira ainsi de voir comment, avec son charisme et son expérience personnels, il peut faire avancer la paroisse vers l'atteinte de ses objectifs. Ainsi pensé, son travail s'inscrira harmonieusement dans la continuité de celui de son prédécesseur, mais aussi et surtout avec ceux qu'il trouvera sur place. Selon John Maxwell :

> en moyenne, un pasteur aux États-Unis reste environ trois ans et demi dans la même église. Le pasteur Jacques arrive dans telle église, convaincu que la bonne vision consiste à aller vers la droite. Tout le monde dans l'église se met à marcher vers la

---

18. Giffard, « Comment rédiger un plan de croissance écclésiale », disponible sur : https://croissancedeseglisesoutils.blogspot.com/2009/06/projet-eglise-missionnaire.html.

droite. Au bout de trois ans et demi, le pasteur Jacques s'en va et laisse la place au pasteur Jean-Pierre. Lui veut que tout le monde aille vers la gauche. La plupart vont donc changer leurs habitudes et marcher vers la gauche. Puis le pasteur Jean-Pierre s'en va et arrive le pasteur Lucien qui interpelle les croyants : « Je n'ai jamais vu une église aussi confuse ! Certains vont à droite pendant que les autres vont à gauche… Nous devrions tous aller tout droit ! » Après trois pasteurs en moins de dix ans et trois visions différentes, comment voulez-vous que les gens ne soient pas troublés et frustrés ?[19]

La paroisse EPC Galilée de Rue Manguier a par exemple adopté comme vision à moyen terme (10 ans) : « Bâtir une grande communauté chrétienne bénie par Dieu et l'adorant dans un cadre digne. »

Pour que la vision soit atteinte avec plus d'efficacité, il est souhaitable de diviser l'objectif principal en étapes pour obtenir des objectifs secondaires. Selon Ackoff, des états ou des résultats souhaités sont des objectifs. Les objectifs peuvent être soit d'acquérir, soit de conserver.

Dans la Bible, dans Exode 3.7-21, lorsque l'Éternel confie à Moïse la mission de faire sortir les enfants d'Israël de l'Égypte, il lui donne le plan stratégique que nous pouvons identifier comme des objectifs secondaires ou sous-jacents à la mission principale :

- Aller vers les enfants d'Israël, rassembler les anciens du peuple et leur parler (v. 16-17).
- Aller avec les anciens du peuple auprès de Pharaon pour le convaincre de laisser partir Israël (v. 18).
- Utiliser des prodiges pour convaincre pharaon (v. 19-20). On peut se fixer des objectifs en répondant à la question suivante : Quels sont les principaux résultats qui doivent être obtenus pour pouvoir atteindre cet objectif ?

Par exemple, pour le cas de la paroisse Tohi, si nous retenons que la préoccupation principale de la vision est : « Louer Dieu en langue bassa dans la

---

19. Outils pour la croissance des Églises, « Recevoir et mettre en œuvre une vision : un entretien avec John Maxwell et Ron McManus », https://croissancedeseglisesoutils.blogspot.com/2008/10/pour-que-la-vision-devienne-ralit-un.html.

paix et la stabilité », nous pouvons alors déterminer les objectifs secondaires suivants :

- faire connaître la culture et la langue bassa ;
- faire régner un esprit de fraternité au sein de la communauté.

La paroisse Galilée a retenu comme objectifs secondaires :

- former des chrétiens authentiques et fidèles à la Parole de Dieu ;
- prier et agir pour être béni dans tous les aspects de la vie ;
- construire des infrastructures dignes de la gloire de Dieu ;
- Passer de 800 à 3 000 membres d'ici dix ans.

Pour atteindre ces objectifs il faudrait mettre en place une stratégie par objectif en se posant les questions :

- **Quoi ?** De quoi s'agit-il ? Qu'est-ce que c'est ? Que fait-on ? Quels sont les éléments, opérations qui caractérisent la situation ?
- **Quand ?** Quand se passe l'action ? Quelle est la fréquence ? quels sont délais ?
- **Où ?** Où se passe l'action ? Dans quel service, dans quel lieu ? dans quel quartier ?
- **Qui ?** Quelles sont les personnes à associer ? Quelles sont les personnes concernées par l'action ? Qui est acteur, responsable ?
- **Comment ?** Le prix ; comment faire pour acheter ; épargne, cotisation, etc.
- **Combien ?** Combien ça coûte et quel gain ?
- **Pourquoi ?** Suite de l'analyse qui doit aboutir aux questions : peut-on éliminer ceci ou cela, permuter, augmenter, combiner ?

Les objectifs traduisent ce que l'organisation désire réaliser tandis que la ou les stratégies traduisent de quelle manière elle compte y arriver.

Voici des éléments de réflexion utiles à l'élaboration d'initiatives stratégiques[20] :

- Les initiatives reflètent-elles le mandat, la vision, la mission et les valeurs de l'Église locale ?

---

20. Giffard, « Comment rédiger un plan de croissance écclésiale », disponible sur : https://croissancedeseglisesoutils.blogspot.com/2009/06/projet-eglise-missionnaire.html.

- L'initiative se rattache-t-elle clairement à l'achèvement d'un but et d'un objectif précis ?
- L'initiative est-elle réaliste face aux moyens, aux risques et aux coûts ?

Pour chaque activité ou initiative stratégique, un responsable doit être nommé qui a le pouvoir de la mener à bonne fin. Pour nommer des responsables, il faut tenir compte des particularités individuelles et du profil requis. Selon la terminologie de Career Pathways, on peut distinguer les possibilités suivantes[21] :

Type de leadership influent. L'influent est un excellent leader dans les domaines où son talent oratoire est nécessaire ; il doit apprendre à s'appuyer sur le Saint-Esprit qui affermira son travail.

Type de leadership dominant. Le dominant excelle comme pionnier dans l'œuvre missionnaire et dans la plupart des aventures dangereuses et osées ; ce n'est pas un bon gestionnaire.

Type de leader consciencieux. Ils sont méthodiques, méticuleux, perfectionniste.

Le type de leadership stable ou flegmatique. Le flegmatique est un stabilisateur, équilibré et excellent pour apaiser les conflits.

Il est aussi souhaitable de prévoir les ressources qui seront nécessaires à l'atteinte des objectifs. La planification des ressources devrait couvrir :

- La détermination des besoins, soit le montant et le type de chaque ressource pour chaque année de planification.
- Les plans d'acquisition ou de production des ressources additionnelles, à la comparaison des estimations exigées.
- La distribution des ressources disponibles.

---

21. Cf. Dr André Choubeu, « Piliers, qualités et types du leadership », 24 juin 2012, http://dr-choubeu.over-blog.com/article-piliers-qualites-et-types-du-leadership-107382342.html, consulté le 16 novembre 2021.

Les ressources nécessaires à la vie d'une entreprise comme d'une Église locale peuvent être divisées en quatre types :

- L'argent,
- Les locaux et l'équipement,
- Les matériaux, les fournitures et les services,
- Le personnel.

Un budget prévisionnel doit être fait après avoir évalué de manière chiffrée les différentes actions à mener. Ce budget doit tenir compte de tous les aspects liés au fonctionnement et aux investissements de la paroisse.

Il est important de déterminer les ressources qui seront allouées à la réalisation des stratégies. « Les ressources sont exprimées en coûts, en salaires, en temps et en personnes. Combien de temps cela va prendre pour réaliser les activités et combien cela va coûter ? Qui aurait les compétences nécessaires pour accomplir les activités choisies?[22] »

Nous pouvons nous inspirer des tableaux suivants de P.-A. Giffard pour dresser la liste des ressources dans un plan stratégique.

> Le premier tableau présente les ressources nécessaires pour la mise en œuvre des stratégies. Le deuxième tableau présente les ressources nécessaires pour défrayer les coûts indirects associés aux services de soutien administratif et opérationnel. Par services de soutien administratif et opérationnel, on entend tous les coûts indirects variables qui peuvent être associés à l'exécution d'activités directement liées à des projets. Ces services peuvent inclure par exemple la sélection et l'achat de fournitures et de matériels, les services comptables, les services des ressources humaines[23].

---

22. *Ibid.*
23. Giffard, « Guide de planification destiné aux Églises locales », https://croissancedeseglisesoutils.blogspot.com/2009/03/comment-planifier-la-croissance-dune.html.

Exemples – Tableaux d'aide à la préparation de l'aperçu général des ressources

Activités	Coûts	Salaires et charges de travail	Temps

Gestion, prestation et soutien des services	Coûts	Salaires et charges de travail	Temps
Sélection et achat de fournitures et de matériel			
Préparation des impôts par un comptable externe			

Néhémie 2.4-8 nous présente une illustration :

> *Et le roi me dit : Que demandes-tu ? Je priai le Dieu des cieux, et je répondis au roi : Si le roi le trouve bon, et si ton serviteur lui est agréable, envoie-moi en Juda, vers la ville des sépulcres de mes pères, pour que je la rebâtisse. Le roi, auprès duquel la reine était assise, me dit alors : Combien ton voyage durera-t-il, et quand seras-tu de retour ? Il plut au roi de me laisser partir, et je lui fixai un temps. Puis je dis au roi : Si le roi le trouve bon, qu'on me donne des lettres pour les gouverneurs de l'autre côté du fleuve, afin qu'ils me laissent passer et entrer en Juda, et une lettre pour Asaph, garde forestier du roi, afin qu'il me fournisse du bois de charpente pour les portes de la citadelle près de la maison, pour la muraille de la ville, et pour la maison que j'occuperai. Le roi me donna ces lettres, car la bonne main de mon Dieu était sur moi.*

Néhémie montre ici une fois de plus qu'il est prudent et prévoyant ; il connaît le voyage dans toutes ses étapes et il sait où il peut rencontrer des difficultés, alors il souhaite obtenir du roi des lettres qui feront offices de laissez-passer. Le terme utilisé est אִגֶּרֶת (*iggeroth*) qui signifie : objet roulé, missive, édit ; il ne s'agit donc pas de simples lettres mais de courrier à

caractères officiels revêtu du sceau royal et des auteurs comme G. Crossley pensent qu'il s'agissait d'un décret nommant Néhémie gouverneur de Juda. Le voyage était non seulement long mais il fallait traverser différents territoires :
- d'abord traverser les fleuves Tigre et Euphrate puis,
- Traverser les villes de Our, Nippour, Babylone, Hamath, Ribla, Damas, Sidon, Tyr pour arriver enfin en Juda.

Les lettres demandées par Néhémie devaient permettre de faire comprendre aux gouverneurs qui avaient autorité sur chacune de ces villes qu'il avait l'approbation et la protection du roi. Notons que Esdras a eu recours au même procédé (Esd 6.6 ; 7.21) pour achever la reconstruction du temple après avoir fait face à une forte adversité.

Il est fort possible que Néhémie ait prévu le cas de figure selon lequel il pourrait être bloqué dans une ville compte-tenu de son statut de juif et d'exilé mais aussi d'échanson du roi. Ces différentes casquettes ne le rendant pas libre de ses mouvements il devait pouvoir justifier le caractère officiel de son voyage.

Néhémie pense à tout : pour reconstruire il faut du matériel, et au lieu d'aller voir sur place s'il en trouvera, il préfère prévenir en demandant au roi de lui accorder la faveur de prendre dans la forêt royale le matériel nécessaire à la reconstruction de Jérusalem. Asaph, dont il est question, est plutôt un intendant perse sur les forêts royales. Les besoins de Néhémie semblent avoir été planifiés par objectifs :
- Les portes de Jérusalem la capitale de Judas : centre des institutions civiles et religieuses ;
- Les portes du temple : lieu d'adoration de l'Éternel ;
- La muraille de la ville : ceinture de protection pour toute la ville.

Chacun de ces éléments restaurés permettra pleinement la réhabilitation de Juda, son peuple et sa ville[24].

Pour terminer, disons avec P.-A. Giffard : « La planification n'est pas une activité ponctuelle, […] c'est un travail continu qui doit viser à toujours mieux

---

24. Nkolo Fanga, « Leadership et reconstruction ».

saisir et réaliser la mission de l'église dans un environnement en constante évolution[25]. » Il est important de planifier pour des délais précis et pas très long, de manière à corriger régulièrement les éventuels écarts entre prévisions ou aspirations et possibilités réelles.

2. L'organisation

Dans cette partie, il est important de répartir le travail à faire et de bien fixer les niveaux de responsabilités (qui fait quoi, où, quand et comment ?).

Le conseil paroissial, organe chargé de la direction de la paroisse, doit mettre sur pied les structures qui conviennent à la vision, aux objectifs secondaires et à la stratégie. Il peut s'agir de comités, commission ou pastorales. La principale tâche du conseil paroissial sera donc de rechercher un équilibre entre les fonctions de l'Église et les besoins de la communauté pour déterminer les différents secteurs d'activité de l'Église locale. Il est important comme nous l'avons vu plus haut que chaque secteur d'activité soit confié à une équipe de personnes qui rend compte au conseil le plus régulièrement possible.

Les principaux secteurs d'activités selon les fonctions de l'Église que nous avons retenus sont : l'enseignement de la Parole (prédication, catéchèse, études bibliques, conférences), la liturgie et la prière (culte, séances de prière), la vie communautaire (administration, communication interne, associations, groupes, fraternité, solidarité), le socio-culturel (œuvre sociale, participation à la vie de la cité), les finances, les infrastructures, etc.

P.-A. Giffard donne l'exemple de Rick Warren[26] :

> Rick Warren, pour sa part, déduit les fonctions de l'Église des buts de l'Église. S'appuyant sur certains passages bibliques (Mt 22.37-40 et Mt 28.19-20), il estime que la communauté chrétienne a cinq buts : Aimer Dieu de tout son cœur, aimer son prochain comme soi-même, faire des disciples, les baptiser et leur apprendre à obéir aux préceptes chrétiens. C'est de ces cinq buts qu'il déduit les fonctions de l'Église : Célébration liturgique - Mission comprise comme évangélisation - Incorporation des

---

25. Giffard, « Guide de planification destiné aux Églises locales », https://croissancedeseglisesoutils.blogspot.com/2009/03/comment-planifier-la-croissance-dune.html.
26. Giffard, « De la croissance numérique à la croissance intégrale », p. 224, 230.

membres à l'Église (Baptême et engagement vis-à-vis de l'Église locale) - Éducation vers la maturité chrétienne - Ministères de services des membres de la communauté chrétienne.

Le point de vue de Rick Warren est intéressant, car il ne conçoit aucune des fonctions de l'Église sans l'implication de l'ensemble des membres de la communauté. La structure et les activités de son Église locale ne peuvent tout simplement pas fonctionner sans les laïcs. Un autre élément intéressant, c'est que la manière dont il conçoit les fonctions de l'Église permet de rejoindre les besoins de ses membres et ainsi facilite leur implication.

[...] L'on peut effectivement partir des besoins humains pour définir les activités de l'Église, tout en respectant les exigences de la mission chrétienne et donner à chacune des fonctions ecclésiales une importance égale. Grâce à une telle approche nous en arrivons à un modèle d'Église qui est au service de la personne et de ses besoins et où la dichotomie entre proclamation et œuvres est dépassée.

L'étude du texte de 1 Corinthiens 12 à 14 nous a permis de constater que Paul considère les dons ayant pour vocation ou finalité la transmission de la Parole comme plus importants mais qu'il ne néglige pas ceux qui doivent rendre cette Parole concrète. Ainsi, en plus de l'enseignement proprement dit : prédication, catéchèse, évangélisation, il y a lieu de considérer tout ce qui peut permettre de rendre le message biblique plus visible : prières de délivrance, recherche d'emploi, formation à la gestion de projets ou à l'entreprenariat privé, etc.

Pour le cas de la paroisse Tohi qui nous a servi de verbatim, l'un des éléments utiles peut être la mise en place d'une structure devant faciliter ou rendre concrète la fraternité et la solidarité au sein de la communauté (Il serait particulièrement utile de mettre ensemble ceux et celles qui par le passé ont eu des accrochages) d'une part et d'autre part, une structure pour la vulgarisation de la culture bassa.

Toutes ces approches nous permettent d'insister sur la nécessité de coupler mission de l'Église avec besoins et aspiration du milieu.

Les comités institués selon les besoins liés à la réalisation de la vision suivent le cahier des charges qui leur est fixé par le conseil paroissial auquel ils proposent un plan de mise en œuvre et mènent leurs activités pour l'atteinte des objectifs fixés. Ce cahier des charges doit préciser les objectifs assignés à ce comité ainsi que sa composition, sans oublier les délais à respecter. Dans un premier temps, le comité doit faire le travail qui correspond à la recherche d'une stratégie de réalisation des objectifs fixés et le faire adopter par le conseil paroissial. Une fois ses propositions adoptées, il se met au travail. Il est important qu'il y ait une corrélation entre le conseil et les comités qui permette que les membres des comités aient une certaine liberté dans l'exécution de leur tâche. Ces comités seront composés de tous les membres de la communauté qui seront utilisés en fonction de leurs compétences, expériences, aptitudes et dons ou charismes. Selon le conseil de P.-A. Giffard,

> Pour choisir ceux en qui vous voudrez vous investir, utilisez les critères indiqués par Jéthro à Moïse : des gens pieux et intègres. Recherchez des personnes qui manifestent une bonne attitude et exercent déjà une certaine influence parmi les membres de l'assemblée ; des gens qui entretiennent de bonnes relations avec les autres. Cherchez des gens qui démontrent un cœur de serviteur[27].

Le pasteur, en plus de ses attributions propres, coordonne les activités des comités, une fois qu'elles ont été adoptées par le conseil paroissial. Il se présente ici comme l'animateur principal de la vie paroissiale. Pour la prédication, la catéchèse, les études bibliques, les séances de prières, les visites pastorales et autres, le pasteur doit travailler avec des comités qui aideront à la programmation et au suivi desdites activités. De plus, son rôle d'enseignant lui impose de veiller à ce que les responsables disposent de la formation appropriée pour remplir leur tâche.

3. La direction

Comme nous avons pu le constater au cours de notre étude, la direction d'une Église locale est un phénomène complexe que nous pouvons résumer

---

27. Pierre-Alain Giffard, « La croissance de l'Église du pasteur David Yonggi Cho », https://croissancedeseglisesoutils.blogspot.com/2009/10/la-croissance-de-leglise-du-pasteur.html.

ainsi : il y a une sorte de co-leadership ou encore un leadership partagé. En effet, nous avons d'une part le conseil paroissial qui est l'instance légiférante (ou délibérative, rôle qu'elle partage dans une certaine mesure avec l'assemblée des fidèles) et d'autre part, le pasteur qui est l'animateur de la vie paroissiale et donc une sorte d'instance exécutive sur le plan fonctionnel. Sur le plan fonctionnel, le pasteur apparaît comme le principal leader de la paroisse, car en fonction des secteurs d'activités, on trouvera des leaders spécifiques. Le rôle du pasteur sera de savoir collaborer avec toutes les forces vives de la paroisse pour que les objectifs puissent être atteints.

Nous notons aussi, d'une manière particulière, que parmi les dons ou ministères cités dans la liste des charismes utiles à l'Église de Corinthe, le don κυβερνησεις qui signifie gouverner, capacité de diriger l'Église ou leadership, est le signe d'une préoccupation de coordination des efforts et des actions au sein de la communauté pour éviter le désordre, l'anarchie et l'amalgame.

Ainsi, nous pensons qu'il doit avoir une étroite collaboration ou même corrélation entre pasteur, conseil paroissial et assemblée de fidèles autour de la vision et des objectifs.

Le conseil paroissial et l'assemblée des fidèles doivent exercer leur leadership au sujet de la délimitation des grandes orientations de la paroisse, sous l'initiative souhaitée du pasteur qui est pratiquement une sorte de carrefour dans la vie de la paroisse. En clair, nous voulons dire que le pasteur, au regard de son implication à tous les niveaux de la paroisse, est à même d'initier une réflexion sur les orientations générales de la paroisse. Ces orientations doivent faire l'objet d'une étude préliminaire et approfondie du conseil paroissial qui fera des propositions à l'assemblée. L'assemblée des fidèles a le devoir d'adopter les grandes lignes et de les corriger. Le conseil les met en forme en confiant leur exécution à des équipes, le pasteur se charge de faire en sorte que tout le monde travaille en harmonie avec l'esprit des objectifs adoptés. Il doit donc régulièrement suivre les différentes équipes dans leur travail.

Le pasteur doit être capable, par sa position stratégique, d'être un leader animateur et communicateur. Sa position de ministre de la Parole lui donne une position stratégique pour mobiliser toutes les forces de la paroisse vers l'atteinte des objectifs adoptés par l'ensemble de la communauté d'une part et d'autre part, d'accompagner ceux des chrétiens choisis pour conduire les différents secteurs d'activités. Il doit donc agir comme un coach vis-à-vis des différents responsables au sein de la communauté. En effet, l'enseignement de la Parole doit tenir compte de l'actualité à la fois paroissiale et sociétale. Par la cure d'âme, les réunions de travail avec les comités et les visites pastorales, il aura l'occasion de mesurer l'état d'avancement ou le degré d'implication des membres dans les différents chantiers de la paroisse.

Le pasteur pourra ainsi prévenir les conflits interpersonnels et les désamorcer par le dialogue. De plus, il est important que le pasteur ait une connaissance des différences psychologiques.

> Moïse ne faisait *que* ce que les autres *ne pouvaient pas* faire : Exode 18:26 nous décrit cette dernière étape. Il est dit de ceux que Moïse a équipés pour leur tâche : « Ils devaient siéger chaque jour pour juger les querelles du peuple, et ils soumettaient à Moïse les affaires difficiles, mais réglaient eux-mêmes les causes mineures ». En tant que leader, Moïse devait rester prêt et disponible pour assumer les situations les plus ardues que les autres membres de l'équipe n'étaient pas capables de régler. [...]
>
> Le changement d'approche dans la façon dont Moïse dirigeait lui permit d'être plus fort, et permit au peuple de vivre davantage dans la paix. [...] Cela peut paraître énorme, mais si cela a fonctionné pour Moïse et les millions de gens récalcitrants qu'il a conduit à travers le désert, cela peut bien fonctionner pour vous aussi[28].

L'étude du texte de 1 Corinthiens 12 à 14 nous aura permis de comprendre l'importance du rôle de l'amour dans l'exercice des ministères. En effet, selon une étude auprès de trois pasteurs des plus grandes Églises au monde en termes de croissance, il ressort que :

> Leur façon d'administrer leurs églises est le concept d'amour. En effet, ils exercent un leadership d'amour et font cheminer leur communauté dans la foi, comme l'a fait Moïse avec le peuple de Dieu au travers de la Mer Rouge. L'amour, l'accueil et la tolérance estiment-ils devraient faire partie de la culture de l'organisation toute entière, car l'amour, explique Dale Galloway,

---

28. John C. Maxwell, « Comment équiper les autres en vue de leur confier des ministères », *Ressources spirituelles*, no. 6, printemps 2003, disponible sur : https://croissancedeseglisesoutils.blogspot.com/2009/01/appels-quiper-les-autres.html.

unifie et motive. On doit aimer les gens et voir la primauté des personnes sur les choses et les résultats quantitatifs[29].

4. L'évaluation

Il s'agit d'une évaluation qui doit se faire d'une part à mi-parcours et d'autre part, à la fin du délai prévu pour chaque objectif.

Il est question de comparer les résultats aux prévisions et de corriger les écarts éventuels, car : pour être consolidée et validée, la stratégie élaborée doit être en permanence confrontée aux informations essentielles puisées directement sur le terrain. Le plan sera ajusté, modifié, voire refondu en fonction des réalités.

Cette évaluation doit être coordonnée par le conseil paroissial et réalisée par l'assemblée des fidèles sur la base d'un tableau de bord. Le tableau de bord doit récapituler les informations sur les objectifs à atteindre chaque année.

Alain Fernandez propose des étapes à suivre pour élaborer un tableau de bord. Ces étapes sont récapitulées dans le tableau ci-contre[30].

Nous pensons qu'il est important au moment de la planification de mettre sur pied des éléments qui permettront d'évaluer le travail effectué.

Selon P.-A. Giffard, pour évaluer, il est important au moment de la planification « de se donner des mesures (indicateurs de progrès) pour vérifier les progrès accomplis et repérer les activités qui sont efficaces et celles qui ne le sont pas. Ce suivi est idéalement effectué sur une base trimestrielle[31] ».

---

29. Rick Warren, « Focus on people », cité par P.-A. Giffard, « Outils pour la croissance des Églises », https://croissancedeseglisesoutils.blogspot.com.
30. Tableau adapté de Alain Fernandez, *Les nouveaux tableaux de bord des managers*, Paris, Éditions Eyrolles, 2013, p. 119.
31. Giffard, « Comment rédiger un plan de croissance ecclésiale », https://croissancedeseglisesoutils.blogspot.com/2009/06/projet-eglise-missionnaire.html.

1. Identification *Quel est le contexte ?* Réalité de l'environnement concurrentiel, forces et faiblesses de l'organisation, identification concrète des axes stratégiques et des points d'intervention.	• **Étape 1 : Environnement de l'entreprise** Analyse de l'environnement économique et de la stratégie de l'entreprise afin de définir le périmètre et la portée du projet. • **Étape 2 : Identification de l'entreprise** Analyse des structures de l'entreprise pour identifier les processus, activités et acteurs concernés.
2. Conception *Que faut-il faire ?* Une démarche centrée sur le décideur de terrain en situation, point central du processus de décision et par conséquent du système de pilotage de la performance.	• **Étape 3 : Définition des objectifs** Sélection des objectifs tactiques de chaque équipe en fonction de la stratégie générale. • **Étape 4 : Construction du tableau de bord** Définition du tableau de bord de chaque équipe. • **Étape 5 : Choix des indicateurs** Choix des indicateurs en fonction des objectifs choisis, du contexte et des acteurs concernés. • **Étape 6 : Collecte des informations** Identification des informations nécessaires à la construction des indicateurs. • **Étape 7 : Le système de tableaux de bord** Construction du système de tableaux de bord, contrôle de la cohérence globale.
3. Mise en œuvre *Comment le faire ?* La technologie est au service des utilisateurs de terrain.	• **Étape 8 : Le choix des progiciels** Élaboration de la grille de sélection pour le choix des progiciels adéquats. • **Étape 9 : Intégration et déploiement** Implantation des progiciels, déploiement à l'entreprise
4. Amélioration permanente *Le système correspond-il toujours aux attentes ?*	• **Étape 10 : Audit** Suivi permanent du système.

Les mesures sont déterminées par l'église en fonction du type de résultats qu'elle cherche à obtenir. Elles indiquent le changement ou la variation dans la réalisation progressive des objectifs.

Voici quelques questions utiles pour bien formuler une mesure[32] :

- La mesure est-elle pertinente ? A-t-elle un lien direct et logique avec le but ou l'objectif ?
- La mesure est-elle fiable ? Produit-elle une information juste et vérifiable pour la période de réalisation de l'objectif ?
- La mesure est-elle valable ? Capte-t-elle ce que l'organisation tente de mesurer ?
- La mesure a-t-elle une valeur qui justifie ce qu'il en coûte pour en produire les données ?

Ainsi, le tableau de bord devra comporter :

- La vision,
- Les objectifs secondaires et leur stratégie spécifique.

La correction des écarts doit tenir compte des obstacles rencontrés et de la manière selon laquelle ils ont été abordés. L'état des lieux devrait avoir permis de mettre en lumière force et faiblesse de l'organisation.

Néhémie 2 et 4 nous révèlent que des obstacles peuvent se trouver sur la route de ceux qui veulent bâtir ou rebâtir leur organisation :

- Obstacles liés à la personne elle-même ou au groupe : peur, manque de confiance, manque de discipline, découragement, etc. « Il y a eu du découragement parmi les Juifs à cause de l'hostilité des adversaires et de la difficulté de la tâche[33]. »
- Obstacles liés à l'entourage et à l'environnement : jaloux, méchants, malfrats, catastrophes, etc. « Les adversaires sont actifs et nombreux ; ils commencent par ironiser sur les pauvres juifs qui veulent reconstruire leur muraille en ressuscitant des tas de poussières et de décombres, et qui verront de nouveau s'écrouler leur œuvre qu'un

---

32. *Ibid.*
33. Frank Michaeli, *Commentaires de l'AT XVI*, Neuchâtel, Éditions Delachaux et Niestlé, 1967, p. 324.

simple renard démolirait. Mais l'hostilité augmente devant la fermeté de Néhémie[34]. »

B. Le leadership pastoral et les autres ministères dans l'Église locale

La mise en place d'un modèle de management pour l'Église a mis en évidence le problème du leadership pastoral. En effet, toutes les bonnes stratégies ayant besoin d'un bon leader pour être réalisées comme nous l'avons dit plus haut, il convient de savoir à qui revient le leadership dans une communauté chrétienne. En d'autres termes, à qui revient la tâche de mobiliser et de pousser à l'action ? Faut-il attendre que chaque membre de la communauté se mette au travail comme il veut et quand il veut ?

Le pasteur, par sa formation, son ministère de berger et de ministre de la parole est la personne indiquée pour cette activité au sein de l'Église locale. Il est en permanence en activité au sein de l'Église locale et a reçu une formation pour agir en Église comme une sorte de carrefour. Il se posera dans cet agir la question de son rapport avec les autres ministères de l'Église locale. Cette question est de plus en plus abordée sous forme de tension au sujet de l'autorité. Qui a autorité sur qui au sein de l'Église locale ? Ce problème a fait varier la position du pasteur dans bon nombre d'Églises protestantes. Nos recherches croisées nous ont permis de maintenir le pasteur dans une position de leadership en ce qui concerne les activités et la vie de l'Église locale. Mais il ne s'agit pas d'un leadership exclusif puisqu'il est partagé dans la plupart des cas, ce qui rend son application délicate et complexe. En effet, l'assemblée des fidèles et le conseil paroissial déterminent la vision et les stratégies de l'Église locale. Ces stratégies reposent en grande partie sur des équipes et c'est là qu'intervient le pasteur dans le management d'une Église locale. Il doit coordonner le travail des équipes et participer à l'évaluation et à la prise de décision sur les grandes orientations de l'Église locale, tout en remplissant ses autres tâches que sont la prédication, l'administration des sacrements et la conduite des gens dans la prière. Il ne peut et ne doit à l'évidence pas le faire tout seul, puisque le sacerdoce universel et les théories

---

34. *Ibid.*, p. 323.

participatives de management l'obligent à travailler avec ceux qui partagent les réalités de l'Église locale avec lui.

1. Principes pour un leadership pastoral efficace

Pour que le pasteur puisse exercer son leadership, il doit être conscient que sa légitimité est plus qu'idéologique. En effet, il est attendu sur plusieurs plans, car il est pratiquement au carrefour des activités ecclésiales. Il doit savoir doser son leadership en fonction des besoins qui se présentent dans son Église locale. En effet, on distingue globalement cinq[35] voire six fonctions qui correspondent à la fois aux attentes des chrétiens et aux attributions du pasteur dans une Église locale :

- La fonction théologique – qui concerne le rapport à la Bible et qui se manifeste par l'interprétation, la prédication de l'Évangile. C'est l'essence du ministère pastoral.
- La fonction psychologique est celle de l'accompagnement pastoral, de la relation d'aide aux personnes en crise dans une corrélation permanente entre psychologie, vécu et Parole de Dieu. Cette fonction est aussi spirituelle car l'accompagnement n'est pas que psychologique, il doit aussi aider l'autre à se remettre en les mains de Dieu et à l'aider à se laisser guider par lui.
- La fonction « sociétale » ou communautaire qui se manifeste par l'animation et l'organisation de la vie de l'Église. C'est dans ce cas que le leadership pastoral est le plus visible.
- La fonction symbolique est celle du témoignage du pasteur dans son rapport à la société qui l'entoure.
- La fonction identitaire qui fait du pasteur un repère, une référence.

En plus de cette classification de Raphaël Picon, nous pouvons ajouter

- La fonction liturgique qui peut être couplée à la fonction théologique, car en sa qualité de ministre de la Parole, il revient au pasteur de présider les célébrations des cultes dominicaux et autres. De plus, il lui revient de présider à l'administration des sacrements.

---

35. Raphaël Picon, *Ré-enchanter le ministère pastoral. Fonctions et tensions du ministère pastoral*, Lyon, Olivétan, 2007.

Cette diversité de fonctions oblige à une bonne organisation, mais surtout à un esprit d'humilité, de service et d'organisation. Pour cela, il y a des styles de leadership qui conviendraient bien au ministère pastoral. Loin de nous la prétention de restreindre le champ d'action des leaders exerçant un ministère pastoral, nous voulons seulement proposer le principe qui devra guider l'action des pasteurs dans leur rôle de leader des communautés chrétiennes. Nous pensons qu'au regard de tout ce que nous avons pu découvrir dans notre étude, et nous basant sur notre expérience personnelle, que le principe du « leader facilitateur », le plus souvent utilisé dans la conduite des réunions et l'accompagnement des groupes, doit guider le pasteur dans le choix de son style de leadership. *Le Petit Robert*, dictionnaire alphabétique et analogique de la langue française, définit « faciliter » par « rendre facile, moins difficile ». Le facilitateur est en fait celui qui aide à faire fonctionner, à faire avancer. Il s'agit d'une personne chargée de nous aider à bien faire ce que nous avons à faire. Le pasteur, du fait de ses attributions et sa formation et eu égard au sacerdoce universel des croyants ainsi qu'aux diverses théories de management, devrait se mettre dans la logique de faciliter le processus par lequel chaque chrétien découvre sa vocation réelle, la relie à son vécu et accomplit efficacement sa tâche. En d'autres termes, Dieu appelle chacun de ses enfants à le servir là où il l'a placé et le rôle du pasteur par ses diverses fonctions est d'aider chacun, d'une part à découvrir sa place et son rôle dans l'œuvre de Dieu et d'autre part à accomplir efficacement sa mission. Ce travail de facilitateur passe évidemment par l'enseignement collectif, l'accompagnement qui est aussi un enseignement individuel, la prière, la collaboration et le discernement des dons, la gestion des ressources mais aussi, l'exercice de la discipline.

Il est vrai qu'il existe deux types de facilitateurs :

- Traditionnellement, un facilitateur est considéré comme une troisième partie qui est neutre et qui aide un groupe (ou deux parties) à augmenter son efficacité par l'amélioration de son processus de décision. Le facilitateur aide le groupe à améliorer la façon dont celui-ci détermine les problèmes, les résout et prend des décisions. Dans la plupart des cas, le facilitateur travaille avec le groupe durant une courte période de temps pour résoudre des problèmes et pour

dresser des plans axés sur le long terme, des plans stratégiques par exemple.
- Le deuxième type de facilitateur est le leader facilitateur. Un leader facilitateur est un membre du groupe qui est investi par le groupe d'une mission qui fait de lui un expert en processus et en contenu. Cet individu emploie la plupart des outils qu'utilise un facilitateur externe, mais il le fait de façon continue pour aider le groupe à améliorer en permanence son processus de prise de décision.

Ainsi, nous pouvons énumérer quelques principes de base de la facilitation :

1. Un facilitateur est un guide qui accompagne des personnes tout au long d'un processus, sans qu'il soit le détenteur unique de la sagesse et de la connaissance. En d'autres mots, il n'est pas là pour donner son opinion, mais pour demander aux membres du groupe de le faire et d'apporter des idées.
2. La tâche du facilitateur est d'animer le processus d'apprentissage ou de planification et non pas de viser seulement les objectifs.
3. Le facilitateur doit toujours être neutre et se montrer impartial.

Comme le dira en d'autres termes Jean-Sébastien Bouchard qui est lui-même un facilitateur et qui a accompagné plusieurs entreprises dans leur processus de croissance :

> De plus en plus, je vois le leadership comme une fonction enzymatique qui permet que « les choses se passent plus facilement ». Pour que les choses se passent bien, le leader doit faire en sorte que l'information circule et se rende aux bons endroits. Il travaille donc avec trois outils pour faciliter la circulation de l'information : des moteurs, des aimants et des clés. Avec les moteurs, il accélère les flux d'information ; avec les aimants, il attire l'information dans des endroits stratégiques et avec les clés, il ouvre les portes qui ont été placées sur le chemin[36].

Plus simplement, nous pouvons retenir que le principe de la facilitation est celui du : « *learning by doing* », c'est-à-dire l'apprentissage par la mise

---

36. Jean Sébastien Bouchard, *La nature d'une nouvelle entreprise*, disponible sur : www.jsbouchard.com. Consulté le 22 novembre 2009.

en pratique. Le pasteur doit plus se considérer comme un formateur chargé d'aider les membres de l'Église à vivre leur foi chrétienne. Il doit donc maîtriser parfaitement les facteurs qui peuvent influencer son leadership comme nous les avons cités plus haut :

- La personnalité du leader : chaque pasteur devrait avoir une idée de son profil psychologique ou du moins de sa personnalité ; en effet, dans la plupart des conflits interpersonnels ou entre un ministre et sa communauté, il y a le plus souvent à la base un affrontement de personnalité que l'on appelle souvent « incompatibilité d'humeur ». Ainsi, dans son étude sur la psychologie des pasteurs, Barker révèle que : « L'évangéliste britannique George Burton offre un autre exemple : élevé dans les bas quartiers de Glasgow, il avait une personnalité violente et indisciplinée. Dieu l'a utilisé de façon unique dans l'évangélisation de la population ouvrière de l'"East End" de Londres, mais il montrait toujours une agressivité pénible dans les relations avec les membres de son équipe et avec les autres pasteurs. Ce qui importe dans cette question de personnalité, c'est que le pasteur la connaisse et en prenne la responsabilité dans son ministère et ses relations avec autrui. Il doit prendre en compte les aspects de sa personnalité que d'autres trouvent difficiles, pour ne pas mal interpréter des situations conflictuelles[37]. »

Selon la classification de Career Pathways, une personnalité de type dominant (autoritaire, concentré sur son travail, beaucoup d'idées, mais pas proactif, mauvais gestionnaire) gagnerait à éviter de prendre seul des décisions, à s'obliger d'écouter les autres et à s'entourer d'un certain nombre de personnes sincères et complémentaires à sa personnalité pour l'assister. En fait, il faut faire des combinaisons pour compenser ses faiblesses.

Le milieu : il est important de connaître le milieu dans lequel on va travailler et les gens avec lesquels nous allons servir le Seigneur. La méthode SWOT permet au pasteur de se faire une idée de la réalité de l'Église locale tant en interne qu'au sujet de ses liens avec l'extérieur. La méthode de

---

[37]. Dr Montagu Barker, « La santé psychologique du pasteur », *Fac-réflexion*, n°30, mars 1995, p. 16-22.

Néhémie qui a fait l'inspection pour établir l'état des lieux avant d'entreprendre les travaux de reconstruction de la muraille de Jérusalem est utile dans cette situation.

Le milieu englobe donc l'Église locale en tant que communauté et institution, les Églises avec lesquelles elle est en relation et leur pasteur, les personnes qui la composent, la société dans laquelle elle est implantée avec sa culture et ses réalités socio-politiques.

- Les réalisations : les réalisations passées et présentes influencent le pasteur. En effet, un pasteur ne se comporte pas de la même manière si son ministère est prospère ou s'il vit dans la difficulté permanente :

    Le ministère d'Élie illustre un phénomène particulier dans ce domaine : Dieu l'a utilisé de façon spectaculaire sur le Mont Carmel (1 Rois 18) mais ensuite il passe par une dépression. Avait-il mis sa confiance plus dans le spectaculaire qu'en Dieu ? Quoi qu'il en soit, il arrive souvent qu'un homme utilisé par Dieu à très haut niveau pendant un moment, s'écroule face à un ministère ordinaire. De la même façon, des missionnaires ou des pasteurs trop attachés à un travail qui a connu la bénédiction de Dieu dans le passé, sont touchés par – ou sombrent dans – la dépression lorsqu'ils se rendent compte que cette bénédiction ne se reproduit pas ailleurs[38].

- Le foyer du pasteur est un cadre important pour son ministère, car c'est une source de stabilité et de réconfort tout comme c'est sa première Église locale.

    Certaines études ont prouvé que ce sont les pasteurs qui ont des difficultés dans le domaine affectif qui ont le plus tendance à avoir des problèmes psychologiques. Il est donc important pour un pasteur de s'occuper de sa vie conjugale et de sa propre famille. C'est aussi important pour son ministère et pour l'Église. Un foyer heureux donnera au pasteur les ressources dont il a besoin pour s'occuper des autres.

---

38. *Ibid.*

> Un mariage difficile et des enfants rebelles remettront en cause son rôle de pasteur, ce qui sera une source de grande tension psychologique. Il faudrait que les responsables de l'Église veillent à ce que le pasteur se sente libre de passer du temps avec sa famille, qu'il prenne au sérieux son rôle de mari et de père, en consacrant aux siens des moments de convivialité et d'activités en famille[39].

Ces quelques éléments et bien d'autres doivent être régulièrement questionnés et reformulés par le pasteur pour un leadership efficace.

2. Le travail en équipe

Le fonctionnement d'une Église locale implique un travail d'équipe comme nous l'avons vu tout au long de nos recherches. La structure à adopter par une Église locale doit être fonction à la fois des objectifs et du milieu. Nous avons mis en exergue le fait qu'il faille mettre sur pied des équipes pour supporter chacune des fonctions du pasteur et aspirations de la communauté, de manière que le travail soit fait à la chaîne. L'objectif de ces équipes va au-delà du simple appui du pasteur mais surtout de la nécessité pour l'Église locale de remplir convenablement sa mission.

> Le Nouveau Testament montre que la qualification à ces ministères, multiples et variés, est liée à des dons et des compétences susceptibles de répondre à des besoins discernés dans l'Église. La plupart des exégètes sont d'accord pour dire qu'on ne trouve pas dans le Nouveau Testament une doctrine unique, canonique, rigidement organisée des ministères mais une adaptation permanente au contexte, une reconnaissance de ce qui est utile à la communauté à un moment et dans un lieu donnés. L'Église naissante a eu une extraordinaire liberté pour organiser les ministères en fonction de sa mission. « D'une façon générale, à l'époque où écrit Paul, même les charges les plus nettement dessinées gardent des formes souples et des frontières ouvertes. […] L'Esprit y règne en maître[40]. » On retrouve toutefois des

---

39. *Ibid.*
40. Max Alain Chevallier, *Esprit de Dieu, paroles d'hommes*, Neuchâtel, Delachaux et Niestlé, 1966, p. 219.

constantes dans les finalités du ministère. D'une part, il doit faire en sorte que le plus faible soit respecté et reconnu et d'autre part il a pour visée de permettre au peuple de l'Église de vivre, dans son présent, la fidélité à l'Évangile, notamment à travers son culte et sa vie communautaire. Il est significatif que le terme ministre, qui veut dire serviteur, soit utilisé pour définir moins la spécificité de tel ou tel d'entre eux, que la condition même dans laquelle ils travaillent tous au service de Dieu. Ce service de Dieu, au-delà du service de la communauté c'est le service de l'Évangile que cette communauté a charge d'annoncer. Organiser l'Église, discerner des charismes, instituer des ministères n'est donc pas une fin en soi. Les ministères sont ordonnés à la mission de l'Église qui est l'annonce de la Parole. Il y a donc toujours à la fois un discernement des besoins de l'Église liés à sa mission, une reconnaissance des dons susceptibles d'y répondre et une réflexion sur l'adéquation des ministères au projet missionnaire de l'Église[41].

L'apôtre Paul insistera sur le but des dons (1 Co 12.7 ; 14.12) qu'il expliquera par la volonté de Dieu d'utiliser chacun des membres de l'Église locale pour l'édification commune. En fait, Dieu équipe chaque membre de la communauté pour répondre à un besoin particulier.

Pour travailler efficacement en équipe au sein d'une Église locale, le pasteur doit imiter l'exemple de Jésus lui-même qui a travaillé avec des disciples qu'il a lui-même équipé pour le ministère. En tant que leader facilitateur, le pasteur doit considérer que son rôle est d'équiper ceux qui avec lui ont la grâce de servir le Seigneur.

John C. Maxwell[42], propose la démarche suivante :

- Se souvenir que c'est le Seigneur lui-même qui est à l'œuvre, nous ne sommes que des instruments entre ses mains ; c'est lui qui a reçu tous les pouvoirs et il a promis d'être avec ses disciples tous les jours ;
- Le Seigneur a agi de manière à soulager la souffrance des hommes pendant son ministère terrestre et il était toujours accompagné de

---

41. Bertrand, « Du sacerdoce de tous au ministère de quelques-uns ».
42. John C. Maxwell, « Équiper les autres, l'exemple de Jésus », *Ressources spirituelles*, no. 6, printemps 2003.

ses disciples ; régulièrement, il prenait ses disciples à part pour leur donner des enseignements ;
- Puis à un moment, il les a envoyés en mission pendant qu'il était encore sur terre puis après sa résurrection et son ascension, il les a encouragés à annoncer la bonne nouvelle avec la promesse qu'ils seront accompagnés et assistés par le Saint-Esprit (Mc 6.13 ; Ac 6.1-8).

Le fonctionnement des équipes devrait respecter les principes suivants :
- La constitution des équipes se fera sur la base de la vision, des objectifs à atteindre et de la stratégie ;
- La constitution des équipes se fera en fonction des dons des membres de la communauté ;
- La formation multidimensionnelle des équipes est indispensable ;
- Les équipes participeront à l'élaboration de leur plan d'action.

Pour compléter ce travail en équipe il faut ajouter :
- Le rôle de coordination et de régulation du conseil paroissial ;
- Et celui de caution de l'assemblée des fidèles.

Conclusion du chapitre 14 et de la septième partie

Pour conclure sur ce chapitre prospectif, nous pouvons dire que l'Église locale doit être considérée comme une équipe avec le pasteur comme capitaine-coach. Toutefois, selon les circonstances, il partage son rôle de coach avec le conseil paroissial et l'assemblée des fidèles. Comme coach, il a sa part à faire, mais ne peut faire celle des autres. Le leadership pastoral doit être choisi en fonction de la personnalité du pasteur, du milieu et reposer sur le principe du leader facilitateur. L'Église locale, après avoir mis au point sa vision, ses objectifs et sa stratégie, doit mettre en place des équipes (ou comités) qui auront chacune la charge de faire aboutir un des points du plan d'action. Le pasteur doit jouer le rôle de mobilisateur, de moteur et permettre que le travail soit facilement exécuté par l'ensemble de la communauté. Les équipes ou comité participeront à l'élaboration de leur plan d'action et se feront aider par le pasteur qui doit veiller à équiper les membres de l'Église locale. Finalement, l'Église locale doit être considérée comme une grande équipe. Il s'agit d'une équipe où chaque membre de l'Église locale doit pouvoir trouver sa place et jouer son rôle.

Dans cette équipe, le pasteur ne doit pas oublier qu'il a à préserver sa spécificité en veillant à prendre soin de lui-même, de son foyer et en ayant une vie individuelle bien entretenue.

Pour que tout cela marche bien, il y a lieu d'insister sur la formation qui doit être multidimensionnelle : en plus de la formation biblique, une formation appropriée en sciences humaines est indispensable. En effet, le management, la psychologie, la sociologie, la communication, la pédagogie et l'andragogie doivent faire partie de la formation des pasteurs :

- Le management pour le préparer à exercer son leadership au sein d'une Église locale et à savoir travailler harmonieusement avec les ressources qui sont disponibles, tout en respectant la doctrine de l'Église ; une formation en management qui permette d'élaborer une vision personnelle et collective du ministère avec la stratégie et le plan d'action approprié.
- La psychologie pour l'aider à se connaître, à connaître les autres d'une part et d'autre part à apporter de l'aide et à savoir comment en trouver lui-même ; il est question de le préparer à gérer les situations de crises, qu'elles soient personnelles ou extra-personnelles.
- La sociologie et la psychologie sociale pour être capable de savoir appréhender le concept de groupes, les éléments de la culture, les faits sociaux et les réalités sociologiques du milieu dans lequel il est plongé. Ces disciplines mettront l'accent sur les méthodes de sondage pouvant permettre de découvrir les attentes des chrétiens membres d'une Église locale.
- La communication pour être capable de communiquer pour pouvoir motiver et pousser les Hommes à l'action.
- La pédagogie et l'andragogie pour être capable de transmettre et de partager le fruit de ses recherches sur la Bible, mais aussi pour être capable d'équiper ceux qui font ministère avec lui.

Il convient aussi de mettre sur pied des programmes de formations spécifiques pour les ministères autres que celui du pasteur et qui insisteront sur la formation biblique, la formation au management spécifique à l'Église, la sociologie et autres, en se focalisant sur le travail d'équipe. Ces formations spécifiques seront dispensées au niveau local par le pasteur et dans des instituts appropriés dans la mesure du possible.

Conclusion générale

Nous sommes partis de l'observation active des rapports souvent conflictuels entre pasteurs et Églises locales dans les Églises du CEPCA à partir du cas de la paroisse EPC Tohi, pour nous interroger sur la compatibilité entre animation spirituelle (le propre de l'activité pastorale) et gestion matérielle d'une Église locale (partagée par le pasteur avec d'autres chrétiens). En d'autres termes, faut-il éloigner le pasteur de tout ce qui n'est pas purement spirituel ? Est-il possible d'enseigner la Parole de Dieu sans être lié à toute la logistique qui rend possible cet enseignement ? Notre hypothèse de départ était que l'apport des sciences sociales (que sont le management et l'anthropologie) et les principes théologico-bibliques permettent de concilier animation spirituelle et gestion matérielle au sein d'une Église locale dans les Églises issues de la Réforme au Cameroun. Notre méthodologie a été un mélange entre la méthode hypothético-déductive et de la méthode empirico-herméneutique.

Nous avons donc pris pour verbatim la situation difficile de la Paroisse Tohi qui, depuis sa création depuis plus d'une quarantaine d'année, n'a connu que des conflits avec les pasteurs qui y ont été affectés. Tous sans exception sont partis à l'issue d'une procédure de rejet engagée par une partie des chrétiens de cette paroisse. Dans toutes les procédures, la méthode de travail du pasteur et surtout sa collaboration avec les autres parties prenantes de la vie de l'Église locale étaient mises en cause. Dans ce cas d'étude, la paroisse qui fonctionne selon une forme de gouvernement presbytérienne a été ballotée au gré des situations et des humeurs des pasteurs entre presbytérianisme, épiscopalisme et congrégationalisme. Il s'est posé plusieurs problèmes en lien avec l'intervention du pasteur dans la gestion des questions matérielles de la paroisse. Au nom du sacerdoce universel, comment un pasteur doit-il collaborer avec les chrétiens de son Église locale ? Qui doit prendre les décisions ? Qui doit impulser le mouvement ? Le sacerdoce universel des croyants interdit-il l'ordre, la discipline et la répartition des tâches ? Le pasteur devrait-il être dégagé de la gestion des questions matérielles ? Si non, comment est-ce qu'il collabore avec les anciens de l'Église pour cet aspect de la vie de l'Église ? Pour trouver des réponses à ces questions, nous avons exploré les théories de management, la culture des peuples d'Afrique au sujet de l'exercice de l'autorité et les référents biblico-théologiques des Églises issues de la tradition réformée au sujet de l'exercice des ministères au sein d'une Église locale.

L'apport du management, qui est apparu comme une alternative aux lourdeurs de la bureaucratie avec un soucis d'efficacité, nous a permis de comprendre qu'il faudrait considérer l'Église locale comme un système ouvert avec des éléments distincts et interdépendants donc coordonnés et tenir compte des facteurs de contingence qui interviennent dans les interactions avec son environnement. Nous proposons donc pour la conduite d'une Église locale la théorie systémique avec maîtrise des facteurs de contingence. Ces facteurs sont : la taille, la technologie, l'environnement et les différences individuelles. Ce modèle a l'avantage de tenir compte de la spécificité de l'Église comme corps du Christ, mais surtout de chaque Église locale avec son environnement. À partir de là, la conduite d'une Église locale implique une bonne connaissance du milieu environnant et des réalités internes. Parmi les facteurs qui influencent la vie d'une organisation humaine, nous avons noté l'impact de la culture qui oriente les comportements et qui dépend de l'environnement. Une incursion dans les chefferies traditionnelles du Cameroun (Bassa et Bamiléké) nous a permis de retenir que l'exercice du pouvoir en Afrique se faisait de manière partagée, en vue du bien-être de tous, et avec une forte connotation spirituelle. Le chef n'est autre que le garant du bien-être et de la prospérité commune, ainsi, il ne doit prendre aucune décision sans s'être assuré que le conseil des notables s'est prononcé sur la question. Ce conseil des notables nous a même fait penser aux relations entre le pasteur et les autres membres du conseil presbytéral en milieu protestant. En effet, les réformateurs, à partir du principe biblique du sacerdoce universel de croyants, ont mis au point une ecclésiologie dite du corps de Christ, dans laquelle tous les croyants participent à l'œuvre de Dieu, chacun selon les dons ou charisme qu'il a reçu du Seigneur. Ce principe du sacerdoce universel, lorsqu'il est mal compris, peut créer la confusion, qui se manifeste alors sous la forme d'un conflit d'autorité. En d'autres termes, puisque nous sommes tous appelés en tant que chrétien à servir Dieu, chacun devrait-il faire ce qu'il veut quand il veut et comme il le veut ? Si le sacerdoce universel des croyants autorise tout chrétien à avoir accès à un ministère dans l'Église, il ne s'oppose pas en revanche à une organisation ordonnée des ministères au sein d'une Église locale. Il ne s'oppose pas non plus à l'exercice du leadership au sein de l'Église locale. En effet, tout bon programme de management a besoin d'un bon leader, c'est-à-dire d'un mobilisateur pour être mis en œuvre. Le leader, c'est la personne qui fera adhérer les autres au programme mis en œuvre. Le leadership a parfois été opposé à l'autorité ou confondu avec celle-ci dans les milieux francophones. Or, il est par essence plus que la simple autorité ou le pouvoir de l'un sur les autres, car ce qui le caractérise c'est le mouvement et l'action d'un groupe orientés vers un but à atteindre ensemble. Il y a donc la nécessité d'avoir un leader et non un chef au sens propre du terme au sein d'une Église locale. L'apôtre Paul, dans la liste des charismes utiles à l'Église de Corinthe, parlera du don de gouverner ou de diriger l'Église dans un contexte où justement il y avait des conflits de leadership. Avoir peur des dérives autoritaristes de quelques individus ne doit pas nous empêcher de penser à la direction des communautés chrétiennes. Au contraire, il y a lieu de réfléchir aux modalités de cette direction. Comment peut-on diriger convenablement les communautés chrétiennes ? Quelle est la personnalité indiquée pour le faire ? Quel est le leadership à associer à la direction d'une communauté chrétienne ?

Au regard de son rôle de ministre de la Parole, le pasteur n'est-il pas la personne indiquée pour jouer ce rôle d'enzyme, de mobilisateur ou de catalyseur au sein de l'Église locale ?

> Mais alors se pose cette question : pour être pasteur aujourd'hui, faut-il être un leader ? Les premiers mots d'un livre récent sur le sujet sont sans ambiguïté : Le leadership est une priorité centrale dans les Églises d'aujourd'hui. La prédication est importante, le culte est important, la cure d'âme, l'évangélisation, l'action sociale, tout cela doit être privilégié. Mais en premier vient le leadership. Il a même été dit : les Églises ont besoin de plus de leaders, pas de plus de membres ! (cf. *Dynamic leadership* de Paul Beasley-Murray). Il n'y aurait donc pas de doute à avoir, le

pasteur doit être un leader, même s'il doit partager le leadership avec les anciens et être alors « leader des leaders ». Cette affirmation est malgré tout à tempérer par quelques observations :

> Il n'y a pas un leader type. S'il est important que le leader possède un ensemble de qualités, d'ailleurs difficiles à définir mais d'où ressortent généralement l'intégrité et la confiance en soi, il devra d'une part acquérir un savoir-faire, et d'autre part s'adapter au milieu. Tous les leaders ne conviennent pas à toutes les situations. Le leadership est un ensemble relationnel complexe.
>
> Conduire un groupe de dix personnes dans une Église de campagne ne demande ni les mêmes qualités ni la même personnalité que pour diriger cent personnes en ville. La grande affaire est donc que la bonne personne soit à la bonne place, étant entendu que dans l'Église il est plus difficile de déplacer une personne qui n'est pas à sa place que dans une entreprise ![1]

Le management d'une Église locale repose le problème de l'utilisation judicieuse des ressources disponibles en commençant par les ressources humaines. Cette préoccupation remet sur la table une fois de plus la question de l'autorité dans l'Église locale qui comme on le sait est source de convoitise et donc de conflits. Malheureusement, les malentendus qui ont été suscités par une mauvaise interprétation du sacerdoce universel n'arrangent pas les choses, surtout

> [...] quand la notion de sacerdoce universel est comprise comme concernant directement la théologie des ministères. On constate alors un glissement, qui conduit de l'égalité des chrétiens dans le service de l'Évangile (égalité qui procède du principe du sacerdoce universel), à une équivalence des aptitudes, capacités, compétences concernant les tâches à accomplir et donc à une indifférenciation des charges au sein de la communauté. Ce passage de l'égalité à l'équivalence provoque des confusions qui ne sont pas sans conséquences[2].

---

1. Batty, « De l'autorité pastorale en générale et de l'autorité pastorale en particulier ».
2. Bertrand, « Du sacerdoce de tous au ministère de quelques-uns ».

Exercer le ministère pastoral et manager une Église locale revient donc à :

> Articuler « sacerdoce universel » et « ministères dans l'Église », ce qui implique donc en régime protestant, une relation fructueuse et féconde entre la mission de « tous » et les fonctions de « quelques-uns ». Cela est d'autant plus important que si l'hypertrophie du ministère peut conduire au cléricalisme, la dérive inverse existe également. Quand l'insistance unilatérale sur le sacerdoce universel conduit à une fragilisation des ministres. Ils ont alors le sentiment que leur ministère se dilue dans celui du conseil presbytéral et dans les autres ministères, au point de perdre toute spécificité.
>
> Pour cela, il importe de rappeler que la communauté et le ministre dépendent directement de Dieu et ont reçu de lui leur vocation. Les ministres ont reçu une vocation personnelle, intérieure et secrète qui est première, et ensuite ils ont reçu de l'Église une vocation extérieure et publique par laquelle, comme on le dit dans l'Église réformée de France leur ministère est « reconnu ». Mais la communauté, elle aussi, reçoit de Dieu une vocation, une mission particulière dans le contexte où elle est placée et que le ministre ne saurait ignorer. Il n'y a pas, par conséquent, de subordination ou de soumission dans un sens ou dans l'autre entre le ministre et la communauté, mais une reconnaissance mutuelle de chaque vocation spécifique, une corrélation[3].

En définitive, le management nous a aidé à trouver les outils qui permettront à l'Église de remplir fidèlement la mission que le Christ lui a confiée en collaboration avec les autres membres au sein d'une Église locale. Nous proposons pour cela d'adopter un management par processus en quatre phases interactives de manière chronologique : planification pour se fixer un but et les moyens de l'atteindre ; organisation pour répartir les tâches à accomplir ; direction pour mobiliser et motiver les membres de l'Église locale à travailler ensemble au-delà des conflits qui pourront survenir et évaluation pour comparer le but aux réalisations en corrigeant les écarts éventuels. Le

---

3. *Ibid.*

point focal de ce processus repose sur les besoins et attentes des personnes qui vivent dans le champ desservi par l'Église locale. La mission que Christ a confiée à l'Église doit être reformulée pour être comprise par chaque Homme dans son vécu. La vision de chaque Église locale consistera donc à apporter l'éclairage de la Parole de Dieu sur les questionnements et les préoccupations des Hommes d'une époque et d'un lieu précis. Ainsi, l'Église locale, pour remplir sa mission, mettra en place une stratégie dont les principaux axes d'interventions seront confiés à des équipes ou comités. Les tâches seront bien réparties et l'on veillera à ce que chacun soit impliqué, en fonction de ses dons dans l'œuvre de Dieu. Jethro l'a suggéré à Moïse afin qu'il ne soit pas surchargé par le travail. Il a été question, dans ses propositions, de trouver des hommes dont le profil a été défini, qui recevront une délégation pour s'occuper d'un certain genre de litiges au sein du peuple, pendant que Moïse continuera d'intercéder pour le peuple auprès de Dieu, d'enseigner au peuple la volonté de Dieu et de juger les affaires majeures. Dans le même sens, l'apôtre Paul va insister sur une claire identification des charismes et une bonne répartition des tâches en insistant sur leur caractère complémentaire.

Ces illustrations bibliques doivent inspirer le pasteur dans son rôle de leader de la communauté chrétienne, et donc l'aider à déléguer ce qui peut l'être. Ce travail doit être régulièrement évalué à la fois par les instances compétentes, en l'occurrence le conseil presbytéral (structure de coordination) et l'assemblée des fidèles (structure consultative par excellence) dans le système presbytérien que nous avons étudié. Le pasteur dans cette organisation doit jouer un rôle de leader facilitateur, permettant finalement par l'enseignement de la Parole de Dieu et l'accompagnement spirituel que chacun trouve sa place dans l'œuvre de Dieu. Il veillera à mettre chacun des chrétiens en face de la Parole de Dieu pour qu'il puisse y lire le message que Dieu lui adresse chaque jour, et revisiter ainsi son engagement dans l'Église et au milieu de ses frères.

Pour y parvenir, nous avons souligné la nécessité d'une formation qui associe sciences bibliques et sciences humaines de manière à préparer le pasteur et tous les acteurs de l'Église locale à travailler ensemble. Il n'est en effet question que d'un travail d'équipe à l'image de Jésus lui-même qui a travaillé, formé et fait travailler ses disciples pour l'avancement du royaume de Dieu. De plus, il a donné le Saint-Esprit pour aider ses disciples à témoigner de lui. En servant le Seigneur, chacun doit se souvenir que c'est par grâce et par amour que Dieu nous accorde d'être là où nous sommes. Paul le dira très bien à sa manière aux chrétiens de Corinthe dont il a été le leader. Il va donc exercer son leadership en utilisant cet enseignement sur l'amour comme le ferment indispensable de l'exercice des dons et des relations interpersonnelles. De cette manière, il nous permet de comprendre ce qui doit animer le chrétien qui exerce un ministère dans l'Église : le bien et le mieux-être de son prochain. La nécessité d'avoir un ministère de gouvernement ou de présidence ou de gestion matérielle, n'exclut pas celle d'œuvrer pour le bien du prochain, ce d'autant plus que les dons et charismes sont accordés par l'Esprit de Dieu de la communauté et donc des membres qui la composent. Ainsi, chacun de ceux qui exercent un ministère doit le faire pour Dieu qui veut venir en aide aux Hommes qui sont ses créatures et ses enfants. Paul nous permet de résoudre cette épineuse question de l'autorité, car Dieu accorde des charismes et des dons pour son œuvre et pour sa gloire et pour le bien de ses enfants. Chacun a sa place avec ce que Dieu lui a confié comme tâche, respectant celle que Dieu a confiée à l'autre, l'Église remplira fidèlement sa mission.

Bibliographie

Bibles

La Sainte Bible par Louis Segond, Alliance Biblique Universelle, 1910.
Traduction œcuménique de la Bible, Société biblique française et Éditions du Cerf, 1988.
Biblia Hebraica Stuttgartensia, Stuttgart, Deutshe Bibelgesellschaft, 1997.
Novum Testamentum Graece, 27e édition, Stuttgart, Deutshe Bibelgesellschaft, 1998.

Dictionnaires et encyclopédies

Logiciel Bible Online, Éditions CLE, 2002
Bible Louis Segond Revisée
Dictionnaire hébreux-français
Dictionnaire grec-français
Nouveau dictionnaire biblique Emmaüs
BOST A., *Dictionnaire encyclopédique de la Bible*
CALMET A., *Dictionnaire de la Bible*
WESTPHAL A., *Dictionnaire encyclopédique de la Bible*

Autres

BALZ Horst Robert, SCHNEIDER Gerhard, sous dir., *Exegetical Dictionary of the New Testament*, Grand Rapids, Eerdmans, 1994.
Dictionnaire de la langue française. Disponible sur : www.msn.com, consulté entre novembre 2009 et mai 2010.
Dictionnaire électronique MSN ENCARTA. Disponible sur :www.msnencarta.fr, consulté entre novembre 2009 et mai 2010.
Dictionnaire Larousse, Paris, Éditions Larousse, 2008.

Dictionnaire Larousse illustré, Paris, Éditions Larousse, 2005.
GUTHRIE D. et al, sous dir., *Nouveau commentaire biblique*, Saint-Légier, Éditions Emmaüs, 2007.
L'internaute, « Histoire de la colonisation ». Disponible sur : www.linternaute.com/Histoire/. Consulté entre novembre 2009 et mai 2010.
KUEN A., *Nouveau dictionnaire biblique*, révisé et augmenté, Saint-Légier, Éditions Emmaüs, 2002.
SANDER N. Ph., TRENEL I., *Dictionnaire hébreux-français*, Genève, Slatkine reprints, 1979.
« Cent ans de management », *Sciences Humaines*, HS 020, mars/avril 1998.

Ouvrages clés

Sciences humaines

BERTALANFFY L. von, *Théorie générale des systèmes*, Paris, Dunod, 1993.
CHARREIRE PETIT S. et al., *Management : Manuel et applications*, Paris, Nathan, 2007.
CHARRON J.-L., SEPARI S., *Management : Manuel et applications*, Paris, Dunod, 2016.
CHARPENTIER P., *Management et gestion des organisations*, Paris, Armand Colin, 2007.
DURAND Daniel, « Une nouvelle méthode », dans Daniel Durand, sous dir., *La systémique*, coll. « Que sais-je ? », Paris, Presses Universitaires de France, 2013, p. 7-33.
HELLRIEGEL Don, SLOCUM John W., *Management des organisations*, 2ᵉ éd. Bruxelles, De Boeck, 2006.
KAMDEM E., *Management et interculturalité en Afrique : Expérience camerounaise*, Paris-Laval, L'Harmattan/ Presses de l'Université, 2002.
ROBBINS S., DE CENZO D., *Management : l'essentiel des concepts et des pratiques*, 6ᵉ éditions, France, Nouveaux Horizons, 2008.
SCHMAUCH Dominique, *Les conditions du leadership*, Paris, L'harmattan, 2005.

Théologie

CALVIN J., *L'Institution chrétienne*, Tome 4, Genève, Labor et Fides, 1958.
CALVIN J., *Commentaire sur le Nouveau Testament*, Tome 3, Paris, Librairie de Charles Meyrueis et Compagnie,1855.
COURVOISIER J., *De la Réforme au Protestantisme. Essai d'ecclésiologie réformée*, Paris, Éditions Beauchesne, 1977.
FINET A. et al, *La Paroisse*, France, Éditions « Je sers », 1943.

KUEN A., *L'organisation de l'Église*, 4ᵉ édition, Saint-Légier, Éditions Emmaüs, 2006.
LUTHER M., *Œuvres*, Tome IV, Genève, Labor et Fides,1956.
LUTHER M., *Œuvres*, Tome IV, Genève, Labor et Fides, 1962.
NJAMI-NWANDI S. B., *Traité de déontologie pastorale*, Yaoundé, Éditions CLE, 2005.
PICON R., *Ré-enchanter le ministère pastoral. Fonctions et tensions du ministère pastoral*, Lyon, Olivétan, 2007.
RUDGE P. F., *L'Église à l'heure du management*, Paris, Fayard, 1971.
SCHWARZ C. A., *Le développement de l'Église, Une approche originale et réaliste*, Tharaux, Éditions empreinte temps présent, 2005.

Mémoires et thèses

Sciences humaines

NANGA C., « La réforme de l'administration territoriale au Cameroun à la lumière de la loi constitutionnelle no. 96/06 du 18 Janvier 1996 », mémoire de Master en administration publique, Paris, ENA, 2000, disponible sur : www.ena.fr, consulté entre novembre 2009 et mai 2010.

Théologie

BERTRAND M., « Autorité et légitimité de paroles d'Églises dans l'espace public », thèse de doctorat en théologie, Université de Neuchâtel, 2009.
GIFFARD P.-A., « De la croissance numérique à la croissance intégrale : un modèle de mission pour l'Église locale », thèse de PHD, Université de Montréal, 2000, disponible sur : https://www.collectionscanada.gc.ca/obj/s4/f2/dsk3/ftp04/NQ60821.pdf, consulté en octobre 2021.
GIFFARD P.-A., « Équipés pour la mission », thèse de PHD, Institut de théologie pastorale, Québec, 2003.
KONG R., « Une relecture Kierkegaardienne de l'Église au Cameroun », thèse de doctorat en théologie, Yaoundé, UPAC/FTSR, 2008.
LAGACÉ P., « Le management de l'Église locale de Rimouski », thèse de PHD en théologie, Université de Montréal, 1998.
LEPPER Anne, « Église et management : quel témoignage ? », thèse de doctorat, Université de Genève, 2019, no. Théol. 623, accessible en ligne : http://archive-ouverte.unige.ch/unige:122845, consulté le 30 novembre 2021.
NKOLO FANGA J. P., « Études de quelques théories de management applicables à la direction d'une Église locale », Mémoire de DETA, Yaoundé, UPAC/FTSR, 2009.

NKOLO FANGA J. P. « Leadership et reconstruction : les préalables à partir de l'exégèse de Néhémie 1 et 2 », Mémoire de maîtrise en théologie, Yaoundé, Faculté de Théologie Protestante de Yaoundé (FTPY), 2005.

Articles

Sciences humaines

BAKENGELA SHAMBA P., « Existe-t-il un modèle de management spécifique à l'Afrique ? Le "management africain" à l'épreuve des évidences empiriques », 18ᵉ congrès de l'AGRH, septembre 2007, Fribourg, Suisse. Actes de congrès de l'AGRH 2007, Université de Fribourg, Suisse. <hal-01340237>

FØLLESDAL D., « Hermeneutics and the Hypothetico-Deductive Method », *Dialectica* vol. 33, no. 3-4, 1979, p. 319-336.

GUILLEMETTE François, « L'approche de la *Grounded Theory*, pour innover ? », *Recherche Qualitatives*, vol. 26, disponible sur : http://www.recherche-qualitative.qc.ca/documents/files/revue/edition_reguliere/numero26(1)/fguillemette_ch.pdf, consulté en mai 2010.

HERNANDEZ Émile-Michel, KAMDEM Emmanuel, « Universalité ou contingence de l'enseignement de la gestion. Le cas de l'Afrique », *Revue française de gestion*, vol. 178-179, no. 9-10, 2007, p. 25-41, disponible sur : https://www.cairn.info/revue-francaise-de-gestion-2007-9-page-25.htm, consulté le 9 novembre 2021.

HOUMFA M., « Gestion des élections au Cameroun : le refus de la transparence », *AFRIQUE ECHOS.CH*, 5 janvier 2007.

MANDENG, « Cameroun : ELECAM, un organe chargé de redonner sa confiance au corps électoral boycotté », *podcast journal*, 24/01/2009.

MOUICHE Ibrahim, « Chefferies traditionnelles, culture et développement local au Cameroun », 11ᵉ Assemblée générale du CODESRIA (conseil pour le développement de la recherche en sciences sociales en Afrique), Maputo, Mozambique, 6-10 décembre 2005, p. 2. Disponible sur : www.codesria.org. Consulté le 27 janvier 2009.

MUTABAZI Evalde, « Le modèle circulatoire de management africain », *Business digest*, no 157, novembre 2005.

NDONGO Y. F. O., EBENE A. J., TEGNEROWICS J., « Religion, capital social et réduction de la pauvreté au Cameroun : le cas de la ville de Yaoundé », Munich, Personnal RePEC Archives, 2006, disponible sur : http://mpra.ub.uni-muenchen.de/166/, consulté le 10 novembre 2021.

PERRIN Nicolas, « La méthode inductive : un outil pertinent pour une formation par la recherche ? Quelques enjeux pour le mémoire professionnel », *Formations et pratiques d'enseignements en question*, no. 2, Vaud, 2005, p. 125-

137. Disponible sur : www.revuedeshep.ch/pdf/vol-2/2004-2-perrin.pdf. Consulté durant le mois de novembre 2009.

TCHOUAKEU E. B., « Les Églises chrétiennes de réveil montent en puissance », Yaoundé, *Mutations*, 18/10/2009.

Théologie

BAILLARGEON Gaëtan, « Présider l'Église de Dieu et l'assemblée eucharistique », dans Gilles Routhier et Marcel Viaud, sous dir., *Précis de théologie pratique*, Bruxelles, Lumen Vitae, 2004.

BAUER Olivier, ROBITAILLE Steve, « Un bilan de l'enseignement de la praxéologie pastorale à la faculté de théologie et des sciences des religions de l'université de Montréal », rapport remis au doyen Jean Duhaime le 19 février 2008, Université de Montréal. Disponible sur : https://papyrus.bib.umontreal.ca/xmlui/handle/1866/2164?show=full.

BATTY C., « De l'autorité en général et de l'autorité pastorale en particulier », *Fac-réflexion* n° 25, décembre, 1993, p. 4-11.

BERTRAND M., « Du sacerdoce de tous aux ministères de quelques-uns », *Information évangélisation*, Paris, 2010.

BÉNÉZET B., « Le christianisme africain et sa théologie », *Revue des sciences religieuses* [En ligne], 84/2, 2010, URL : http://journals.openedition.org/rsr/342.

BOIS Pierre-André, « Luther trahi par Melanchthon ? de l'»Église invisible» aux «Églises évangéliques territoriales» », dans Jean-Paul Cahn et Gérard Schneilin, sous dir., *Luther et la Réforme, 1525-1555 : le temps de la consolidation religieuse et politique*, coll. Questions de civilisation, Paris, Éditions du temps, 2001.

BRINK E., « Le peuple de Dieu, un ensemble assemblé », *Revue Reformée*, no. 210, novembre 2000.

COUSYN B., « Les quatre piliers de l'Église », *Promesses*, no. 159, janvier-mars 2007, disponible sur : https://www.promesses.org/les-quatre-piliers-de-leglise/, consulté en janvier 2010.

CURVILLIER E., « Lire les lettres de Paul », dans Pierre Debergé et Jacques Nieuviaris, sous dir., *Guide de lecture du NT*, Paris, Bayard, 2004.

FATIO O., sous dir., « Le catéchisme de l'Église de Genève », dans *Confessions et catéchismes de la Réforme*, Genève, Labor et Fides,1986.

GIFFARD Pierre-Alain, « Leadership et croissance des Églises », dans Pierre-Alain Giffard *La croissance de l'Église : outils et réflexions pour dynamiser nos paroisses*, Nouan-le-Fuselier, Éditions des Béatitudes, 2012.

MAXWELL John C., « Comment équiper les autres en vue de leur confier des ministères ? », article publié dans *Ressources Spirituelles*, no. 6, printemps

2003, disponible sur : http://croissancedeseglisesoutils.blogspot.com/2009/01/appels-quiper-les-autres.html, consulté le 10 novembre 2021.

MENOUD P., « L'Église et les ministères », *Cahier théologique de l'actualité protestante*, no. 22, 1949.

NADEAU G., « Une méthodologie empirico-herméneutique », dans Gilles Routhier et Marcel Viau, sous dir., *Précis de théologie pratique*, Bruxelles, Lumen vitae, 2004.

NADEAU G., « La praxéologie pastorale : faire théologie selon un paradigme praxéologique », *Théologiques*, vol. 1, no. 1, mars 1993, p. 79-100. Disponible sur : http://www.erudit.org/revue/theologi/1993/v1/n1/602383ar.html?lang=es. Consulté durant le mois de novembre 2009.

NISUS .A., « Les Églises congrégationalistes et l'*épiskopè* », *Unité des chrétiens* 135, juillet 2004, p. 25-29.

OUAMBA F., « Les enjeux de l'inculturation en Afrique », *Évangiles et Libertés*, 1996, disponible sur : https://www.evangile-et-liberte.net/elements/archives/154.html, consulté en novembre 2009.

Autres articles et ouvrages

Sciences humaines

BERTRAND Michel, « Le conseil presbytéral un ministère », dans *Le conseil presbytéral. Un ministère aux mille facettes*, Paris, Coordination Édifier et Former, 2000.

COCCOLO D., « Théories des organisations, cours de gestion ». Disponible sur : www.managerGo.com. Consulté en novembre 2009.

DIOUF D., « Les enjeux du leadership local », disponible sur : www.managergo.com, consulté en novembre 2009.

DRUCKER P., *The Practice of Management*, New York, Harper and Brothers, 1954.

HENRIET B., *Leadership et management*, Paris, Éditions Liaisons, 1993.

KOONTZ H., O'DONNELL C., *Principles of Management : An Analysis of Managerial Function*, New York, McGraw-Hill, 1955.

MINTZBERG Henry, *Le management : voyage au centre des organisations*, Paris, Eyrolles, 2020.

MPON TIEK S. M., *Rapport préliminaire sur les ONG/Associations du Cameroun*. Disponible sur : www.codesria.org.

PRINGERE A., *Minztberg et la théorie de la contingence*. Disponible sur : www.oboulo.com, consulté en novembre 2009.

SCHERMERHORN J. R., et al, *Comportement humain et organisation*, coll. Village Mondial, Montreuil, Pearson, 2ᵉ éd., 2002.

SHAPIRO J., *Boîte à outils sur la planification stratégique*, Johannesburg, Civicus, 2001.

WILLAIME J.-P., *Profession : Pasteur*, Genève, Labor et Fides, 1986.

Théologie

ALEXANDER J. H., *Moïse : prince, berger et prophète*, Genève-Paris, La maison de la Bible, 1999.

ARNOLD, Matthieu, « Luther avant et après 1525 constances et évolutions dans la théologie du Réformateur », dans Jean-Paul Cahn et Gérard Schneilin, sous dir., *Luther et la Réforme, 1525-1555 : le temps de la consolidation religieuse et politique*, coll. Questions de civilisation, Paris, Éditions du temps, 2001.

ATKERSON S., « L'Église de localité », *New Testament Reformation Fellowship*, 2007. Disponible sur : https://ntrf.org/french/leglise-de-localite/.

AUDET J.-P., *Le projet évangélique de Jésus : Sa mise en œuvre, son style, son sens et sa portée depuis les commencements jusqu'à la fin de l'âge apostolique*, Paris, Aubier-Montaigne, 1969.

BÉNÉZET B., *Connaître la théologie africaine : Nécessité face à la globalisation*, Fribourg, Academic Press, 2008.

BLANDENIER J., *Martin Luther et Jean Calvin, Contrastes et ressemblances*, Dossier vivre 29, Genève, Éditions Je Sème, 2008.

BONHOEFFER Dietrich *La nature de l'Église*, Genève, Labor et Fides, 1971.

BUHLER F., *L'Église locale : un manuel pratique*, 2ᵉ édition revue et augmentée, Paris, Éditions Farel, 1985.

CONZELMAN H., LINDERMAN A., *Guide pour l'étude du Nouveau Testament*, Genève, Labor et Fides, 1999.

CHO P. Y., *Les cellules de maison et la vie de l'Église*, Deerfield, Éditions Vida, 1989.

DOUMERGUE Émile, *Jean Calvin : Les hommes et les choses de son temps*, Tome V : « la pensée ecclésiastique et la pensée politique de Calvin », Lausanne, G. Bridel et Cie Editeurs, 1917.

GANGEL K., *Leadership for Church Education*, Chicago, Moody Press, 1970.

GISEL P. et al, *Encyclopédie du Protestantisme*, Paris, Éditions du Cerf, 1995.

GIFFARD P.-A., « Outils pour la croissance des Églises », disponible sur : https://croissancedeseglisesoutils.blogspot.com, consulté en mai 2010.

KREISS W., *Petite Dogmatique Luthérienne*, 2002. Disponible sur : https://www.egliselutherienne.org/bibliotheque/doctrine/petitedogmatique/, consulté en septembre 2009.

LEONARD E. G., *Histoire générale du protestantisme*, Paris, Quadrige/PUF, 1988.

LORENT A., « La gestion des œuvres d'Église » (cours), Bruxelles, Domuni (Université virtuelle), 2008.

PACAUT M., *Les Institutions Religieuses*, Paris, Presses universitaires de France, 1951.

RAKOTOHARINTSIFA A., *Conflits à Corinthe, Église et société selon 1 Corinthiens, analyse socio-historique*, Genève, Labor et Fides ,1997.

SENARCLENS J. (de), *De la vraie Église, selon Jean Calvin*, Genève, Éditions Labor et Fides, 1965.

SENFT C., *La première Épître de Paul aux Corinthiens*, Neuchâtel, Delachaux et Niestlé, 1979.

SHU D., *Le leadership efficace*, Bamenda, Gospel Press 2004.

SHUMMER L., *L'ecclésiologie de Calvin à la lumière de l'ecclesia mater*, Berne, Éditions Peter Lang, 1980.

SOMERVILLE R., *La première épître de Paul aux Corinthiens*, Vaux-sur-Seine, Edifac, 2002.

STEDMAN R., *Introduction aux livres de la Bible*, Paris, Éditions Farel, 2000.

TURCKHEIM G. (de), *Comprendre le protestantisme. De Luther aux évangéliques*, Paris, Éditions Eyrolles, 2006.

Textes constitutifs et confessions de foi

« Constitution de l'Église Presbytérienne Camerounaise », Ebolowa, Halsey Memorial Press, 1957.

« Constitution de la République du Cameroun », promulguée le 18 janvier 1996 par Paul Biya, Président de la République.

Confession de la Rochelle, Aix-en-Provence, Éditions Kerygma,1988.

Table des matières

Introduction générale 1

Première partie : Cadre conceptuel 17

Introduction 19

Chapitre 1 21
    Généralités sur l'Église
    Introduction 21
    A. L'Église en quelques mots 22
        1. Définition 22
        2. Mission 25
    B. Organisation et gouvernement de l'Église : l'exercice du ministère pastoral en question 28
        1. Les différentes formes de gouvernement 28
        2. Le ministère pastoral et les autres ministères 33
    Conclusion 41

Chapitre 2 43
    Généralités sur le management
    Introduction 43
    A. Définition et caractéristiques 45
        1. Définition 45
        2. Caractéristiques principales 47
    B. Évolution des concepts du management 51
        1. Évolution historique 51
        2. Leadership et management 55
    Conclusion 62

Conclusion de la première partie 65

Deuxième partie : Les Églises issues de la Réforme dans le contexte actuel du Cameroun 67

Introduction 69

Chapitre 3 71
    Quelques aspects du contexte des Églises protestantes au Cameroun
    Introduction 71

        A. Le Cameroun 71
            1. Aspect spirituel 71
            2. Aspect socio-politique 73
        B. Le Conseil des Églises Protestantes du Cameroun (CEPCA) 78
            1. Les généralités 78
            2. La structure 79
        Conclusion 80

Chapitre 4 83
Le cas de la paroisse Tohi de l'Église Presbytérienne Camerounaise (EPC)
        Introduction 83
        A. Généralités sur l'EPC 84
            1. L'organisation d'une Église locale 84
            2. Les autres juridictions 85
        B. Historique de la paroisse Tohi 86
            1. Les origines 86
            2. Les conflits 88
        C. Brève analyse 92
        Conclusion 93

Conclusion de la deuxième partie 95

Troisième partie : L'apport des théories du management 97

Introduction 99

Chapitre 5 103
La théorie systémique
        Introduction 103
        A. Les généralités 105
            1. Définition 105
            2. Caractéristiques 107
        B. Application à la direction d'une Église locale 109
            1. Vérifications 109
            2. Théorie systémique et Église locale comme
               organisation humaine 112
        Conclusion 116

Chapitre 6 119
La théorie de la contingence
        Introduction 119
        A. Généralités 120
            1. Définition 120

  2. Caractéristiques 121
  B. Application à la conduite d'une Église locale 122
   1. Vérifications...122
   2. Théorie de la contingence et Église locale comme organisation humaine 126
  Conclusion..127
Conclusion de la troisième partie... 129

Quatrième partie : L'apport de l'approche anthropologique 131
Le management des communautés en Afrique

Introduction 133

Chapitre 7 139
Étude de quelques chefferies traditionnelles au Cameroun
  Introduction 139
  A. Cas de la chefferie traditionnelle en pays Bassa (Nyong et Kéllé) 141
   1. Entretien avec Sa Majesté Nyam Simb Calvin 141
   2. Éléments applicables à la conduite d'une communauté chrétienne 143
  B. Cas de la Chefferie Bamendjou 145
   1. Brève présentation de la chefferie Bamendjou...................145
   2. Éléments pour une application dans le gouvernement de l'Église au Cameroun 148
  Conclusion..153

Chapitre 8 157
Étude critique du management africain
  Introduction 157
  A. Brève présentation du management africain 159
  B. Critique empirique du management africain 163
  Conclusion..166
Conclusion de la quatrième partie 167

Cinquième partie : Référentiel théologique 169
Les principes ecclésiologiques de la Réforme

Introduction 171

Chapitre 9 175
La pensée de Martin Luther
  Introduction 175

    A. L'Église selon Luther..176
        1. Le cadre idéal pour la prédication de la Parole...................176
        2. Une Sainte communauté...178
    B. Les ministères au sein de l'Église locale.............................181
        1. Le sacerdoce universel..181
        2. L'ordre et la discipline dans la gestion des ressources de l'Église..183
    Conclusion...188

Chapitre 10 189
La pensée de Jean Calvin
    Introduction 189
    A. L'Église selon Calvin..190
        1. Mère nourricière de croyants....................................190
        2. L'indispensable discipline..193
    B. Les ministères au sein de l'Église locale selon Jean Calvin...........195
        1. Les différents ministères et leur utilité.......................195
        2. L'Église et la gestion des biens matériels...................201
    Conclusion...202

Conclusion de la cinquième partie...203

Sixième partie : Référentiel biblique 205
Étude de quelques textes bibliques

Introduction 207

Chapitre 11 211
Étude d'Exode 18.13-26
    Introduction 211
    A. Le contexte..212
        1. L'Égypte...212
        2. Le désert..213
    B. Lecture managériale..214
        1. Planification..214
        2. Organisation...217
        3. Direction..221
        4. Évaluation..223
    Conclusion...224

Chapitre 12 227
Étude de 1 Corinthiens 12.12-14.31
    Introduction 227

    A. Le contexte historique 228
        1. Corinthe : la ville..228
        2. Corinthe : l'Église locale 230
    B. Lecture managériale..231
        1. Planification...232
        2. Organisation..236
        3. Diriger...240
        4. Évaluer 242
    Conclusion..244

Conclusion de la sixième partie..247

Septième partie : Proposition d'un modèle de management pour une Église Locale 249
Cas des Églises Protestantes du Cameroun (CEPCA)

Introduction 251

Chapitre 13 253
    Autres éléments utiles pour la conception d'un modèle de management d'une Église locale
    A. Éléments issus des sciences humaines 253
        1. Du management : théorie systémique et théorie de la contingence...253
        2. La culture africaine du management...............................256
    B. Éléments issus du référentiel biblico-théologique 257
        1. Des réformateurs 257
        2. De la Bible...258
    C. Le mouvement de la croissance de l'Église...........................260
        1. Quelques généralités sur le mouvement de la croissance de l'Église 260
        2. L'approche originale de Christian Schwarz...................262
    Conclusion..266

Chapitre 14 267
    Proposition d'un modèle de management pour une Église locale
    Introduction 267
    A. Processus de management pour une Église locale 268
        1. La planification 268
        2. L'organisation 285
        3. La direction 287
        4. L'évaluation..290

    B. Le leadership pastoral et les autres ministères dans l'Église locale 293
        1. Principes pour un leadership pastoral efficace 294
        2. Le travail en équipe 299

Conclusion du chapitre 14 et de la septième partie 303

Conclusion générale 305

Bibliographie 313

Langham Literature, et sa branche éditoriale, est un ministère de Langham Partnership.

Langham Partnership est un organisme chrétien international et interdénominationnel qui poursuit la vision reçue de Dieu par son fondateur, John Stott :

> ***promouvoir la croissance de l'église vers la maturité en Christ en relevant la qualité de la prédication et de l'enseignement de la Parole de Dieu.***

Notre vision est de voir des églises équipées pour la mission, croissant en maturité en Christ, par le ministère de pasteurs et de responsables qui croient, qui enseignent et qui vivent la Parole de Dieu.

Notre mission est de renforcer le ministère de la Parole de Dieu de trois manières:
- par la mise en place de mouvements nationaux de formation à la prédication biblique
- par la rédaction et la distribution de livres évangéliques
- par la formation d'enseignants théologiques évangéliques qualifiés qui formeront ensuite des pasteurs et responsables d'églises dans leurs pays respectifs

Notre ministère

Langham Preaching collabore avec des responsables nationaux en vue de la création de mouvements de prédication biblique dirigés par les nationaux eux-mêmes. Ces mouvements, qui naissent progressivement un peu partout dans le monde, rassemblent non seulement des pasteurs mais aussi des laïcs. Nos équipes de formateurs venus de beaucoup de pays différents proposent une formation pratique qui comporte plusieurs niveaux, suivie d'une formation de facilitateurs locaux. La continuité est assurée par des groupes de prédicateurs locaux et par des réseaux régionaux et nationaux. Ainsi nous espérons bâtir des mouvements solides et dynamiques, constitués de prédicateurs entièrement consacrés à la prédication biblique.

Langham Literature fournit des livres évangéliques et des ressources électroniques par la publication et la distribution, par des subventions et des réductions à des leaders et futurs leaders, à des étudiants et bibliothèques de séminaires dans le monde majoritaire. Nous encourageons aussi la rédaction de livres évangéliques originaux dans de nombreuses langues nationales par le biais de bourses pour des écrivains, en soutenant des maisons d'éditions évangéliques locales, et en investissant dans quelques projets majeurs comme *le Commentaire Biblique Contemporain* qui est un commentaire de la Bible en un seul volume rédigé par des auteurs africains pour l'Afrique.

Langham Scholars soutient financièrement des doctorants évangéliques du monde majoritaire dans le but de les voir retourner dans leurs pays d'origine pour former des pasteurs et d'autres chrétiens nationaux en leur proposant un enseignement biblique et théologique solide. Cette branche de Langham cherche donc à équiper ceux qui en équiperont d'autres. Langham Scholars travaille aussi en partenariat avec des séminaires dans le monde majoritaire afin de renforcer l'éducation théologique évangélique sur place. De ce fait, un nombre croissant de « Langham Scholars » (le nom « Scholars » signifie « boursiers ») peut aujourd'hui suivre des programmes doctoraux de haut niveau au cœur même du monde majoritaire. Une fois leurs études terminées, ces « Langham Scholars » vont non seulement former à leur tour une nouvelle génération de pasteurs mais exercer une grande influence par leurs écrits et par leur leadership.

Pour plus d'informations, consultez notre site: langham.org

www.ingramcontent.com/pod-product-compliance
Lightning Source LLC
Chambersburg PA
CBHW070233240426
43673CB00044B/1778